日本労働社会学会年報

2006
第16号

仕事と生きがい
持続可能な雇用社会に向けて

日本労働社会学会
The Japanese Association of Labor Sociology

2006 ─────── 目 次 ─────── 日本労働社会学会年報 16

特集　仕事と生きがい─持続可能な雇用社会に向けて ── 1

1　ホワイトカラーのワークライフバランス ……………藤原　眞砂… 3
　　　──時刻別行為者率アプローチによる生活時間構造変動分析──
2　ホワイトカラー労働者のキャリアと
　　働きがいの多様化 ……………………………………櫻井　純理… 59
　　　──ワコールとトヨタ自動車の労働者調査に基づいて──
3　年齢差別と高年齢者雇用 ……………………………高木　朋代…101

研究ノート ── 127

1　家族農業経営における販売に関わる
　　労働とジェンダー …………………………………渡辺めぐみ…129
2　若年者の雇用問題と職業能力の形成の日台比較……董　　荘敬…155
　　　──「学校から職業への移行」を中心として──

日本労働社会学会会則(196)　編集委員会規定(199)　編集規定(200)
年報投稿規定(200)　幹事名簿(202)　編集後記(203)

i

ANNUAL REVIEW OF LABOR SOCIOLOGY
April 2006, No.16
Contents

Special Issue Work and Something to Live For

  1. Work-life Balance of White-collar Workers   Masago Fujiwara

  2. Diversity of Careers and Career Anchor of White-collar
     Workers   Junri Sakurai

  3. Age Discrimination and Employment of the Elderity   Tomoyo Takagi

Articles

  1. Sales-related Work and Gender in Family Farms   Megumi Watanabe

  2. Youth Employment and Development of their Job Ability
     — Focus on the Transition from School to Work —   Tung Chuang Gene

The Japanese Association of Labor Sociology

特集　仕事と生きがい——持続可能な雇用社会に向けて

1 ホワイトカラーのワークライフバランス　　　　　藤原　眞砂
　　——時刻別行為者率アプローチによる生活時間構造変動分析——

2 ホワイトカラー労働者のキャリアと
　働きがいの多様化　　　　　　　　　　　　　　　櫻井　純理
　　——ワコールとトヨタ自動車の労働者調査に基づいて——

3 年齢差別と高年齢者雇用　　　　　　　　　　　　高木　朋代

ホワイトカラーのワークライフバランス
―― 時刻別行為者率アプローチによる生活時間構造変動分析 ――

藤原　眞砂
（島根県立大学）

　本稿の目的は、生活時間データ解析のために筆者が開発してきた時刻別行為者率アプローチを総務省社会調査データに適用し、残業が生じたときに人々がどのように行動を適応させ、その結果、普段の生活と較べ生活のスタイルをどの程度変化させたのかを解明することにある。残業が原因で生じる生活時間構造の変動の過程とその変動の結果とを明らかにすることになる。検討の対象となるのはホワイトカラーの代表的職種である一般事務従事者の生活である。望みうる最良のデータである総務省の2001年社会生活基本調査のミクロデータの再集計値を用い、時短論議の基盤となる一般的知見の獲得を目指す。

1. はじめに

　人は日々の仕事（有償労働）をもとに家計を維持している。また、兼業主婦の場合、家族の生活を支える家事等の仕事（主として女性により担われてきた無償労働）もそれに加わる。それらの有償、無償労働への従事に伴い生じる肉体的、精神的疲労が、その日のうちに、少なくとも数日のうちに回復し、疲労を蓄積しないような生活、それが「仕事と生活の均衡がとれた生活」、ゆとりのある生活と言えるのであろう。

　社会科学においては、ゆとりのある生活の問題を考察しようとする場合、従来はもっぱら有償労働の時間量、すなわち労働時間量が対象とされ、その時間量の削減（時短）を図ることが、ゆとりのある生活の実現に繋がるとの前提で論議がなされてきた。これに伴い、毎月勤労統計調査や労働力調査の労働時間統計の数値が時短の考究の指標として活用されてきた。

特集　仕事と生きがい―持続可能な雇用社会に向けて

　しかし、仕事は有償労働だけでなく、家事労働、育児、買い物、看護等の無償労働もある。兼業主婦に関しては、無償労働の時間も有償労働と併せて論議されなければ、ゆとりの問題を論じることはできない。このため、家政学、社会学で生活時間統計を用いる研究者の中では、従来から女性の仕事と家庭の両立という問題設定で有償労働と無償労働の時間量を併せて考究の対象としてきた。

　しかし、生活時間統計の重要性が社会的にクローズアップされたのはなんと言っても1995年の国連主催の北京女性会議以降のことである。会議では無償労働時間を統計的に把握し、女性の家庭、社会への貢献を目に見える形で価値評価することの必要性が確認された。この流れで、経済学では無償労働時間を貨幣評価した値をGDP統計のサテライト勘定として計上する努力がなされた。この研究の余滴が「家事の値段はいくら」としてマスコミでも喧伝されたことは周知の通りである（経済企画庁経済研究所国民経済計算部 1997）。

　生活時間統計は有償、無償労働の実態を把握する基盤に止まるものではない。それは有償、無償労働といった義務的な性格を持つ活動（これらを「第2次活動」という）のみならず、肉体的、精神的疲労の回復に資する食事や身の回りの用事行動（洗面、トイレ、入浴等々）、睡眠などの生理的欲求充足行動（「第1次活動」）や休養、家族や友人との交わり、テレビ、ラジオ等の視聴、趣味や娯楽等の自由行動（「第3次活動」）の行動記録も網羅しているから、「仕事と生活の均衡がとれた生活（以下、ワークライフバランスと呼ぶことがある）」を議論する場合にも格好の素材を提供することができる。

　この場合、第2次活動（有償、無償労働）にたいする第1次活動や第3次活動の平均時間量を比較し、ワークライフバランスの問題を論議する方法もあろう。しかし、われわれの日常を振り返れば、残業したときには「帰宅や食事の時間が遅くなったり、テレビを見る時間が遅くなり、少なくなったり、ひいては寝る時間が遅くなり短くなる」といったことが経験される。この残業時の経験は、端的に表現すれば、残業したときに、それが生活の諸行動にどのように連鎖的に「遅刻化」[1]を促し、ひいては、当該の行動の時間量の減少をもたらすのかということである。生活時間統計の中から、このような残業時の生活諸行動の遅刻化、時間量減少の動向を統計的数値の中に見出し、観察することができれば、ワークライフバランスに関し、われわれは従来にはない一般的知見を手にすることができると思われる。

4

本稿では、まず筆者が開発してきた「時刻別行為者率アプローチ」の分析論理を明らかにし、残業の簡単なモデルと作業仮説を組み立てることから論議を始める。次に、NHK国民生活時間調査のデータを利用してプリテストを行い、さらには、総務省の社会生活基本調査のミクロデータを利用した最適の集計値を用いて分析を進め、一般的知見を提示することにする。[2]

2. 生活時間統計の理解と時刻別行為者率アプローチの紹介

生活時間調査は被調査者に1日の行動を日記帳形式の調査票に記載することを求める。調査票には被調査者の行動経過が刻々記録される。この記録をもとに行動記述表、時刻別行為者率表、さらには平均時間数が計上される。ここでは残業に関する簡単な例をもとに、データ作成の経緯を示すとともに、時刻別行為者率アプローチの分析論理、特徴を紹介する。

いま、次のようなデータを作ってみる（17時以降のみのデータを作成した）。1つは10人が10人とも定時に帰宅する。これは残業労働がない場合（ケース1）である。もう1つは、10人のうち9人は残業がないが、残りの1人が19時45分まで残業した場合（ケース2）である。

各人の行動記述を簡単にするために、以下のカッコ内に記したようなアルファベット文字を用いて行動を記述する。睡眠(S)、食事(E)、身の回りの用事(C)、休養(R)、仕事(J)、学習(G)、家事(H)、移動(M)、交際(K)、レジャー活動(L)、テレビ視聴(T)、ラジオ聴取(O)、新聞・雑誌・本の読書(N)である。これは1985年までのNHK国民生活時間調査で採用されていた大分類に準じている。

(1) 生活時間統計の理解──行動記録からの行為者率の算出──
1) ケース1の場合

表1-1に見るように、ケース1は全員が17時30分までの定時で「仕事(J)」を終え、その後1時間かけて「移動(M)」し、トイレや洗面などの「身の回りの用事(C)」を15分して、18時45分から19時15分まで30分かけて「食事(E)」をする。その後、「休養(R)」に30分を費やし、19時45分から22時まで「テレビ視聴(T)」し、さらに「新聞・雑誌・本(N)」を30分ほど楽しみ、23時から「睡眠(S)」をとるという行動パターンを示している。**表1-1**は10人の行動記述表である。これは10人の被調査者の1日の行動記録

特集　仕事と生きがい―持続可能な雇用社会に向けて

表1-1　行動記述表―ケース1（T時点）

	17時				18時				19時				20時				21時				22時				23時				24時
	0	15	30	45	0	15	30	45	0	15	30	45	0	15	30	45	0	15	30	45	0	15	30	45	0	15	30	45	0
1	J	J	M	M	M	C	E	E	R	R	T	T	T	T	T	T	T	T	C	C	N	N	S	S	S				
2	J	J	M	M	M	C	E	E	R	R	T	T	T	T	T	T	T	T	C	C	N	N	S	S	S				
3	J	J	M	M	M	C	E	E	R	R	T	T	T	T	T,T	T	T	T	C	C	N	N	S	S	S				
4	J	J	M	M	M	C	E	E	R	R	T	T	T	T	T	T	T	T	C	C	N	N	S	S	S				
5	J	J	M	M	M	C	E	E	R	R	T	T	T	T	T	T	T	T	C	C	N	N	S	S	S				
6	J	J	M	M	M	C	E	E	R	R	T	T	T	T	T	T	T	T	C	C	N	N	S	S	S				
7	J	J	M	M	M	C	E	E	R	R	T	T	T	T	T	T	T	T	C	C	N	N	S	S	S				
8	J	J	M	M	M	C	E	E	R	R	T	T	T	T	T	T	T	T	C	C	N	N	S	S	S				
9	J	J	M	M	M	C	E	E	R	R	T	T	T	T	T	T	T	T	C	C	N	N	S	S	S				
10	J	J	M	M	M	C	E	E	R	R	T	T	T	T	T	T	T	T	C	C	N	N	S	S	S				
	1	2	3	4	5	6	7	8	9	10	11	12	13	14	15	16	17	18	19	20	21	22	23	24	25	26	27	28	

表1-2　時刻別行為者率表（%）―ケース1（T時点）

	17時				18時				19時				20時				21時				22時				23時				24時	
	0	15	30	45	0	15	30	45	0	15	30	45	0	15	30	45	0	15	30	45	0	15	30	45	0	15	30	45	0	
S	0	0	0	0	0	0	0	0	0	0	0	0	0	0	0	0	0	0	0	0	0	0	0	0	100	100	100	100		(1)
E	0	0	0	0	0	0	100	100	0	0	0	0	0	0	0	0	0	0	0	0	0	0	0	0	0	0	0	0		(2)
C	0	0	0	0	0	100	0	0	0	0	0	0	0	0	0	0	0	0	0	0	0	100	100	0	0	0	0	0		(3)
R	0	0	0	0	0	0	0	0	100	100	0	0	0	0	0	0	0	0	0	0	0	0	0	0	0	0	0	0		(4)
J	100	100	0	0	0	0	0	0	0	0	0	0	0	0	0	0	0	0	0	0	0	0	0	0	0	0	0	0		(5)
G	0	0	0	0	0	0	0	0	0	0	0	0	0	0	0	0	0	0	0	0	0	0	0	0	0	0	0	0		(6)
H	0	0	0	0	0	0	0	0	0	0	0	0	0	0	0	0	0	0	0	0	0	0	0	0	0	0	0	0		(7)
M	0	0	100	100	100	0	0	0	0	0	0	0	0	0	0	0	0	0	0	0	0	0	0	0	0	0	0	0		(8)
K	0	0	0	0	0	0	0	0	0	0	0	0	0	0	0	0	0	0	0	0	0	0	0	0	0	0	0	0		(9)
L	0	0	0	0	0	0	0	0	0	0	0	0	0	0	0	0	0	0	0	0	0	0	0	0	0	0	0	0		(10)
T	0	0	0	0	0	0	0	0	0	0	100	100	100	100	100	100	100	100	0	0	0	0	0	0	0	0	0	0		(11)
O	0	0	0	0	0	0	0	0	0	0	0	0	0	0	0	0	0	0	0	0	0	0	0	0	0	0	0	0		(12)
N	0	0	0	0	0	0	0	0	0	0	0	0	0	0	0	0	0	0	0	0	0	0	0	0	0	100	100	0	0	(13)
	(1)	(2)	(3)	(4)	(5)	(6)	(7)	(8)	(9)	(10)	(11)	(12)	(13)	(14)	(15)	(16)	(17)	(18)	(19)	(20)	(21)	(22)	(23)	(24)	(25)	(26)	(27)	(28)		

を寄せ集めたものである。10人のメンバーがみな同じ行動を時刻ごとに繰り返すから、行動記述表の各時刻（各列）の10人の行動の種類はみな同じである。

　表1-1を集計したものが、時刻別行為者率表（**表1-2**）である。これは刻々どの行動に何パーセントの人が従事したのかを示している。左の表側に13種類の行動カテゴリーが記されている。**表1-1**の場合、既述のようにJ→M→C→E→R→T→C→N→Sといった順に全員が従事したから、当該の行動の行為者率はそれぞれ100%の値となっている。

2）ケース2の場合

　ケース2は10番目の行為者（以下、「甲」と記す）が19時45分まで残業するという設定である（**表2-1**参照）。行動記述表の10番目の行が甲の行動記録である。甲の仕事(J)は19時45分まで連続して続く。さらに甲は19時45分から帰宅する。これは「移動(M)」の文字4つで記されている。ケース1の場合と同様に1時間かけて行っ

表2-1 行動記述表―ケース2（T1時点）

メンバー	17時 0	15	30	45	18時 0	15	30	45	19時 0	15	30	45	20時 0	15	30	45	21時 0	15	30	45	22時 0	15	30	45	23時 0	15	30	45	24時 0
1	J	J	M	M	M	M	C	E	E	R	R	T	T	T	T	T	T	T	T	T	T	C	C	N	N	S	S	S	S
2	J	J	M	M	M	M	C	E	E	R	R	T	T	T	T	T	T	T	T	T	T	C	C	N	N	S	S	S	S
3	J	J	M	M	M	M	C	E	E	R	R	T	T	T	T	T	T	T	T	T	T	C	C	N	N	S	S	S	S
4	J	J	M	M	M	M	C	E	E	R	R	T	T	T	T	T	T	T	T	T	T	C	C	N	N	S	S	S	S
5	J	J	M	M	M	M	C	E	E	R	R	T	T	T	T	T	T	T	T	T	T	C	C	N	N	S	S	S	S
6	J	J	M	M	M	M	C	E	E	R	R	T	T	T	T	T	T	T	T	T	T	C	C	N	N	S	S	S	S
7	J	J	M	M	M	M	C	E	E	R	R	T	T	T	T	T	T	T	T	T	T	C	C	N	N	S	S	S	S
8	J	J	M	M	M	M	C	E	E	R	R	T	T	T	T	T	T	T	T	T	T	C	C	N	N	S	S	S	S
9	J	J	M	M	M	M	C	E	E	R	R	T	T	T	T	T	T	T	T	T	T	C	C	N	N	S	S	S	S
10	J	J	J	J	J	J	J	J	J	J	M	M	M	C	E	E	R	N	T	T	T	T	T	T	T	T	T	S	S
	1	2	3	4	5	6	7	8	9	10	11	12	13	14	15	16	17	18	19	20	21	22	23	24	25	26	27	28	

表2-2 時刻別行為者率表（％）―ケース2（T1時点）

	17時 0	15	30	45	18時 0	15	30	45	19時 0	15	30	45	20時 0	15	30	45	21時 0	15	30	45	22時 0	15	30	45	23時 0	15	30	45	24時 0	
S	0	0	0	0	0	0	0	0	0	0	0	0	0	0	0	0	0	0	0	0	0	0	0	0	0	90	90	100	100	(1)
E	0	0	0	0	0	0	0	0	0	0	0	0	0	0	90	90	0	0	0	0	0	0	0	0	0	0	0	0	0	(2)
C	0	0	0	0	0	0	0	90	0	0	0	0	0	10	0	0	10	0	0	0	0	90	90	0	0	0	0	0	0	(3)
R	0	0	0	0	0	0	0	0	0	90	90	0	0	0	0	0	0	0	0	0	0	0	0	0	0	0	0	0	0	(4)
J	100	100	10	10	10	10	10	10	10	10	0	0	0	0	0	0	0	0	0	0	0	0	0	0	0	0	0	0	0	(5)
G	0	0	0	0	0	0	0	0	0	0	0	0	0	0	0	0	0	0	0	0	0	0	0	0	0	0	0	0	0	(6)
H	0	0	0	0	0	0	0	0	0	0	0	0	0	0	0	0	0	0	0	0	0	0	0	0	0	0	0	0	0	(7)
M	0	0	90	90	90	90	0	0	0	0	10	10	10	0	0	0	0	0	0	0	0	0	0	0	0	0	0	0	0	(8)
K	0	0	0	0	0	0	0	0	0	0	0	0	0	0	0	0	0	0	0	0	0	0	0	0	0	0	0	0	0	(9)
L	0	0	0	0	0	0	0	0	0	0	0	0	0	0	0	0	0	0	0	0	0	0	0	0	0	0	0	0	0	(10)
T	0	0	0	0	0	0	0	0	0	0	0	90	90	90	0	0	90	90	100	100	100	0	0	0	90	0	0	0	0	(11)
O	0	0	0	0	0	0	0	0	0	0	0	0	0	0	0	0	0	0	0	0	0	0	0	0	0	0	0	0	0	(12)
N	0	0	0	0	0	0	0	0	0	0	0	0	0	0	0	0	0	0	0	0	0	0	0	90	0	0	0	0	0	(13)
	(1)	(2)	(3)	(4)	(5)	(6)	(7)	(8)	(9)	(10)	(11)	(12)	(13)	(14)	(15)	(16)	(17)	(18)	(19)	(20)	(21)	(22)	(23)	(24)	(25)	(26)	(27)	(28)	

ている（帰宅時間は残業した場合でも一定と仮定）。その後、15分間「身の回り用事(C)」に従事し、その後、遅めの「食事(E)」をいつものように30分ほどかけて取る。その後、「休養(R)」、「新聞・雑誌・本の読書(N)」にそれぞれ15分、時間を消費し、22時から23時半まで「テレビ(T)」を見て、23時30分から「睡眠(S)」をとる。

　この場合、**表2-2**の行為者率表に見るように、他の行為者と異なる行動パターンをとった甲の行動（J→M→C→E→R→N→T→S）は10％（甲の動きは10人に1人の動きであるため）の行為者率を順次示すことになる。仕事は17時30分までは他とのメンバーも同様であったから100％を示すが、17時30分から19時15分までは1人で残業したから、10％を連続して示す。各時刻の他の行為者たちの各種行動の行為者率は1人抜けたため、90％を示すことは言うまでもない。23時30分以降は甲も睡眠に入るから、それ以降の睡眠の行為者率は100％を示すことになる。

特集　仕事と生きがい―持続可能な雇用社会に向けて

(2) 平均時間アプローチ——時刻別行為者率から平均時間へ——

　表1-2および表2-2の時刻別行為者率表から各種行動の平均時間を算出してみよう。通常の生活時間研究では24時間のデータを用いて1日の各種行動の平均時間を算出するのであるが、ここでは17時から24時の7時間の時間内でのそれを計算することにする。

　例を食事にとって計算してみよう。われわれは10人の人がT時点では19時15分から19時45分にかけて食事をしたこと知っているからこのような計算をしなくとも1人当たり30分の食事をしたことが分かるのであるが、これを計算により導くと10人が1つの時刻（1時刻＝15分間）食事をすると、総計150分人（＝15分×10人）の食事時間となる。それをもう1つの時刻に跨って食事をしたのであるから総食事時間数は300分人［＝15分×（10人＋10人）］となる。1人当たりになると、それは30分（＝300分人÷10人）となる。

　時刻別行為者率表では10人が100％と標準化されているが、理屈は同じである。

　T時点の1人当たりの食事時間数
　＝［15分×（100％＋100％）］÷100％
　＝3000分％÷100％＝30分

　この場合、行為者率が0％の時刻のそれを簡単のために割愛したが、それを正確に書けば、

　1人当たりの食事平均時間数(17時から24時の7時間限定)
　＝［15分×（0％＋0％＋0％＋0％＋0％＋0％＋0％＋100％＋100％＋0％＋0％＋0％＋0％＋0％＋0％＋0％＋0％＋0％＋0％＋0％＋0％＋0％＋0％＋0％＋0％＋0％＋0％＋0％）］÷100％＝30分

　この場合、括弧内の％の個数は時刻数28［1時間は15分単位の4つの時刻（time slot）からなる。7時間では28の時刻となる］からなる。さらに纏めると、

　1人当たりの平均食事時間数＝［15分×（28の時刻の食事の行為者率の総和）］÷100％
　　　　　　　　　　　　　＝［15分×Σ（28の時刻の行為者率）］÷100％

通常の生活時間研究では1日当たりの各種行動の平均時間が算出されているから、その一般式を示しておく。時刻の刻みが15分の場合、1日は96分割され96個の行為者率が計上されるから、以下のようになる。

　1人当たりのA行動の平均時間数＝[15分×(Σ96の時刻の行為者率)]÷100％

　時刻の刻みが30分の場合、1日は48分割され48個の行為者率が計上されているから、以下のようになる。

　1人当たりのA行動の平均時間数＝[15分×(Σ48の時刻の行為者率)]÷100％

　さきほど本事例のT時点の食事の行為者率を算出したが、さらにT1時点のそれを簡略化して算出すれば、

　T1時点の1人当たりの食事時間数
　＝[15分×(90％＋90％＋10％＋10％)]÷100％
　＝30分

　この結果から、T時点、T1時点のいずれにおいても食事の平均時間数は30分である。この30分という平均時間数を見る限り、甲が残業をして遅い食事をとった、という実態はそこから窺い知ることができない。
　平均時間はその長短を比較するなどして、容易に扱える変数である。しかし、この変数は上の食事の例に見るように、行為者率の総和の段階で、個々の時刻の行為者率の大小や分布（どの時刻に行為が現れているか）の情報を喪失し、算出されるのである。[3]平均時間を用いる分析は刻々の情報を捨象した上で成り立っているのである。[4]これでは刻々の生活行動の記録を日記式の調査票に記入し、調査に協力した被調査者の苦労は報われない（NHK国民生活時間調査、総務省社会生活基本調査とも被調査者は2日分の行動記録をとる）。

　筆者は従来の平均時間を変数として用いた時間研究法を「平均時間アプローチ」

特集　仕事と生きがい―持続可能な雇用社会に向けて

と呼び、他方、時刻別行為者率表の個々の行為者率を変数として用いる手法を「時刻別行為者率アプローチ」[5]と称して、分析の論理の開発を進めてきた。その開発の眼目は行為者率を変数として用いることで、平均時間アプローチでは見出し得なかったような情報を汲み出すことにあつた。

(3) 時刻別行為者率アプローチ

残業をした場合の**表2-2**の時刻別行為者率表から残業をしない場合の**表1-2**の時刻別行為者率表を引いて見る。この結果は**表3**に見る通りである。これを「差分時刻別行為者率表」(以下、差分マトリックス)と呼ぼう。これは、2つのマトリックスの同じ行列要素同士の引き算から導かれるものである。

仕事の場合、ケース1の場合もケース2の場合も、17時〜17時15分、17時15分〜17時30分の2つの時刻では両ケースとも100%の行為者率を示しているから、両者の引き算をすればゼロになる。23時30分以降の睡眠の場合にこれと同様である。両日間に変化はなかったことを示している。

ケース1で行為者率が100%を示していたのに、ケース2で90%に下落した行動については、**表3**では−10%(＝90%−100%)が記されている。これにたいして、ケース1で0%であったのに、ケース2では10%を示した行動の場合は＋10%(＝10%−0%)が計上されている。これらは甲が他の行為者と異なる行動をした結果である。

差分マトリックスの意味は、「全行動差分グラフ」を描いてみればよく理解されよう。**表3**を図に変換したものが**図1**である。中央の時間帯表示を挟んで、右側に

表3　差分時刻別行為者率表 (%) ―ケース2―ケース1

	17時				18時				19時				20時				21時				22時				23時				24時	
	0	15	30	45	0	15	30	45	0	15	30	45	0	15	30	45	0	15	30	45	0	15	30	45	0	15	30	45	0	
S	0	0	0	0	0	0	0	0	0	0	0	0	0	0	0	0	0	0	0	0	0	0	0	0	0	−10	−10	0	0	(1)
E	0	0	0	0	0	0	0	0	0	−10	−10	0	0	0	0	0	0	+10	+10	0	0	0	0	0	0	0	0	0	0	(2)
C	0	0	0	0	0	0	0	0	0	0	−10	0	0	0	0	0	0	0	+10	0	0	−10	−10	0	0	0	0	0	0	(3)
R	0	0	0	0	0	0	0	0	0	0	0	−10	0	0	0	0	0	0	0	+10	0	0	0	0	0	0	0	0	0	(4)
J	0	0	+10	+10	+10	+10	+10	+10	+10	+10	0	0	0	0	0	0	0	0	0	0	0	0	0	0	0	0	0	0	0	(5)
G	0	0	0	0	0	0	0	0	0	0	0	0	0	0	0	0	0	0	0	0	0	0	0	0	0	0	0	0	0	(6)
H	0	0	0	0	0	0	0	0	0	0	0	0	0	0	0	0	0	0	0	0	0	0	0	0	0	0	0	0	0	(7)
M	0	0	−10	−10	−10	0	0	0	0	0	0	0	0	+10	+10	+10	0	0	0	0	0	0	0	0	0	0	0	0	0	(8)
K	0	0	0	0	0	0	0	0	0	0	0	0	0	0	0	0	0	0	0	0	0	0	0	0	0	0	0	0	0	(9)
L	0	0	0	0	0	0	0	0	0	0	0	0	0	0	0	0	0	0	0	0	0	0	0	0	0	0	0	0	0	(10)
T	0	0	0	0	0	0	0	0	0	−10	−10	−10	−10	−10	−10	−10	−10	−10	+10	+10	+10	+10	+10	0	0	0	0	0	0	(11)
O	0	0	0	0	0	0	0	0	0	0	0	0	0	0	0	0	0	0	0	0	0	0	0	0	0	0	0	0	0	(12)
N	0	0	0	0	0	0	0	0	0	0	0	0	0	0	0	0	0	0	0	0	0	+10	0	0	−10	−10	0	0	0	(13)
	(1)	(2)	(3)	(4)	(5)	(6)	(7)	(8)	(9)	(10)	(11)	(12)	(13)	(14)	(15)	(16)	(17)	(18)	(19)	(20)	(21)	(22)	(23)	(24)	(25)	(26)	(27)	(28)		

増加領域（INCREASE）、左側に減少領域（DECREASE）を設けている。グラフ内の文字はここでは、a. 行動の種類を表すとともに、b. 行為者率の大きさ（1文字は1%）を示している。たとえば、ある特定時刻の仕事(J)の行為者率が＋10%の場合、Jが増加領域に10個右に打たれる、他方、ある特定時刻で移動(M)が－10%を示している場合、減少領域にMが10個左に展開する。

　甲が残業時にとった諸行動は右側の増加領域（INCREASE）に表示されている。すなわち、17時半以降の甲の行動の推移（J→M→C→E→R→N→T）の順に、それぞれの行動にかけた時刻の幅だけ、時間帯の下の方に（残業時の仕事Jならば17時30分から19時45分まで15分単位を9個分占有して）行動が順次展開している。

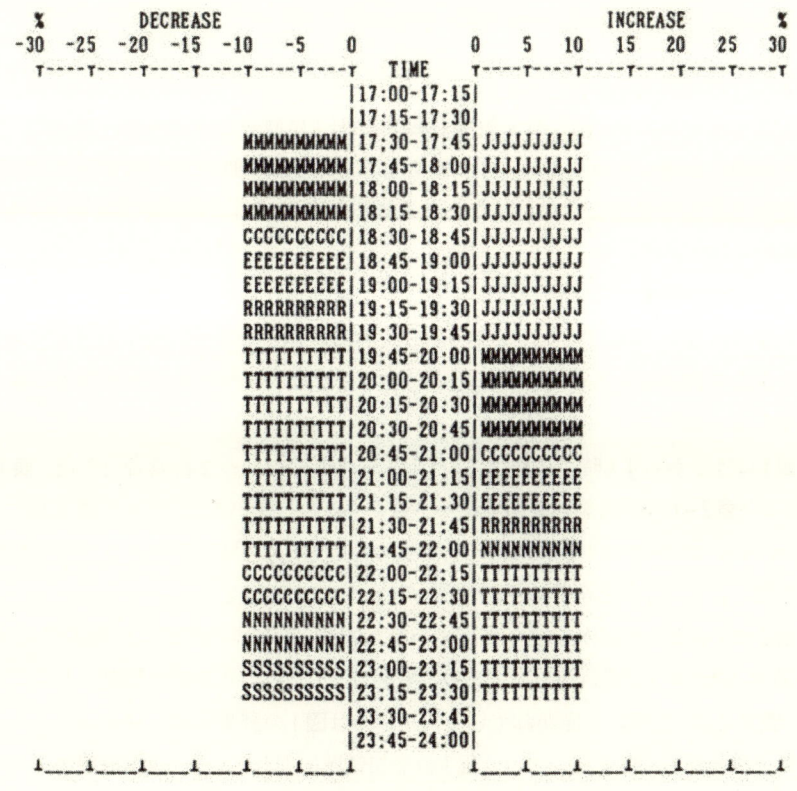

図1　全行動差分グラフ（ケース2—ケース1）

11

特集　仕事と生きがい―持続可能な雇用社会に向けて

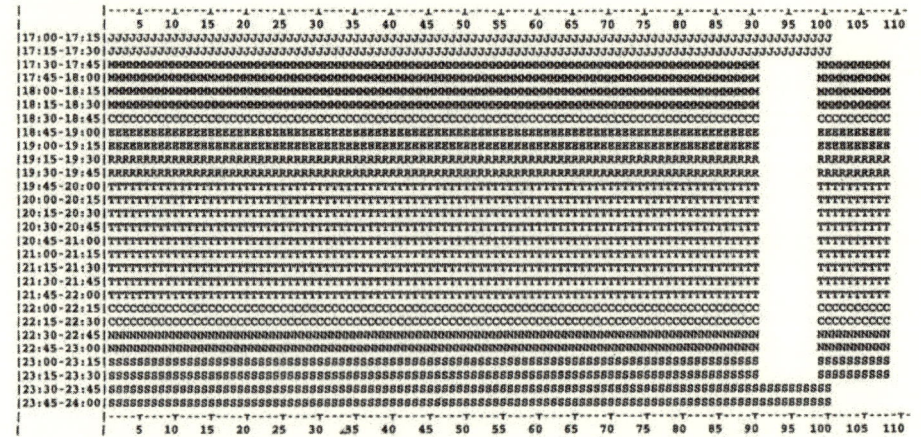

図2　生活時間構造グラフにおける

　これにたいして、左側の減少領域（DECREASE）にM→C→E→R→T→C→N→Sの順に展開しているのは、甲が他の行為者と非残業時に斉一的にとっていた行動のパターンに他ならない。これもそれぞれかつての行動の時刻の長さだけ、時間帯に拡がっている。
　それぞれの時刻で文字の個数が左右に各10個打たれているが、これは上で説明したように10％の増加なり、減少を示している。10人の中で、甲1人のみが残業をしたとの設定であるので、甲1人の行動の変化はプラス、マイナス10％の幅で展開している。
　図1にはTからT1時点にかけて「行動を変化させなかった行為者」（上記、**表1-1**および**表2-1**の行動記述表のメンバー1から9の行動パターン）は表現されていない。ここで、甲のT時点およびT1時点の行動を他の1から9のメンバーの行動と並記し、甲の行動を全体の中に位置づけておこう（**図2**参照）。
　図2は左右2つの図から成り立っている。左図はT時点の時刻別行為者率表（**表1-2**）にもとづいて描いたものであり、右図はT1時点の残業時の時刻別行為者率表（**表2-2**）に基づいて描かれている。左図では**図1**の減少領域に描かれていた行動群を抜きだし、また右図では、**図1**の増加領域に現れていた行動群（甲の非残業時と残業時の行動経過）を切り離して描いている。

12

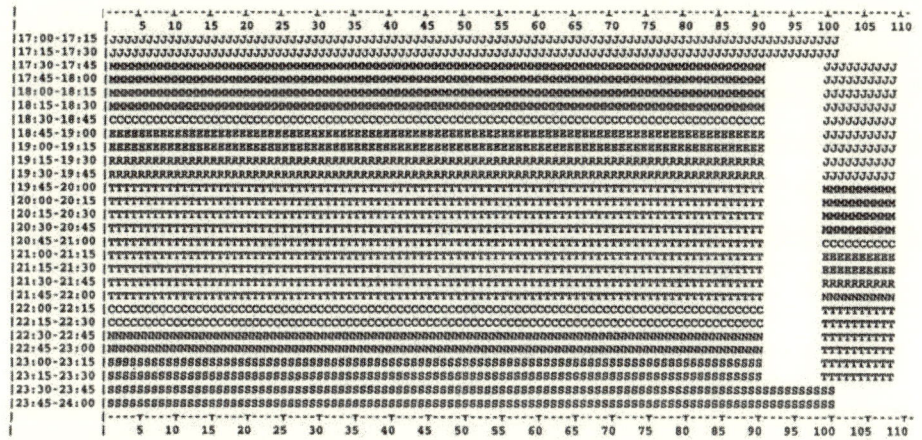

全行動差分グラフの位置づけ

　左右の図の国の部分はT時点、T1時点で行動を変化させなかった行為者の行動パターン（非変動部分）である。残業行動をとらなかったメンバー1から9の一連の行動は左右の図の17時30分から23時30分まで非変動部分に90％の行為者率の大きさをもって描かれている。

　図1の**図2**における相対的位置は理解されたと思われるが、**図1**は本稿で実際のNHK国民生活時間調査データや総務省社会生活基本調査データを用いて解析を展開する基盤を提供しているので、さらに同図に関し注釈を加えておこう。

　増加領域にある行動は減少領域にある行動を犠牲（残業時の一連の行動は平生の生活パターンを犠牲）にすることによって実現した、と考えられる。ここで想起されるのは「機会費用」（あるいは「逸失利益」）の概念である。機会費用とは、ある行動を選択したために諦めざるを得なかった別の行動から得られたはずの利益のことを意味するが、われわれの分析によれば、減少領域の行動が残業時の諸行動の機会費用を示している、と考えられる。生活時間研究は機会費用概念に独自の定義を与えることができるのである。[6]

　上記の基本的認識をもとに、**図1**の解釈を試みてみよう。
　当初、残業行動(J)のために、帰宅行動(＝移動、M)や身の回り行動(C)、食事(E)、

13

特集　仕事と生きがい―持続可能な雇用社会に向けて

休息(R)が犠牲になったが、仕事を終えたあとの19時45分以降の帰宅行動(M)、身の回りの用事(C)、食事(E)、休養(R)、新聞・雑誌・本の読書(N)により今度はテレビ視聴行動(T)が犠牲になっている。さらに22時以降のテレビ視聴行動により身の回りの用事(C)、新聞・雑誌・本の読書(N)、睡眠(S)が犠牲になった、ということである。

以上から、次のような基本的認識を得ることができる。
1) 残業時の一連の遅刻化した諸行動は連鎖的に平生の行動パターンを犠牲にする(機会費用を生じさせる)。
　また、図1の減少領域と増加領域の行動の動向に注意すると、
2) 当初犠牲になり減少領域に属していた行動が、後刻、増加領域に現れる、という行動の「戻し現象」が見られる。

実は上記の例を構想するときに、帰宅と食事に関しては、T1時点でもそれぞれ1時間、30分とT時点と同じ時間量で時刻をずらせて設定した。これは生理的必要時間の範疇に入る「食事」や、その範疇ではないが「移動(帰宅行動)」という不可欠性の高い行動の場合、このような状況設定をしても差し支えないと判断したからである。

前段の(2)の平均時間アプローチの説明の箇所で、食事行動がT時点とT1時点で異なる行為者率の現れ方をしていたのに、平均時間を算出してみれば30分となった経緯を示した。平均時間を見る限り、残業をしても食事行動は何の影響もなかったと結論する危険性について示唆しておいた。しかし、時刻別行為者率アプローチでは、このように全行動差分グラフを用いることにより、T時点とT1時点の2日間の食事行動に遅刻化という時刻変動が見られることを明確に析出できるのである。

NHKや総務省の生活時間調査の実際のデータを用いても、帰宅や食事、その他の行動が全行動差分グラフにおいて左から右へのシフトを見せれば、こうした脈絡で解釈すればよいことになる。

各種行動が残業時にどのような動きを見せるかは実データで確認する以外ないが、一般的な作業仮説として、次のような命題を設定しておこう。

[作業仮説]

14

必要不可欠性の高い行動ほど、減少領域から増加領域に移行する「戻し現象」が見られる。

　文字グラフの文字数の動向に視点を向けるこうした分析手法は、変数として行為者率（％）を用いる時刻別行為者率アプローチの核心をなすものである。本アプローチでは1％の文字の動向を100人に1人の人の動きとして見なし、分析する観点をとっていることを、付け加えておこう。

　「戻し現象」は正確には行動の「行為者率の戻し現象」なのであるが、こうした戻し現象は、平均時間量を変数として扱ってきた平均時間アプローチでは見出せなかった変化の局面である。時刻別行為者率アプローチによったからこそ、発見することができる事実なのである。時刻別行為者率アプローチでは変数である行為者率（パーセント）の微細な動向を観察するために、JやEといった文字要素を用いた全行動差分グラフ（以下、単に差分グラフとも記すことがある）をはじめとするさまざまな観測用の文字グラフソフトが用具として用意されている（藤原1997a）。これらの一部は、本稿でも順次紹介することにしている。
　以上のように、差分グラフは、生活時間を構成する諸行動間の関係、すなわち、1つの行動に変化が生じた場合（すなわち17時30分以降の残業行動）に、その変化が他の行動に波及していく全過程を表示するもので、これを基にした分析を筆者は生活時間の「動態的分析」と呼んでいる。これは、行動の平均時間の比較によってきた従来の研究――「静態的分析」と呼ぶ――とは全くことなる研究手法である。

3. NHK国民生活時間調査を用いた試行的分析（プリテスト）

　残業労働が勤労者のワークライフバランスにどのような影響を及ぼすのか、という本稿の課題を遂行するために、NHK国民生活時間調査のデータを用い、プリテストを行ってみよう。プリテストという意味は、本格的な調査を実施する以前に、小規模な被調査者のサンプルを用いて、設問等を点検、調整するために行われる試行を意味するが、ここでは、最善のデータではないが、入手できる次善のデータを用いて分析論理や作業仮説の適切さを確認するために試行する研究作業、という意味で理解されたい（藤原 1995, 1996, 1997b）。

特集　仕事と生きがい―持続可能な雇用社会に向けて

　利用するデータは1975年と1985年の平日(月曜日から金曜日)の事務職・技術職のデータである。前者は残業時間が短い日のデータとして後者は残業時間が長い日のデータとして用いる。

(1) 当該データ選定の理由

　まず、なぜ1975年と1985年の両年のデータを用いるのか、という問に答えなければならない。次は、なぜ事務職・技術職を分析対象として選んだのか、という疑念に答えなければならない。順次、説明しよう。

1) 1975年から1985年は残業労働が増加した局面である。

　　1975年は石油ショックの直後の不況で毎月勤労統計調査においても所定外労働時間が前後の年と比較しても谷に位置し、最低であった。同様、NHK国民生活時間調査でも1975年は前後の調査年のそれと比較して仕事の時間数が最も短い年であった。他方、仕事の時間数が長い年に関しては、NHK国民生活時間調査によれば1990年がそれに該当し、比較対照の候補として考えられた。しかし、1990年のNHK国民生活時間調査の行動分類は1975年のそれとは大きく異なっており、1975年とはもはや比較困難となっていた。したがって、1975年と行動カテゴリーが同じ1985年が次善の年として選定された。

2) 事務職・技術職はNHK国民生活時間調査において1975年と1985年の期間、他の三職種(技能職・作業職、販売職・サービス職、経営者・管理職)と較べ最も残業時間帯の仕事時間の伸びが高く、時間増大の局面を捉えるのに最適の職種であった

3) 事務職・技術職は、日本の従業者の過半数を占め、最大規模となっているホワイトカラー職種の中でサブカテゴリーとして最大であり、話題として一般性があり、過労死問題で言及されることも多い。ちなみに筆者の試算によれば、NHK調査の定義による同職種雇用者が全体の雇用者に占める割合は1985年時点で3割弱(28%)である。

(2) 動態的分析
1)　全行動差分グラフの作成の手順
　ここでの動態的分析は、前段の試行と同様、以下のような2つの手続きを踏む。

ホワイトカラーのワークライフバランス

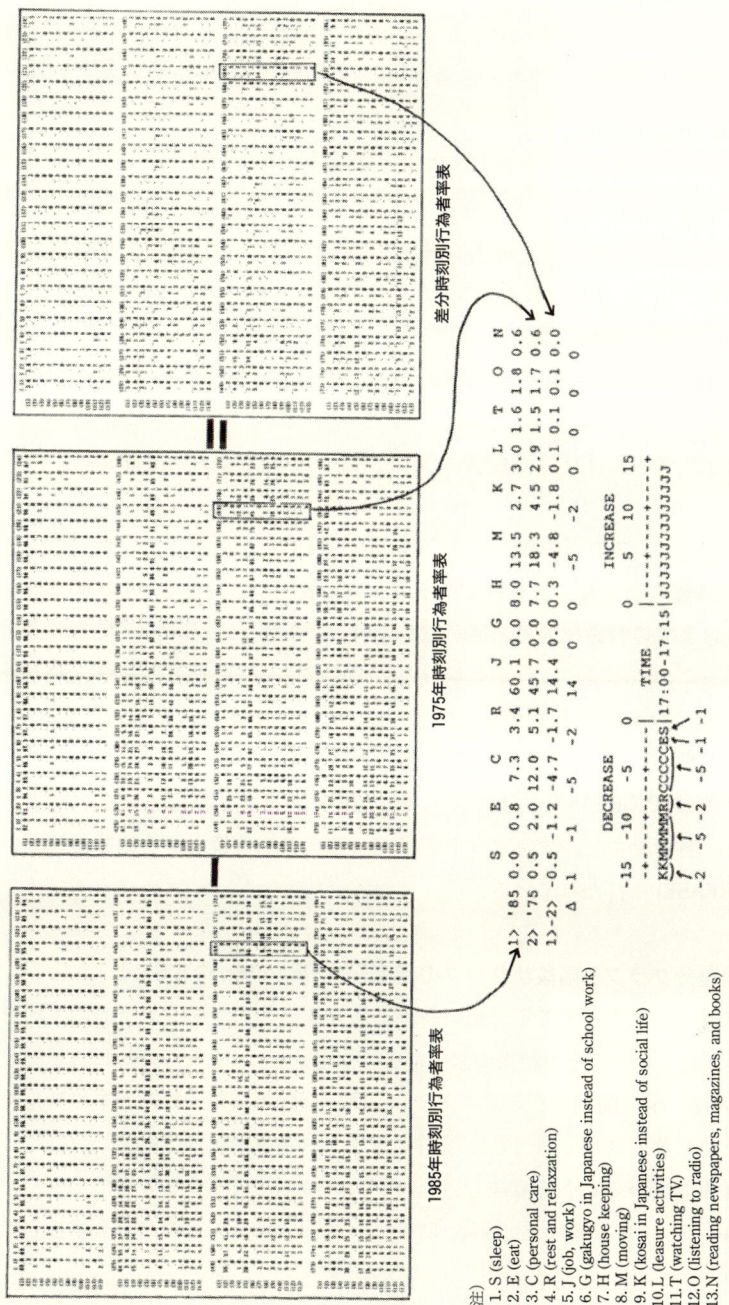

図3 差分マトリックスデータの文字グラフへの変換

注)
1. S (sleep)
2. E (eat)
3. C (personal care)
4. R (rest and relaxzation)
5. J (job, work)
6. G (gakugyo in Japanese instead of school work)
7. H (house keeping)
8. M (moving)
9. K (kosai in Japanese instead of social life)
10. L (leasure activities)
11. T (watching TV)
12. O (listening to radio)
13. N (reading newspapers, magazines, and books)

資料出所) NHK国民生活時間調査より作成 (1975年、1985年)。

17

特集　仕事と生きがい―持続可能な雇用社会に向けて

　　　a. NHK国民生活時間調査の1985年の時刻別行為者率表から1975年の時刻別行為者率表(同じ行列同士の行為者率)を引いて、差分マトリックスデータを作る。
　　　b. 差分マトリックスデータをもとに全行動差分グラフを描く。

　全行動差分グラフの作図の手続きに関して前段とは異なる角度から説明しよう。図3がその過程を示すものである。図の上方の3面のマトリックス(各マトリックスは本来は13種類の行動が15分ごとに並んでいる13行96列の形をしているが、表示のため6時間ごとに折り畳んで4段重ねにしている)は、1985年のデータから1975年のそれを引いて、差分のデータが計上される過程を左から右に示している。各マトリックスの69列目(17時00分から17時15分)のデータが四角で囲まれマークされている。

　3面のマトリックスの下の表はそれぞれの69列目の数字（17時～17時15分に該当)を例に、減算の過程およびそれを差分グラフに表現する過程を示している。表頭にSからNまでの行動種別の文字が並んでいる。その下に、順に85年、75年、その差分のデータが並んでいる。この差分のデータはさらに四捨五入され、最下行のΔ(デルタ文字)の右に整数値として書き出されている。この整数値をもとに、文字グラフが描かれる。ここでは増加した行動は仕事だけで、その+14％にもとづいて増加領域(INCREASE)にJの文字が14個描かれる。またマイナスの数字にもとづいて、各行動のアルファベット記号がマイナスの規模を示す個数だけ減少領域(DECREASE)に打たれている。

2)　全行動差分グラフと階段状グラフの関係――「戻し現象」の意味――

　差分マトリックスデータのその他の時刻に該当する列のデータも上記の手順を繰り返し、図化される。その結果が図4の全行動差分グラフ(ここでは16時以降のみ表示)である。全行動差分グラフの下には、単一行動の時刻別行為者率の変化を図示するために従来使用されてきた階段状グラフ（階段の板は各時刻15分間特定の行動に従事していることを意味し、それが次の時刻に変化するとき桁を挟んで次の板に移行する)が書き添えてある(時刻は24時間表示を午後の時刻表示にしている）。

18

ホワイトカラーのワークライフバランス

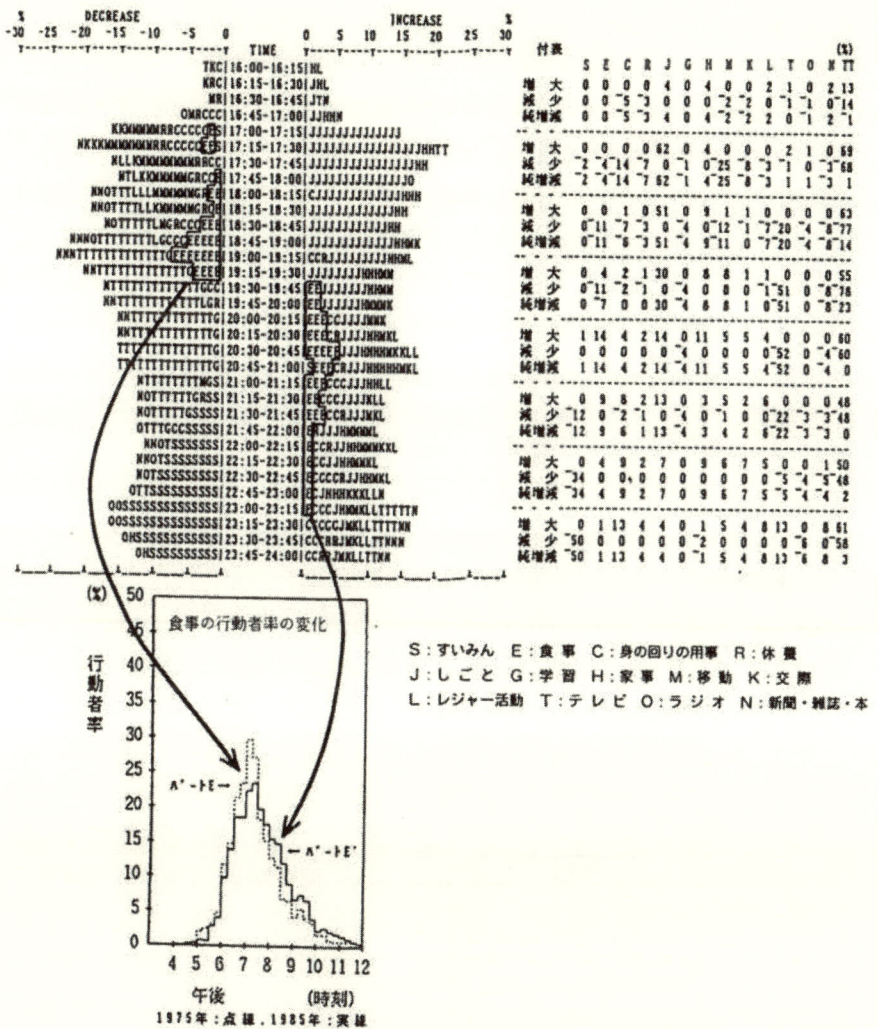

図4　事務職・技術職の生活時間構造の変化

資料出所）NHK国民生活時間調査(1975年、1985年)より作成。

特集 仕事と生きがい―持続可能な雇用社会に向けて

　実線で描かれている階段状グラフは1985年の食事の行為者率の変化を示している。精査すると実線の山のグラフが点線（1975年）のグラフより右にずれていることが分かる。実線が点線より下に位置している早い時刻の部分は、残業のために1985年の食事の行為者率が1975年より少ないことを意味しているが、その行為者率の差異の負の値だけ全行動差分グラフの減少領域の当該時刻にＥ（1文字1％）の数が打たれている。他方、実線が点線より上回っている部分の遅い時刻の部分は、1985年の食事の行為者率が1975年のそれより上回っていることを意味し、その行為者率の正の増加分だけ全行動差分グラフの増加領域にＥの数が打刻されている。全行動差分グラフに見られる食事行動(E)の「戻し現象」は食事の遅刻化に伴う階段状グラフの右方向への移動に伴う現象なのである。一般的に言えば、全行動差分グラフに見られる各種行動の「戻し現象」は、遅刻化行動がもたらした階段状グラフの移動により生じる現象なのである。

(3) 時刻別行為者率アプローチの利用可能性――平均時間アプローチの死角を補足――

　図4に見るように、食事以外にも、移動(M：通勤)の文字グラフの分布も同様の傾向を示している。他方、テレビ視聴(T)や睡眠(S)はもっぱら減少領域に見られる。これらは、結果としてテレビ視聴や睡眠の平均時間量の減少をもたらしている。

　17時以降の各行動の平均時間を算出して見よう（**表4**参照。総数が420分より大きいのは調査がながら行動を記録しているためである）。睡眠(S)やテレビ視聴時間(T)は1人当たりそれぞれ14.5分、20.4分減少している。他方、戻し現象が見られた食事(E)や移動(M)は早い時刻の行為者率の減少が遅

表4　17時以降の各行動の平均時間

	1985年	1975年	Δ	1985／1975
総　数	469.2	473.4	-4.3	-0.9
睡　眠	57.8	72.3	-14.5	-2
食　事	35.7	34.9	0.8	2.3
身の回りの用事	34.8	33.2	1.5	4.7
休　養	13.8	13.9	-0.1	-0.5
仕　事	72.4	45.6	25.8	58.9
学　習	0	1.9	-1.9	-100
家　事	49.9	43.7	6.1	14
移　動	37.2	38.3	-1	-2.7
交　際	24.6	22.9	1.8	7.7
レジャー活動	24.9	23.1	1.8	7.7
テレビ	87.7	108.2	-20.4	-18.9
ラジオ	5.9	7.8	-1.9	-24.4
新聞・雑誌・本	21.4	27.6	-3.3	-11.9
	(分)	(分)	(分)	(%)

資料出所）NHK国民生活時間調査(1985年、1975年)より作成。

い時間の行為者率の増加で相殺されて、それぞれ0.8分、−1分の微少な変化で、平均時間量で見る限り、残業時、両行動には変化が見られないようである。従来の平均時間アプローチに従う限り、以上のような判断を下してしまう。しかし、全行動差分グラフを用いると、行動の戻し現象が明確に観察されるので、行動の遅刻化があったとの発見が可能である。全行動差分グラフは残業時の勤労者の一連の行動を追跡（シミュレート）できるのである。

図4の全行動差分グラフの解釈を通して、図2と同様の残業時のストーリーを描くことができる。それは以下のようなものとなる。

「生活時間構造に変動をもたらした主たる要因は17時台と18時台の仕事の増大である。このため、17時台、18時台において移動（「通勤」）をはじめとしてあらゆる行動が阻害された。その後の時間帯において、変動要因としてウェイトは減少していくものの、仕事に家事が加わって他の行動の実行を継続して阻害する。しかし、17時台、18時台に阻害された行動の中で、19時台になって移動（通勤）が遅まきながら回復を始め、20時台になると、食事をはじめとしてあらゆる生活活動（ただしラジオ聴取、学習活動、新聞・雑誌・本の読書を除く）が増大に転じる。この結果、これらの行動によって19時台、20時台にはテレビ視聴がもっぱら犠牲になる。21時台、22時台になっても、犠牲になっていた行動の回復的活動が見られる。行動の戻しが見られる生活行動の中には、レジャー活動や交際、身の回りの用事のように、逆にそれ自体活動が以前よりも増しているような生活行動も観察される。それまで（19時台、20時台）は、戻し行動のためにその時間帯のテレビ視聴がもっぱらしわ寄せを受け減少していたが、睡眠時間帯初期に当たる21時台に入ると、テレビ視聴に加え、睡眠にも影響が及び始める。そして、22時台には睡眠はテレビ視聴に代わり、最大の犠牲項目になる。23時台になると、今度はテレビ視聴が増大要因に転じ、睡眠がもっぱら犠牲となっている。」（藤原 1996）

このNHK国民生活時間調査データは次善のデータであり、しかも男女混合のデータ（家事行動が見られた）であるし、既婚、未婚の混合データでもあるので、属性を分化させたデータで詳細を確認する課題が残る。しかし、本節ではわれわれの分析論理や作業仮説（不可欠性の高い行動には戻し現象が見られる）が次善の実データを用いても大過のないものであった、との確信を得ることができた。

特集　仕事と生きがい―持続可能な雇用社会に向けて

4. 総務省社会生活基本調査データを用いた残業実態の探索

　本章では時刻別行為者率アプローチを総務省の社会生活基本調査の2001年のミクロデータ再集計値の分析に適用する。対象となるのは、職業分類として最大の規模を持つ一般事務従事者である。一般事務従事者は既述のようにホワイトカラーの典型的な職業（管理職は含まない）カテゴリーであり、規模が大きいために、さらにいくつかの属性を加えてデータを策出しても一定の人数を確保し、分析できるという長所も持っている。ここでは男女、正規従業員、平日でしかも勤務している（仕事を休んでいない）といった属性および条件（分析の後半では女性の既婚、未婚等も加えた）でデータを抽出、作成し、残業に伴う生活時間構造の変動の実態を明らかにする。要するに、男女の一般事務従事の正規従業員が実際に勤務していた平日の労働、生活時間の実態がこれにより明らかになる。男女、正規・非正規従業員、勤務日等の属性、条件が未分化のままであったNHKデータとは異なる最善のデータと思われる。

　ちなみに2001年総務省社会生活基本調査はサンプリングを経て、1週間の調査で36万7937票を全国から集めていた。このうち有業者は21万9761票であり、うち男女一般事務従事者は34902票であった。上記の諸属性を持つ一般事務従事者はさらに絞られて男性4138票、女性3886票となる。これを抽出率の逆数値である乗数値でウェイトバックすると、男性の場合、1935万5021人、女性の場合、1686万2231人となる。これを平日5日で割ると、平日平均で男性387万998人、女性337万2454人となる。ウェイトバックのための乗数値は各曜日（月～日）に独自に設定してある。個人乗数値（他に家族乗数値もある）は各曜日（月曜なり、火曜なりの意味）とも異なる値を表示しているが、ウェイトバックしたその1日の合計値はいずれの曜日も日本全体の人口1億1309万5233人（10歳未満の人口を除く）となる。

　以下では、月曜から金曜の各曜日ではなく、平日平均のデータを用いワークライフバランスの実態を明らかにする。また、以下で用いる図表はいずれも総務省『社会生活基本調査2001年』を用い作成したものである。したがって図表の資料出所は以下では割愛する。

(1) 分析で用いるデータ――退勤者、在勤者データの比較――

NHK国民生活時間調査の分析では平均の仕事の時間数が多かった年と少なかった年のデータを用い、前者から後者を減じることで残業の実態を把握した。しかし、ここでは平日平均のデータを、5時半までに退勤した人と、5時半以降も勤務を続けた人のグループに二分して、退勤グループのデータを非残業時の生活、在勤グループのデータを残業時の生活とみなして、両者を比較考量しながら検討を進める。

　社会生活基本調査では被調査者が勤務する各企業の始業、終業時間を把握する調査項目はない。終業時間は企業により多様である。5時半というのは2001年の社会生活基本調査の直近の1995年の他調査の情報を借用して便宜的に設けた境界値である。労務行政研究所が労働時間事情を精査していて、それによれば、終業時間（全産業）を5時半に設定している企業が最も多く、これに5時〜5時29分のそれも含めると全体の約7割（68.6％）の企業に上るという結果があるから、それを参考にした（労務行政研究所 1995）。

　社会生活基本調査では2日連続して日記式調査票に行動記録を記すことが求められている。同じ人であっても調査日のうちの1日は5時半前に退勤し、もう1日は5時半以降も在勤した場合があるから、退勤グループと在勤グループは本来全く異なる属性集団ではないので（厳密に言えば、後述のように両グループは年齢構成において若干差異が観察される）、両グループは勤労者の残業日、非残業日のワークライフバランスを比較考察するデータとして利用可能と判断した。

(2) 在勤比率の時刻別推移

　表5（次頁）は男女の正規の一般事務従事者の平日平均データ（当日仕事を休んでいた人のデータは排除）を用い、在勤状況（4時以降）を算出したものである。在勤者は4時〜4時15分時点では当該正規従業員全体のうち男性では97％、女性では96％を占めている。それが女性の場合には、5時45分から6時の時点で在勤率は49％に半減する。男性の在勤率の半減時刻は6時30分から6時45分の時点である。女性の在勤率が10％近くに達するのは7時45分から8時であるが、男性のそれは9時45分から10時と2時間経ってからである。全般的に男性の在勤率は遅い時間まで終始、女性のそれを上回っている。これは残業率の推移を示す興味あるデータと言えよう。

特集　仕事と生きがい—持続可能な雇用社会に向けて

表5　在勤者比率の時刻別推移

	在勤者構成比				
	男性	女性	7:45-8:00	31	11
			8:00-8:15	24	8
4:00-4:15	97	96	8:15-8:30	22	7
4:15-4:30	97	96	8:30-8:45	19	6
4:30-4:45	96	95	8:45-9:00	18	5
4:45-5:00	95	93	9:00-9:15	13	4
5:00-5:15	87	79	9:15-9:30	12	3
5:15-5:30	82	71	9:30-9:45	11	3
5:30-5:45	73	56	9:45-10:00	10	3
5:45-6:00	69	49	10:00-10:15	8	2
6:00-6:15	61	38	10:15-10:30	7	2
6:15-6:30	57	32	10:30-10:45	6	2
6:30-6:45	50	25	10:45-11:00	6	1
6:45-7:00	48	23	11:00-11:15	4	1
7:00-7:15	40	17	11:15-11:30	4	1
7:15-7:30	38	16	11:30-11:45	3	1
7:30-7:45	33	12	11:45-12:00	3	1

注）数字は％。時刻は午後のもの。

(3) 在勤者（男女）の時刻別推移の特徴

次に在勤者の時刻別年齢分布を明らかにしておこう。これは、どの年齢集団が各時刻の勤務の主体（午後5時半以降では「残業」の主体）となっているのか、との疑問に答えるものである。図5-1は男性の在勤者の時刻別年齢分布を示している。図の見方を示しておく。左端の「全体」の縦棒グラフは男性の一般事務従業者の全数387万1004人（平日平均値）の年齢別分布を示している（年齢別データを策出す

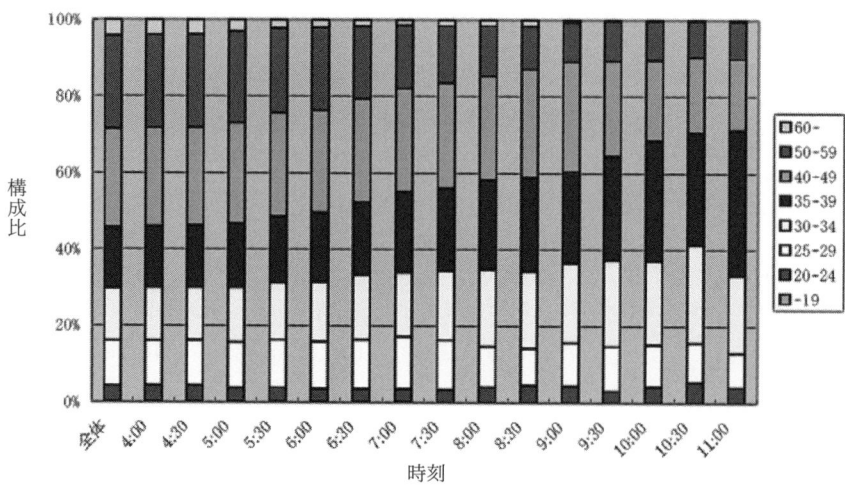

図5-1　在勤者の時刻別年齢分布（男性）

ホワイトカラーのワークライフバランス

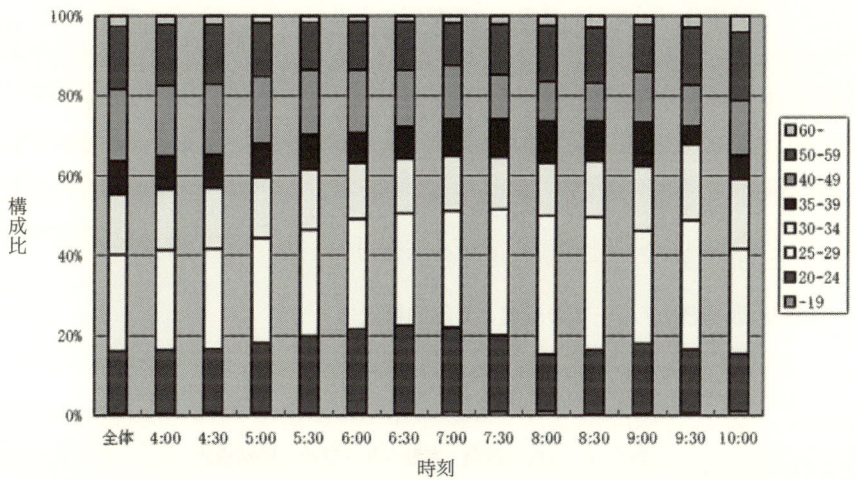

図5-2　在勤者の時刻別年齢分布（女性）

る論理演算の都合で全数の数値は前出のそれと僅かに異なる）。年齢別分布は遅い時刻に移行するにつれ分布を変化させることが分かる。男性および女性の表から汲み取ることができる知見を明らかにしておこう（**図5-1**、**図5-2**参照）。なお、女性の場合、10時半以降は在勤率が1％程度になり、夜の別の就業ローテーションを窺わせるデータが入るため、割愛している。時刻表示が4：00というのは厳密には4：00～4：29という30分の幅の時刻帯を意味している。これは他の時刻表示においても同様である。

　男性に関しては、一般的に遅い時刻帯に移行するにつれて、残業の主体は30歳代（30-34, 35-39）の人々に移行する傾向がある。とりわけ、30歳代後半（35-39）の人々は11時台に比率を増大させる。

　男性30歳代は一般事務従事者の約30％（全体、30-34歳13.8％、35-39歳15.9％）を占める年齢集団であるが、午後7時半～8時の間でほぼ40％（30-34歳18％、35-39歳21.6％）に上昇し、9時半～10時には50％ほど（30-34歳22.6％、35-39歳27.2％）に達する。

　男性の場合、年齢別労働力率が女性のようにM字曲線を描かないことを反映して、在勤グループ全体に占める20歳代の年齢集団の割合は女性のそれ（39.6％）と比して、低い値（15.9％）しか示していない（後掲の**表6-1**、**表6-2**を参照のこと）。

25

特集　仕事と生きがい―持続可能な雇用社会に向けて

彼らの在勤率はどの時刻も自らの年齢集団の本来の構成比の範囲を前後しているにすぎない。これにたいして、女性の場合、20歳代の女性が午後10時（図中9：30：9：30-9：59）まではその年齢構成比(39.6％)に比して高い50％前後の高い在勤率を示している。このことは女性の残業の主体が20歳代であることを示唆している。ただ、10時以降は40％近くに低下し、年齢構成はもとの全体の年齢構成に近いものに戻る。

(4) 退勤、在勤グループの規模と年齢的特徴
1)　人口規模

以後の分析では、既述のように在勤（残業）グループと退勤グループに分け、そ

表6-1　男性の退勤・在勤グループの年齢別構成

	年齢階層（男性）								合計
	-19	20-24	25-29	30-34	35-39	40-49	50-59	60-	
全体	9,792	155,136	458,758	532,768	614,154	995,234	943,851	161,310	3,871,004 (100.0)
	0.3	4.0	11.9	13.8	15.9	25.7	24.4	4.2	100.0
退勤者	5,052	49,884	106,219	109,941	121,854	227,633	318,146	97,990	1,036,720 (26.8)
	0.5	4.8	10.2	10.6	11.8	22	30.7	9.5	100.0
在勤者	4,740	105,252	352,539	422,827	492,300	767,601	625,705	63,320	2,834,284 (73.2)
	0.2	3.7	12.4	14.9	17.4	27.1	22.1	2.2	100.0

注）小数点の数字の単位は％を示す。

表6-2　女性の退勤・在勤グループの年齢別構成

	年齢階層（女性）								合計
	-19	20-24	25-29	30-34	35-39	40-49	50-59	60-	
全体	19,590	519,056	816,609	510,016	285,070	600,434	535,028	86,643	3,372,446 (100.0)
	0.6	15.4	24.2	15.1	8.5	17.8	15.9	2.6	100.0
退勤者	9,517	149,435	309,400	222,065	119,659	291,316	309,721	56,037	1,467,150 (43.5)
	0.6	10.2	21.1	15.1	8.2	19.9	21.1	3.8	100.0
在勤者	10,074	369,621	507,208	287,951	165,411	309,117	225,307	30,607	1,905,296 (56.5)
	0.5	19.4	26.6	15.1	8.7	16.2	11.8	1.6	100.0

注）小数点の数字の単位は％を示す。

の対比で残業時の生活時間構造の変動を検討する。両者の人口数やその年齢別構成の特徴を見ておこう。

表6-1に見るように、男性の場合、全体の人数は387万1004人であるが、在勤者グループの人数（午後5時半～6時時点が最大規模を示すのでこれを在勤グループの規模とする）は283万4284人（全体人数に占める割合：73.2%）である。他方、男性の退勤グループは103万6720人（26.8%）となる。

女性に関しては（**表6-2**参照）、総数は337万2466人であり、在勤者グループの規模は190万5296人（56.5%）、退勤者グループのそれは146万7150人（43.5%）である。

2）年齢構成の特徴

男女の在勤グループ、退勤グループの年齢的特徴を見ておこう（以下、説明で参照する数値は表中ではゴシック文字で表記している）。**表6-1**、**表6-2**は**図5-1**、**図5-2**のデータを5時半を境に二分したものであるから、退勤者、在勤者の年齢別特性は図で見た状況を反映したものとなっている。

男性に関しては、在勤グループは25-29歳以降から40-49歳の年齢層が退勤グループより比較的高い構成比を示している。前者が71.8%（＝12.4%＋14.9%＋17.4%＋27.1%）であるのに対して、後者は54.6%である。退勤グループでは50歳代以上が40.2%（＝30.7%＋9.5%）を占めるのにたいし、在勤グループでは24.3%にすぎない。在勤グループは退勤グループに比して、比較的若い世代からなるグループと言えよう。

女性の場合、20歳代が在勤グループで46.0%（＝19.4%＋26.6%）と高い値を示すのにたいし、退勤グループでは31.3%と低くなる。退勤グループでは40歳代以上の割合が44.8%（＝19.9%＋21.1%＋3.8%）と高いが、在勤グループでは29.6%を占めるに止まる。

在勤グループに限って見ると男性の場合、20歳代後半から40歳代が、女性の場合、20歳代（とりわけ20歳代前半）が退勤者に比して高いと言えよう。

(5) 平均時間アプローチによる分析
1）各種行動平均時間の比較

男女の各種行動平均時間量を退勤者と在勤者と比較対照させて概観しておこう

特集　仕事と生きがい―持続可能な雇用社会に向けて

表7　男女の退勤、在勤者の各種行動の平均時間量とその変動

行動の種類	男性 退勤者	男性 在勤者	男性 減少幅	男性 減少寄与率	女性 退勤者	女性 在勤者	女性 減少幅	女性 減少寄与率
睡眠(S)	441.3	416.5	-24.8	13.7	416.1	403.9	-12.2	10.2
身の回りの用事(C)	67	56.4	-10.6	5.8	82.1	84.8		
食事(E)	94.7	85.4	-9.3	5.1	90.6	91.9		
通勤・通学(M)	76.9	92.5			60.9	75.8		
仕事(J)	447.1	613			449.8	550.7		
学業(G)	0.3	0	-0.3	0.2	0.2	0.1	-0.1	0.1
家事(H)	6.9	2.2	-4.7	2.6	86.4	45.1	-41.3	34.5
介護・看護(N)	1.4	0.3	-1.1	0.6	2.3	1.2	-1.1	0.9
育児(I)	4.2	2	-2.2	1.2	10.3	2.2	-8.1	6.8
買い物(B)	6.1	1.8	-4.3	2.4	17.4	9.1	-8.3	6.9
移動(通勤・通学除く)(D)	28.4	12.6	-15.8	8.7	18.8	11.5	-7.3	6.1
テレビ・ラジオ・新聞・雑誌(T)	123.9	73.2	-50.7	28	88.9	74.8	-14.1	11.8
休養・くつろぎ(R)	64.4	41.3	-23.1	12.7	54.5	47.6	-6.9	5.8
学習・研究(学業以外)(O)	6.7	6.5	-0.2	0.1	4.2	4.1	-0.1	0.1
趣味・娯楽(L)	30	11.1	-18.9	10.4	14.4	10.3	-4.1	3.4
スポーツ(U)	8.5	2.6	-5.9	3.3	7.3	3.2	-4.1	3.4
ボランティア活動・社会参加活動(A)	2.3	0.9	-1.4	0.8	1.4	0.3	-1.1	0.9
交際・つきあい(K)	21.1	17.7	-3.4	1.9	20.8	16.4	-4.4	3.7
受診・療養(X)	3	0.9	-2.1	1.2	3.3	1.1	-2.2	1.8
その他(Z)	5.8	3.3	-2.5	1.4	10.2	5.9	-4.3	3.6

注)減少寄与率の数字の単位は％。それ以外は単位は分。

(**表7**参照)。在勤者の仕事の時間量は退勤者に較べ、男性の場合165.9分(＝在勤者613分－退勤者447.1分)、女性の場合、退勤者に比べ100.9分(＝在勤者550.7分－退勤者449.8分)長い。男女とも通勤時間量もそれぞれ増大している。女性の場合は、身の回りの用事、食事がさらに時間量を増大させているのが注目される(女性の労働時間量が男性同様613分になった場合に、果たしてこの関係が認められるのかを確認しないと男女の差異の一般化はできない。これについては後段の**表8-2**をもとにした論議を参照)。

　男性の場合の減少幅が大きいもの(－10分以上)を、順位をつけて列挙しておこう(括弧内の数字は減少幅全体にたいする寄与率)。

①テレビ・ラジオ・新聞・雑誌－50.7分(28％)、②睡眠－24.8分(13.7％)、③休養・くつろぎ－23.1分(12.7％)④趣味・娯楽－18.9分(10.4％)
女性の場合も同様に列挙しておく。
①家事－41.3分(34.5％)、②テレビ・ラジオ・新聞・雑誌－14.1分(11.8％)、③睡眠－12.2分(10.2％)
男性の場合はテレビ・ラジオ・新聞・雑誌の時間消費、女性の場合は家事が残業の際の影響を最も大きく受けることが理解できる(**表7**のゴシック文字参照)。

2) 仕事の平均時間量と各種行動平均時間量の相関関係

仕事の時間量とその他の各種行動の時間量の増減の関係をさらに掘り下げるため、個々人の仕事の時間量と各種行動の時間量（たとえば仕事の時間数と食事の時間数に関する300万あまりのペアのデータ）を用いて相関係数の算出を試みた。男性387万、女性337万を基盤にし、正確な関係が見て取れると思われた。しかし、仕事時間が比較的に短い退勤者のデータを大量（男104万、女147万）に包摂したデータなので、相関係数をとっても全体のデータが退勤者グループ内での低い相関関係の影響を受けて、低い相関係数しか見出せなかった。また、在勤者のデータに限って相関係数を算出しても、早い時間で退勤する在勤者が相対的に多数を占めるので、同様に低い相関係数しか得られない。このような試行錯誤を経て辿り着いた手法は、何時まで仕事をしていたかをもとに、在勤者を複数のグループに括って、仕事の時間量と各種行動時間量の関係を考察することであった。

在勤者を時間帯別にグループ化して、グループの各種行動の平均時間を見たのが**表8-1**（男性）と**表8-2**（女性）である。仕事時間量と他の行動の平均時間量の相関係数を計上してみたが、その結果は相関係数として表の右端の列に記している。

表頭に見るように、在勤者がどの時刻まで仕事をしていたかにもとづき4つのグループ（午後5時半～7時、7時から8時半、8時半～10時、10時～11時半）に分けた。男性の場合、11時半まで掲載しているが、女性の場合、10時までとしている。**図5-2**の説明の際に記したように、10時以降の女性の在勤者データはその比率が1％に急落するし、始業、終業時間が夕刻から夜に設定されているとしか思えない異質なデータを含むために割愛した。

特集　仕事と生きがい―持続可能な雇用社会に向けて

表8-1　男性の時刻別在勤（残業）グループの各種行動の平均時間量と仕事時間量との相関係数

行動の種類	男性 退勤者	5:30-7:00	7:00-8:30	8:30-10:00	10:00-11:30	相関係数
睡眠(S)	441.3	429.9	420	397.8	381.1	-0.96
身の回りの用事(C)	67	56.1	57.6	58.3	50.5	-0.82
食事(E)	94.7	88.1	83.3	87.4	74.1	-0.85
通勤・通学(M)	76.9	94.4	91.5	90.1	95.1	0.72
仕事(J)	447.1	541.9	630	697.7	744.1	
学業(G)	0.3	0.1	0	0	0	-0.91
家事(H)	6.9	2.8	1.7	2.6	0.6	-0.88
介護・看護(N)	1.4	0.4	0.2	0.5	0.1	-0.81
育児(I)	4.2	2.8	2.2	0.5	0.2	-0.98
買い物(B)	6.1	2.4	0.8	2.1	2.2	-0.73
移動（通勤・通学除く）(D)	28.4	14.8	10.7	9.6	15.6	-0.74
テレビ・ラジオ・新聞・雑誌(T)	123.9	96.9	69.1	43	28.7	-1
休養・くつろぎ(R)	64.4	48.7	40.3	25.8	31.9	-0.96
学習・研究（学業以外）(O)	6.7	6.7	7.8	4.5	4	-0.68
趣味・娯楽(L)	30	15.6	7.9	7.2	2.7	-0.96
スポーツ(U)	8.5	4.4	1.2	0.8	0.9	-0.94
ボランティア活動・社会参加活動(A)	2.3	1.6	0.4	0	0.2	-0.96
交際・つきあい(K)	21.1	27.8	11.6	7.4	5.5	-0.85
受診・療養(X)	3	0.8	0.5	2.5	0.2	-0.5
その他(Z)	5.8	3.7	3.2	2.1	2.2	-0.96

データを検討する際の視点は2つある。

1つは、仕事時間量とその他の各種行動の平均時間量との相関関係である。仕事時間量が増大すると時間量を増加させる行動と、逆に、時間量を減少させるものがある。相関係数はこの関係の概要を把握するためのものである。相関係数は上記の在勤者の時刻グループのデータ（男性：5つのデータ、女性：4つのデータ）に退勤者のデータも加え計算している。

もう1つは、退勤者の時間量と在勤者の各グループの時間量の多少を行動ごとに確認する視点である。正の相関係数が高いとき、退勤者の時間量よりも在勤者の各グループの当該の各数値が大きく、ここでは例外は見られない。しかし、負の相関の場合は退勤者の時間量よりも小さくなる理屈であるが、女性の場合、後に見るように食事に関しては例外が見られる。

ホワイトカラーのワークライフバランス

表8-2 女性の時刻別在勤（残業）グループの各種行動の平均時間量と仕事時間量との相関係数

行動の種類	女性 退勤者	5:30-7:00	7:00-8:30	8:30-10:00	相関係数
睡眠(S)	416.1	409.2	397	391.7	-1
身の回りの用事(C)	82.1	84.5	85.6	85.9	0.96
食事(E)	90.6	93.1	92	87.3	-0.5
通勤・通学(M)	60.9	74.5	81	75.5	0.81
仕事(J)	449.8	521.2	601.3	648.7	
学業(G)	0.2	0.1	0	0	-0.97
家事(H)	86.4	50.7	30.1	30.1	-0.95
介護・看護(N)	2.3	1.3	0.3	0.4	-0.96
育児(I)	10.3	2.8	0.2	0.6	-0.9
買い物(B)	17.4	10.9	5.1	3.2	-0.99
移動(通勤・通学除く)(D)	18.8	12	11.2	7.1	-0.95
テレビ・ラジオ・新聞・雑誌(T)	88.9	83.9	59.2	45.5	-0.97
休養・くつろぎ(R)	54.5	51	40.5	44.9	-0.87
学習・研究(学業以外)(O)	4.2	4.5	4.3	1.2	-0.69
趣味・娯楽(L)	14.4	11.2	8.3	5.9	-1
スポーツ(U)	7.3	3.4	4	0.2	-0.89
ボランティア活動・社会参加活動(A)	1.4	0.2	0.4	0	-0.83
交際・つきあい(K)	20.8	18	13.9	6.3	-0.95
受診・療養(X)	3.3	1.3	0.3	0.7	-0.89
その他(Z)	10.2	6	5.7	4.8	-0.9

3) 20種類の行動レベルの観察から得られた一般的知見

表8-1および**表8-2**から汲み取れる一般的知見を箇条書きにしておこう。

男女とも仕事時間量が増大するほど、通勤時間量も増大する傾向（男性：相関係数0.72、女性：同0.81）があるが、単調に増加傾向を示しているわけではない［男性：**76.9**→94.4→91.5→90.1→95.1、女性：**60.9**→74.5→81→75.5（最初のゴシックの数字は退勤者の数字）］。したがって、つぎのように表現するのが妥当と思われる。

1. 男性、女性とも、在勤者の各時刻グループ（以下、在勤者グループ）の通勤時間量は退勤者のそれに比べて大きい。

以下、新たな知見と思われることを番号を続けて列挙しよう。

2. 男性は、仕事時間量が増大するほど、すべての行動の時間量（通勤は除く）が

31

特集　仕事と生きがい―持続可能な雇用社会に向けて

減少傾向を示す(相関係数参照のこと)。
3. 男性の在勤者グループの各行動の平均時間量は、通勤行動を除き、退勤者のそれよりも小さい。

女性に関しては男性と異なる以下の特徴が観察される。
4. 女性の身の回りの用事行動の時間量は仕事の時間量の増加とともに単調に増大する関係にある(相関係数0.96)。
5. 女性の在勤者グループの身の回りの用事行動の時間量は退勤者のそれに比べて大きく、時刻帯が遅くなるほど時間量が増大する
　[**82.1**→84.5→85.6→85.9(最初のゴシックの数字は退勤者の数字)]。
6. 女性の在勤者の短中残業時間グループ(5時半～8時半在勤者を一括して呼称)の食事行動の時間量は退勤者に比べ多い [**90.6**→93.1→92→87.3(同)]。なお、相関係数は負の相関(−0.5)を示している。

[小括] 男女の在勤グループは退勤者に比して、仕事時間が当然のことながら圧倒的に長い。また、通勤時間も長くなることが分かった。これは男女共通の特徴である。ただ、男性の場合、仕事と通勤時間(有償労働)の増加の影響でその他のすべての行動の時間量が減少しているのにたいし、女性の場合は、在勤グループの身の回りの用事、食事行動(短中残業グループのみ)は退勤グループに比して時間が長い、という興味深い結果が出ている。ただ、女性の場合もこれ以外は有償労働の増加の影響ですべての行動の時間量が減少する。

4) 大活動分類に基づく生活時間構造の変動の観察および一般的知見

　a) 変動の観察方法――弾力性概念を用いて――

仕事の増大は通勤時間量の増大を伴うことが前段の検討で理解できた。ここでは仕事と通勤を有償労働のカテゴリーに括り、その他の18種類の行動も大カテゴリーに括り、時間量の変動の大要を理解することにする。他の3つのカテゴリーは、第1次行動(睡眠、身の回りの用事、食事)、無償労働(家事、介護・看護、育児、買い物、ボランティア活動・社会活動)、第3次活動(表8-1、表8-2の移動、テレビ等以下の諸行動)である。以上のカテゴリーのもとで変動状況を纏めたのが**表9-1**と**表9-2**である。

男性、女性のいずれの表を見ても(表中、括弧で括ってある構成比の小数点の数

ホワイトカラーのワークライフバランス

表9-1 男性の時刻別在勤（残業）グループの大カテゴリー行動の平均時間量と有償労働の関係

男性	退勤者	弾力性	5:30-7:00	弾力性	7:00-8:30	弾力性	8:30-10:00	弾力性	10:00:-11:30
第1次活動	603.1 (41.9)	-0.2	574.1 (39.9)	-0.2	561 (38.9)	-0.3	544 (37.7)	-1.1	505.7 (35.1)
有償労働	524 (36.4)	1	636.3 (44.2)	1	722 (50.1)	1	788 (54.7)	1	839.2 (58.3)
無償労働	21.2 (1.5)	-2.4	10.1 (0.7)	-3.5	5.3 (0.4)	0.8	5.7 (0.4)	-6.5	3.3 (0.2)
第3次活動	291.8 (20.3)	-1.2	219.4 (15.2)	-2.3	152 (10.6)	-3.5	103 (7.2)	-1.7	91.7 (6.4)

表9-2 女性の時刻別在勤（残業）グループの大カテゴリー行動の平均時間量と有償労働の関係

女性	退勤者	弾力性	5:30-7:00	弾力性	7:00-8:30	弾力性	8:30-10:00
第1次活動	588.8 (40.9)	0	586.7 (40.7)	-0.1	574 (39.9)	-0.3	565 (39.2)
有償労働	510.8 (35.5)	1	595.7 (41.4)	1	682 (47.4)	1	724 (50.3)
無償労働	118 (8.2)	-2.6	66.2 (4.6)	-3.1	36.2 (2.5)	-0.8	34.4 (2.4)
第3次活動	222.4 (15.4)	-0.8	191.4 (13.3)	-1.6	147 (10.2)	-3.4	117 (8.1)

値参照。構成比を縦に足し込めば100.0％になる）、有償労働の構成比が増大するほど、第1次活動、無償労働、第3次活動の各構成比が減少する傾向にある。しかし、ここで問題なのは有償労働の増大のしわ寄せを最も受けやすい活動は何なのか、ということである。

　ここで弾力性という概念を導入する。弾力性とは、相互依存関係にある変数間で、ある変数に対する対応する他の変数の変化の度合いを相対的な比率で示すものである。経済学においてはマーシャルによって発展させられた分析用具である。

　ここでは有償労働時間量の弾力性と第1次活動時間量のそれの関係を例に説明する。有償労働時間量をL、第1次活動をPとすると、両者の関係の「弾力性ε」はつぎのように定義される。すなわち、

$$\varepsilon = 第1次活動時間量の変化率／有償労働時間量の変化率$$

特集　仕事と生きがい―持続可能な雇用社会に向けて

$$=(\Delta P/P)/(\Delta L/L)$$

　第1次活動、無償労働、第3次活動時間量は有償労働時間量との関係では減少傾向を示す。需要の弾力性の式と同様、εを正数とするため便宜上の負の符号を付けてもよいと考えられるが、表中に見るように上記の傾向の例外も観察されるし、また、有償労働の増加が他の諸活動に負の方向に影響を及ぼすという関係が端的に表現できるので、負の数値のまま利用した。ε＞±1のとき弾力性が大であり、ε＝1のとき弾力性は中立的(大でも小でもない)といい、ε＜±1のとき弾力性は小であるとみなそう。

　表9-1、**表9-2**に見るように、

　男女とも総じて、有償労働との関係で、第1次活動の弾力性は、無償労働、第3次活動の弾力性に比して小さい。

　これは要するに、有償労働の時間量の増大につれて、第1次活動時間量の減少に比して無償労働と第3次活動の時間量の減少が相対的に大きく進むことを示唆している。

　男女とも退勤者の時間量と8時半～10時グループ（これは女性の在勤者で最も時刻の遅いグループである。男性もこれに合わせた）の平均時間量を比較した場合、第1次活動時間量は男性の場合、90％（＝8時半～10時グループ544分／退勤者603.1分）、女性の場合、96％（＝527.5分／588.8分）の規模の減少で止まったのに対して、第3次活動時間量に関しては、男性の場合35％（103分／291.8分）、女性の場合53％（＝117分／222.4分）と激減している。この結果、第3次活動の構成比は男性の場合、20.3％から7.2％に、女性の場合、15.4％から8.1％となっている。付言すれば、男女の第3次活動の上記の削減量の半数はテレビ・ラジオ、本・雑誌行動に投じる時間の削減が占める［男性：第3次活動削減時間188.8分（＝291.8分－103分）のうちテレビ等96.8分（＝123.9分－43分）、女性：同105.4分（＝222.4分－117分）のうち43.4分（＝88.9分－45.5分）。テレビ等のデータは**表8-1**、**表8-2**参照］。

　また、無償労働の弾力性は男女とも8時半まで（退勤者グループから5時半～7時グループ、5時半～7時グループから7時～8時半グループに移行する過程）でとりわけ高い。無償労働時間量が長い女性の場合、仕事を7時までに終えても、

無償労働時間量は通常の56％（＝5時半〜7時グループ66.2分／退勤者グループ118分）に減少し、8時半まで仕事をすると31％（＝7時〜8時半グループ36.2分／退勤者グループ118分）の規模に激減する。無償労働の構成比は、その間、8.2％（退勤者グループ）から4.6％（5時半〜7時グループ）、2.5％（7時〜8時半グループ）に減少する。

b) 4大行動の観察から得られた一般的知見

以上の弾力性、時間量の削減幅に関する知見から、われわれは在勤者は仕事と生活諸行動のバランスを確保もするために、次のような時間消費の対処法をとっていることが一般的知見として提示できよう。

1. 有償労働の時間量が増大するにつれ、男女の勤労者は主として余暇活動のカテゴリーである第3次活動（主にテレビ視聴）、女性の場合はこれに加えて無償労働の時間量の削減で対応する。生理的欲求充足に関係する第1次活動は削減対象として二次的である。

また、これにさきほどの20種類の行動の知見も加味すると、

2. 第1次活動の削減は、男性の場合、睡眠、身の回り、食事の各時間量すべてが削減対象になるが、女性では身の回りの用事行動および短中残業時間グループ（午後5時半〜8時半）の食事行動はその対象外である。
3. 女性の場合、無償労働時間量は、有償労働との弾力性が5時半〜8時半の間高いので、仕事を7時で終えても半減、8時半では3割の規模まで規模が縮小する（いずれも退勤者との対比）。

4. 時刻別行為者率アプローチによる生活時間構造の変動過程の分析
　　——戻し現象を中心に——

(1) 分析の論理

時刻別行為者率アプローチは1人当たりの各種行動の平均時間量ではなく、その算出の基盤として用いられる行為者率を変数として用い、生活時間構造の概要、変動、差異等の観察を目指すものである。時刻別行為者率アプローチの分析の基本的な流れを示そう（**図6**「生活時間構造の変動と全行動差分グラフ」）。本図はアプ

特集　仕事と生きがい─持続可能な雇用社会に向けて

退職者　　　　　　　　　　　　生活時間構造の全容　　　　　　　　　　　　　　在勤者

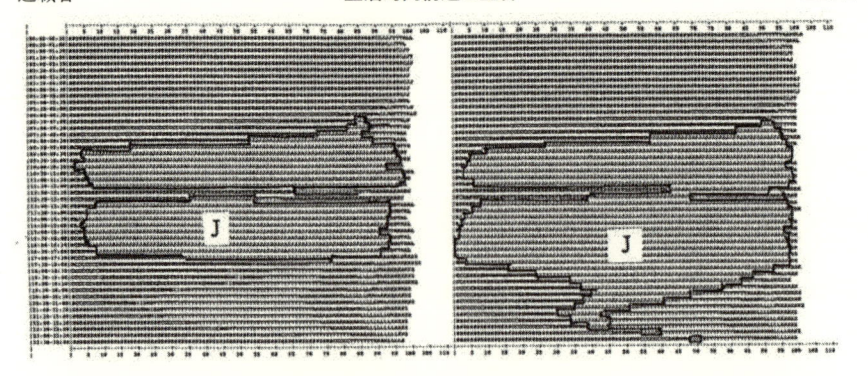

生活時間構造の変動、非変動部分の分離

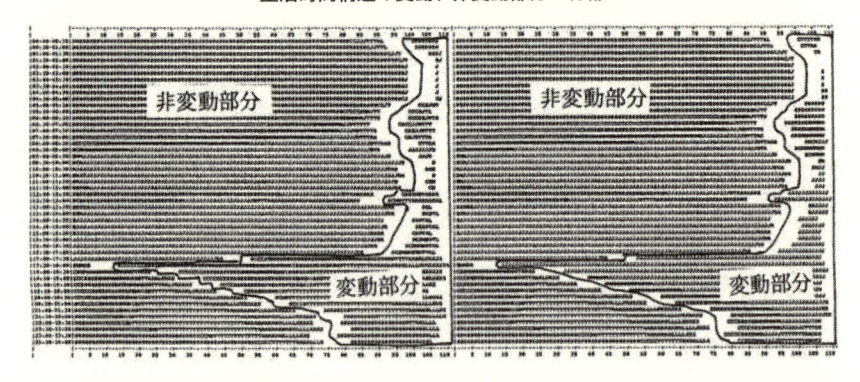

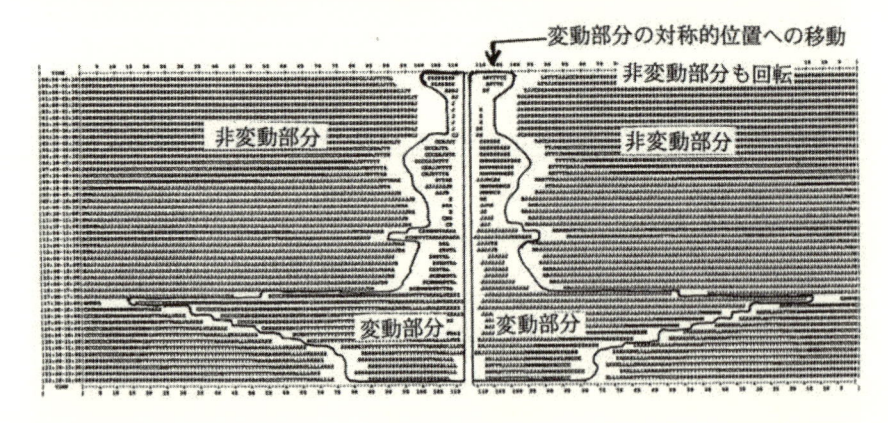

変動部分の対称的位置への移動
非変動部分も回転

ホワイトカラーのワークライフバランス

全行動差分グラフ

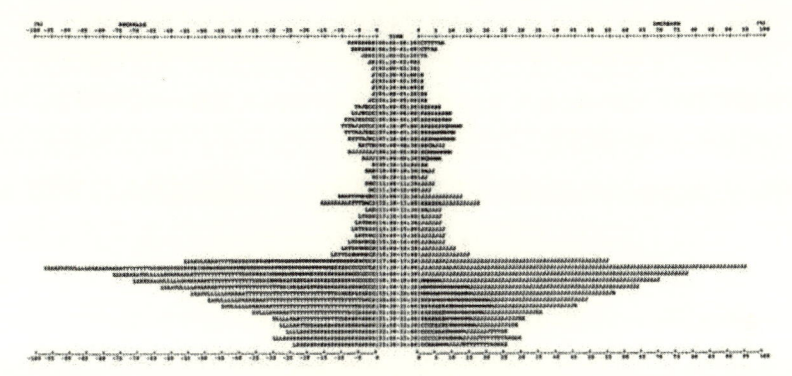

図6　生活時間構造の変動と全行動差分グラフ

ローチの概要を説明することを意図しているので、行動の種類を意味する個々のアルファベット文字が判読できないことは許容されたい。はじめの3つの図の左端には時刻帯を布置している。時刻は上から下に1日24時間の幅を持っている。

　まず、図を上から順に見よう。「生活時間構造の全容」は1日の各種行動の流れの中での仕事が占める大きさを確認するために描かれている。1文字が行為者率1％を示しているが、その文字の数が多いほど面的広がりが増大する。それによれば、仕事(J)の占有(行為者率)の度合いが1日の中でいかに大きいかが理解されよう。在勤者の仕事時間が退勤者のそれよりかなり遅い時刻まで広がりを持っていることが確認できる。

　次の「生活時間構造の変動、非変動部分の分離」の図は在勤者の午後5時半以降の諸行動が普段の生活をどれほど変化させた上で成り立っているのかを確認する意図で示されている。これは本稿の時刻別行為者率分析の原理を示した**図2**と同様のものである。17時半直後、変動部分は在勤者の仕事の行為者率が最大であるため拡がりが大きいが、退勤の増大とともに、他の行動ともども変動は終息していく。

　第3番目の図は、全行動差分グラフが全体の生活時間構造の中でどのような関係にあるのかを見るために描いたものである。

　一番下の[全行動差分グラフ]は第3の図から非変動部分を取り除いたものであ

る。真ん中の時刻帯を挟んで左に退勤者の変動部分（残業をしないときの在勤者の普段の生活行動内容）、右に在勤者（残業時）の諸行動を対称的に配置している。これは男性の在勤者の時刻別行為者率表から退勤者のそれを減じた差分の時刻別行為者率にもとづき描かれたものである。これは図4と同様のものである。

全行動差分グラフ（男性）の詳細は図7（40・41頁）の通りである。在勤者の残業直後（17：30－18：00）、仕事の行為者率は最大の94％を示している。しかし、時間が経つにつれ仕事の行為者率は低下する。これとともに他の行動の「戻し現象」が見られる。戻し現象の一例として、ここでは移動（退勤）の例を示している。Mの文字が減少領域から増加領域に移動していることが観察される。

戻し現象は時刻別行為者率アプローチによらなければ把握できない。これは生活時間構造変動の重要な側面である。以下、この戻し現象を中心に観察し、一般的知見を得ることにする。

(2) 分析装置の導入——戻し行動の観察を目指して——

全行動差分グラフは、残業を原因とした生活時間構造の変動の全容を直感的に把握し、理解できる利点がある。しかし、個々の行動の戻し現象を正確に把握できない。別の観察手段が必要とされる。以下、単一行動差分グラフ、ステップチャートを組み合わせた新たな観察装置を導入する。これを以後、単一行動差分グラフと呼ぶ（**図8**、40・41頁 参照）。

1) 単一行動差分グラフの意味——仕事を例に——

残業のない普段の生活に変動をもたらした17時半以降の「仕事行動」を例として取り上げよう。図8の見方について説明する。

本図は大きく2つの部分からなっている。1つは中央の時刻帯に左右に拡がるJの文字からなる単一行動差分グラフである[7]。これは全行動差分グラフから単一行動［ここではJ（仕事）］のみを抜き出して時刻帯の左右に並べたものである。

これは、在勤者の仕事の行為者率の推移を示す48の長さ（1日）の数列から退勤者のそれを減じ、Jの文字グラフで差分の正負の数値を表現したものとも言える。

単一行動差分グラフに依拠することで、戻し行動の観察が容易になる。Jのグラフには増減の規模を示す数値（％）が付加されている。17時30分（17：30－18：00）の94％をピークにして、仕事の行為者率が減少する状況が把握できよう。

図の上方の左右にはJの増加数、減少数それぞれの総計の規模が記されている。いま、Jの増加数のみ見ると、それは1日総計（TOTAL PERCEBNTAGES OF 24 HOURS）で578%である。578%は本図を描くために数式処理の段階で本来の数値よりズレが生じているので、右の括弧内に正確な数値579.3%を記してある。さらに右のカギ括弧内の数値は579.3%を時間数（分）に換算したものである。173.8分〔＝(579.3%×30分)÷100%〕がそれである。24時間の総計の数値の下には、17時半から翌日の午前3時までの範囲（TOTAL PERCENTAGES OF 17 : 30－03 : 00）の総計の各数値が記されている。行動の戻し現象が1日の単位で見られる場合と、17時半以降の3時までの9時間半で見られる場合があると考え、2種類の集計値を付した。行動の戻し率を計上する際、これらの数値と図の上方左のJの減少数の数値が活用されることは言うまでもない。

2） **ステップチャートと単一行動グラフの関連**

もう1つの本図の要素は仕事の行為者率の1日の推移を示した左右の対面する横棒グラフ（**図4**の下のグラフのように本来ステップチャートで描くべきであるが、技術上の問題でここではやむを得ず横棒グラフで表記した。これは「⊂、⊃、□」の要素からなる文字グラフで描かれている。文字グラフの要素である文字（記号）の幅をステップチャートの板と見なしてほしい。ここでは以下、横棒グラフをステップチャートと呼称することを許されたい）である。左に在勤者の仕事のステップチャート、右が退勤者のそれとなっている。両者のグラフを対面させたのは、比較を容易にするためである。

左右のグラフの□の意味を説明しよう。たとえば、12:00(12:00－12:30)では在勤者の仕事の行為者率は30%、退勤者のそれは18%であるが、この場合、両者比較して少なくとも18%が仕事に共通して従事していること（これを「基幹部分」と定義しよう）を示すために、□の記号を用い、その規模を表わすために□が18個、在勤者、退勤者のグラフにともに打たれている。他方、在勤者は退勤者より12%多く仕事に従事しているから、その分だけ□(18個)のあとに12個の⊃の記号が追加される。退勤者より12%多い退勤者の仕事の行為者率は中央の単一行動差分グラフにも連動している。Jが右に12個描かれていることを確認されたい。逆に、退勤者の方が仕事の行為者率が大きかった時刻〔例　9:00 (9:00－9:30)では3%退勤者の行為者率が大きい〕では右のステップチャートの□のあとに⊂が3個、

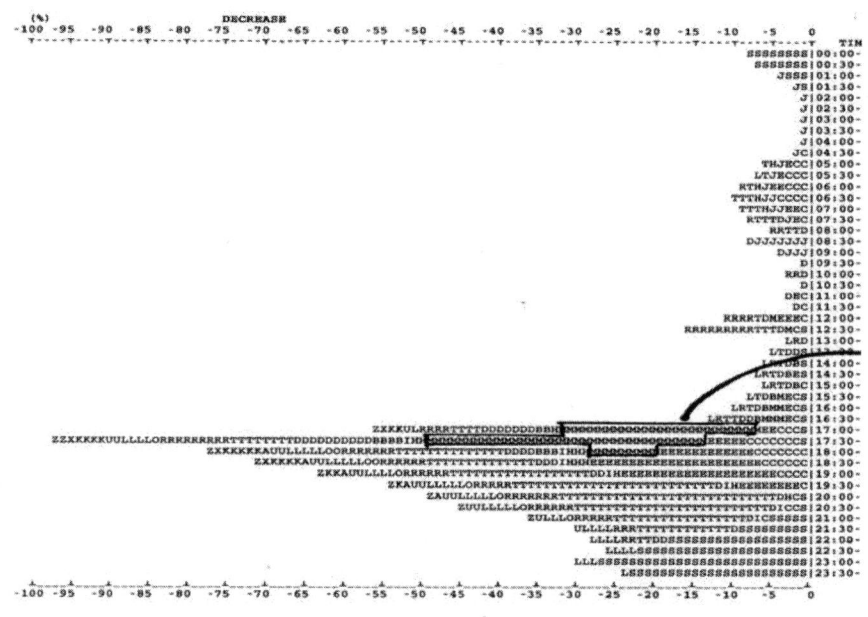

特集　仕事と生きがい―持続可能な雇用社会に向けて

図7　全行動差分グラフにおける

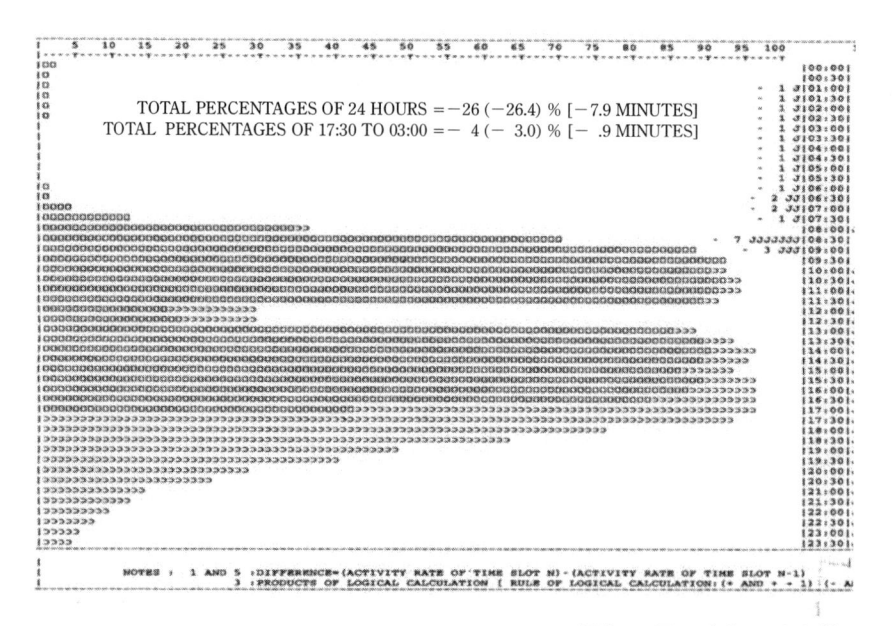

図8　ステップチャートと単一

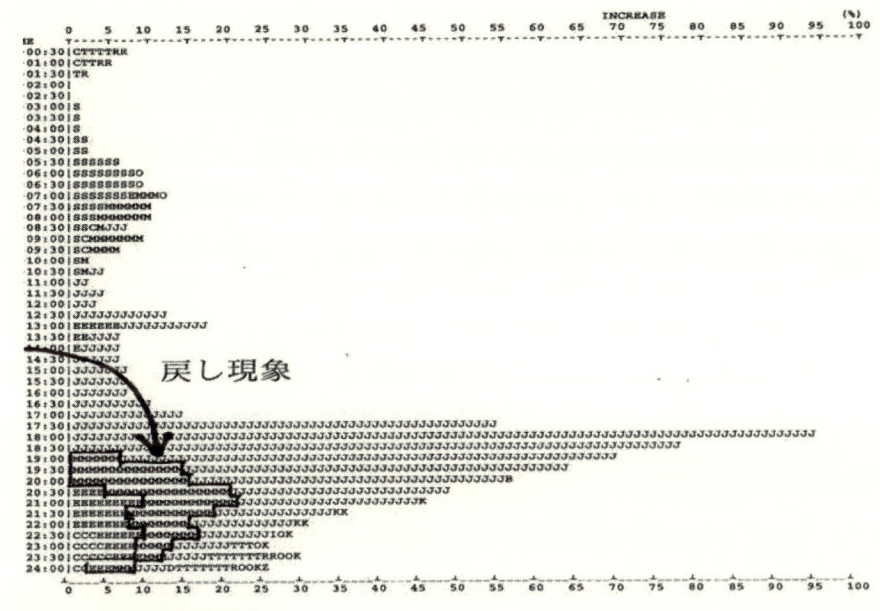

ホワイトカラーのワークライフバランス

通勤行動の戻し現象（男性）

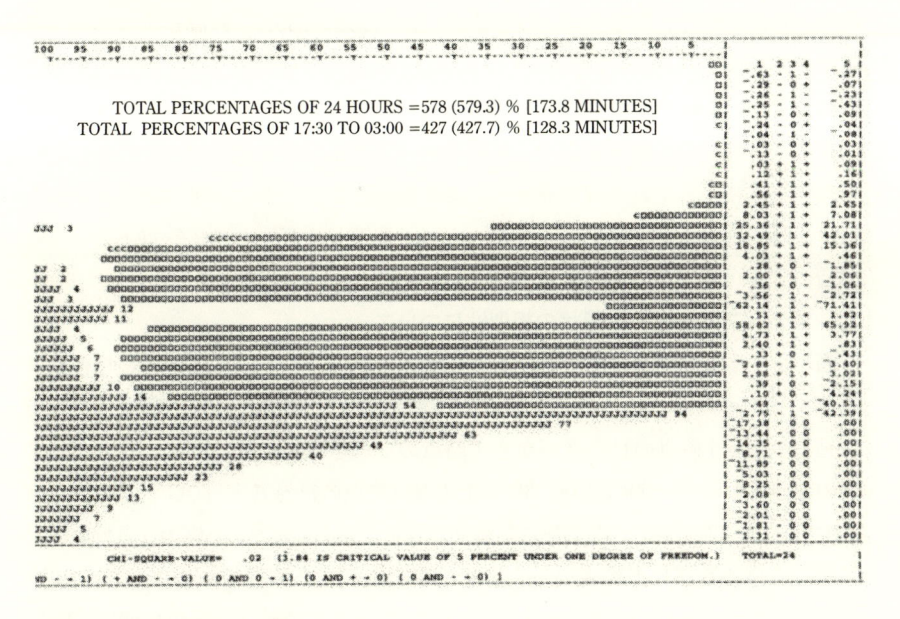

行動差分グラフ（男性・仕事）

41

特集　仕事と生きがい―持続可能な雇用社会に向けて

追加されている。単一行動差分グラフでは、時刻帯の左に仕事の減少を示す3個の Jが描かれ、差分が表現されている。単一行動の差分グラフは、相互に他者より多い差分(⊃もしくは⊂)が描かれているのである。

3)　平均時間の構造について

　この論議の流れで平均時間の構造に言及しておこう。基幹部分の行為者率の合計値(1日分:試算によれば1464.01％)は両者同一である。これは439.2分に相当する。これに対して、差分グラフの上記の残余部分[1日の在勤者の仕事の行為者率が退勤者のそれよりも下回った規模を示す「1日総計」にしての26個のJもしくは⊂＝－26.4％（－7.9分）、逆に上回った規模を示す578個のJもしくは⊃＝579.3％(173.8分)]がある。相殺部分が26.4％、相殺後に残った残差の数値は552.9％（＝579.3％－26.4％)となる。時間にして165.9分(＝173.8分－7.9分)である。

　纏めると退勤者の仕事時間447.1分は基幹部分439.2分と相殺部分7.9分からなる。他方、在勤者の仕事時間613.0分は基幹部分439.2分、相殺部分7.9分、相殺後の残差部分165.9分からなる。両者の1日の時間数の差異165.9分（＝613分－447.1分)は残余部分の相殺後の数値に他ならない。要するに時間数が多い方の平均時間は基幹部分、残余部分（相殺部分＋相殺後残差部分)、時間が少ない方は基幹部分、残余部分(相殺部分のみ)からなる。これはすべての行動に関して同様である。また、この考えを20種類の行動全部に及ぼすと、全行動差分グラフの非変動部分は基幹部分の集積であり、変動部分は残余部分から成り立っていることになる。数式によりこれらは定義されうるが割愛する。ここでは平均時間という変数は、時刻別行為者率アプローチにもとづき観察し直したときに、以上のような構造に分解可能であることを示唆するに止める。[8]

4)　ステップチャートの形状の相似性について

　図8の右端に集計表を付している。これはステップチャートの形状の相似性を確認するためのものである。上端の1の文字の下に並んでいる小数点の数列は在勤者のT＋1時点の行為者率からT時点のそれを減じた値である。たとえば上端の数値－0.63％は00:30(00:30－01:00の)時点の行為者率(1.93％)から00:00(00:00－00:30)のそれ(2.56％)を減じたものである。また、上端の5の数値の下に並んでいる数列は退勤者の行為者率の変化を示した同様の数値である。1と5の数列はそれぞれ47の要素(＝48－1)からなる。1と5の数列の数値は増加、減少、

変化なしの三通りからなる。表頭2と4の下の記号群は1と5の数列を＋、－、0という記号に置き換えたものである。2の記号の列は在勤者のもの、4のそれは退勤者のものである。

　表頭5の下に並んでいる数列は2と4の記号を論理演算した結果である。在勤者、退勤者の同時刻での記号が同じであった（ステップチャートのバーの時点間の行為者率の変化が同一の動きを示した）場合に1、記号が異なった（行為者率の変化が違った動きを示した）場合には0となっている。ちなみに、ここでは折れ線グラフのイメージでグラフの相似性の問題を説明した方が分かりやすいかもしれない。行為者率を示す48のポイントを持った折れ線グラフは47のスロープを持つ。在勤者、退勤者の2つの折れ線グラフのスロープの上下動がどの程度似た動きを示しているのかをここでは問題にしているのである。＋、－、0の記号の論理演算の組み合わせと真偽値の関係については本図の下の注（NOTES）を見られたい。注の中にTOTAL＝24という表示が右端に見られる。これは論理演算が真であったもの（値＝1）の合計値である。47の波動のうち24が同じ動きをしたことになる。両者が無関係であるとの帰無仮説では期待値は47の半数の23.5である。5％水準で有意となるカイ自乗検定値は3.84である。この場合、カイ自乗値は0.02であるから、帰無仮説は支持される。退勤者と在勤者の1日の行為者率の変化は異なる仕事のリズム（仕事スタイル）になってしまっていることが分かる（藤原2003a、2004a）。

5）　戻しの現象の観察例——通勤行動を例に——

　戻し行動の典型の1つである通勤行動について見よう（次頁**図9**参照）。中央の単一行動差分グラフを見ると、17時半以降の在勤（残業）グループの遅い時刻での退勤行動がグラフの右に描かれている。他方、15時半（15：30－16：00）から18時（18：00－18：30）まで左の領域に描かれているのは犠牲になった普段の退勤行動である。

　6時半（6：30－7：00）以降の朝の時間帯にMの文字が見られる。これは前日の残業の影響の遅出と思われる。[9]残業は夜の帰宅行動のみならず朝の出勤行動にも影響を及ぼしていると考えられる。1日単位で見ると失われた通勤時間は23.7分、増えた通勤時間は39.3分で、在勤者の通勤時間は15.6分［＝在勤者39.3分（92.5分）－退勤者23.7分（76.9分）、括弧内の数字は通勤の1日の平均時間量。退勤者のそれは**表7**で確認できる。平均時間の差は残余部分の差に他ならないことが再確

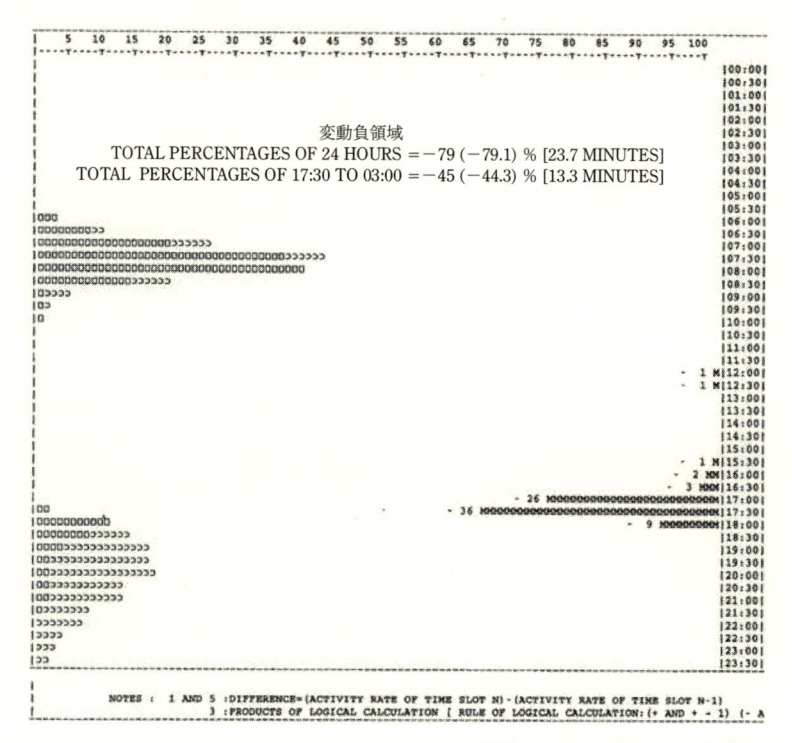

特集　仕事と生きがい―持続可能な雇用社会に向けて

```
     I    5   10   15   20   25   30   35   40   45   50   55   60   65   70   75   80   85   90   95  100
     I----+----+----+----+----+----+----+----+----+----+----+----+----+----+----+----+----+----+----+----I |00:00|
     I                                                                                                    |00:30|
     I                                                                                                    |01:00|
     I                                                                                                    |01:30|
     I                                                                                                    |02:00|
     I                            変動負領域                                                              |02:30|
     I                 TOTAL PERCENTAGES OF 24 HOURS ＝－79（－79.1）％［23.7 MINUTES］                   |03:00|
     I                 TOTAL PERCENTAGES OF 17:30 TO 03:00 ＝－45（－44.3）％［13.3 MINUTES］             |03:30|
     I                                                                                                    |04:00|
     I                                                                                                    |04:30|
     I                                                                                                    |05:00|
     I000                                                                                                 |05:30|
     I0000000                                                                                             |06:00|
     I000000000000000000>>>>                                                                              |06:30|
     I00000000000000000000000>>>>>                                                                        |07:00|
     I000000000000000000000000>>>>                                                                        |07:30|
     I00000000000000000>>>                                                                                |08:00|
     I0>>>>                                                                                               |08:30|
     I00                                                                                                  |09:00|
     I0                                                                                                   |09:30|
     I                                                                                                    |10:00|
     I                                                                                                    |10:30|
     I                                                                                                    |11:00|
     I                                                                                                    |11:30|
     I                                                                          - 1 M|12:00|
     I                                                                          - 1 M|12:30|
     I                                                                                                    |13:00|
     I                                                                                                    |13:30|
     I                                                                                                    |14:00|
     I                                                                                                    |14:30|
     I                                                                                                    |15:00|
     I                                                                          - 1 M|15:30|
     I                                                                        - 2 MM|16:00|
     I                                                                       - 3 MMM|16:30|
     I                                                          - 26 MMMMMMMMMMMMMMMM|17:00|
     I00                                                    - 36 MMMMMMMMMMMMMMMMMMMM|17:30|
     I0000000000                                                                - 9 MMMMMMMMM|18:00|
     I00000000000>>>>                                                                                     |18:30|
     I000000000000000>>>>                                                                                 |19:00|
     I00000000000000>>>>                                                                                  |19:30|
     I0000000000>>>                                                                                       |20:00|
     I000000>>>>                                                                                          |20:30|
     I00000>>>                                                                                            |21:00|
     I0>>>>>                                                                                              |21:30|
     I>>>>                                                                                                |22:00|
     I>>                                                                                                  |22:30|
     I>>                                                                                                  |23:00|
     I                                                                                                    |23:30|
     I
     I         NOTES（ 1 AND 5 :DIFFERENCE=(ACTIVITY RATE OF TIME SLOT N)-(ACTIVITY RATE OF TIME SLOT N-1)
     I                      3 :PRODUCTS OF LOGICAL CALCULATION［ RULE OF LOGICAL CALCULATION:（＋ AND ＋ － 1）（－ A
```

図9　ステップチャートと単一

認できよう。前述の平均時間の構造の論議参照］長いことが分かる。

　夕刻の退勤行動の行為者率ステップチャートに見るように、退勤者の退勤行動（右）は基幹部分□よりも早い時間帯に分布（⊂）が見られるのに対し、在勤者の退勤行動（左）の山は基幹部分よりも遅い時間帯に分布（⊃）していることが観察される。これは図4で説明したステップチャート（山）の移動現象に他ならない。この結果、両者の退勤活動の時刻別行為者率の波動の形態に関して、その相似性の検定値は3.60で、退勤者、在勤者のそれらは統計的には同じ母集団に属するものとは認められないほどスタイルは変化している（図のNOTES参照）。

(3) 戻し現象の観察――一般的知見を求めて――

　単一行動差分グラフの上端に1日単位（TOTAL PERCEBNTAGES OF 24 HOURS）

44

ホワイトカラーのワークライフバランス

```
 100  95  90  85  80  75  70  65  60  55  50  45  40  35  30  25  20  15  10   5                      1  2 3 4        5
I   T   T   T   T   T   T   T   T   T   T   T   T   T   T   T   T   T   T   T   I                   .20 + 1 +      .16
I                                                                               I                  -.33 - 1 -     -.24
I                                                                               I                  -.04 - 0 +      .05
I                                                                               I                   .07 + 1 -     -.05
I                              変動正領域                                        I                  -.10 + 0 +      .11
I              TOTAL PERCENTAGES OF 24 HOURS =130 (130.9) % [39.3 MINUTES]      I                  -.02 - 1 -     -.11
I           TOTAL  PERCENTAGES OF 17:30 TO 03:00 =100 (101.4) % [30.4 MINUTES]  I                  -.10 - 0 0      .00
I                                                                               I                   .03 + 0 +      .00
I                                                                               I                   .08 + 1 +      .14
I                                                                               I                   .06 + 1 +      .14
I                                                                               I                   .72 + 1 +      .68
I                                                                         OOO I                   2.83 + 1 +     2.61
IXXX  3                                                            OOOOOOOOOO I                   7.29 + 1 +     4.77
IXXXXXXX  6                                              OOOOOOOOOOOOOOOOOOOOO I                  15.37 + 1 +    11.78
IXXXXXXX  7                                        OOOOOOOOOOOOOOOOOOOOOOOOOOO I                  17.63 + 1 +    17.27
IX    1                                                                OOOOOO I                  -2.42 - 0 +     3.25
IXXXXXXXX  7                                                OOOOOOOOOOOOOOOOO I                 -20.88 - 1 -   -26.44
IXXXX  4                                                                     0I                 -14.58 - 1 -   -12.32
IX    1                                                                       I                  -3.73 - 1 -     -.60
IX    1                                                                      0I                   -.83 - 1 -     -.20
I                                                                              I                   -.51 - 1 -     -.14
I                                                                              I                   -.31 - 0 +      .04
I                                                                              I                    .04 + 1 +      .16
I                                                                              I                   -.30 - 0 +      .19
I                                                                              I                    .23 + 1 +      .06
I                                                                              I                    .50 - 1 -      .13
I                                                                              I                   -.29 + 0 +     -.13
I                                                                              I                    .19 - 1 -     -.28
I                                                                              I                    .00 0 0 +      .11
I                                                                              I                    .01 + 1 +      .13
I                                                                              I                    .05 + 1 +      .73
I                                                                            C I                   -.13 - 0 +      .97
I                                                                          CCC I                   -.03 - 0 +      .61
I                                               CCCCCCCCCCCCCCCCCCCCCCCC I                    .04 + 1 +    23.80
I                                                     CCCCCCCCCCCCC00 I                   2.20 + 1 +    11.54
I                                                    CCCCCC00000000 I                   9.06 + 0 -   -18.09
I                                                                       000 I                   3.42 + 0 -   -11.37
IXXXXXX  6                                                                00 I                   3.14 + 0 -    -4.18
IXXXXXXXXXXXXX 14                                                          00 I                   -.52 + 1 -    -2.34
IXXXXXXXXXXXXXX 15                                                         00 I                    .86 + 1 -      .11
IXXXXXXXXXXXXXX 16                                                         00I                   -4.32 - 0 +      .10
IXXXXXXXXXX 12                                                               I                    .94 - 0 -     -.29
IXXXXXXXXX 11                                                               0I                   -3.81 - 1 -     -.66
IXXXXXX  7                                                                    I                  -1.70 - 1 -    -1.09
IXXX  5                                                                       I                  -2.15 - 0 +     -.48
IXX  3                                                                        I                  -1.28 - 1 -     -.02
IXX  3                                                                        I                  -1.37 - 1 -     -.62
         CHI-SQUARE-VALUE= 3.60  (3.86 IS CRITICAL VALUE OF 5 PERCENT UNDER ONE DEGREE OF FREEDOM.)  TOTAL=30
(- AND - - 1) ( + AND - - 0) ( 0 AND 0 - 1) (0 AND + - 0) ( 0 AND - - 0) ]
```

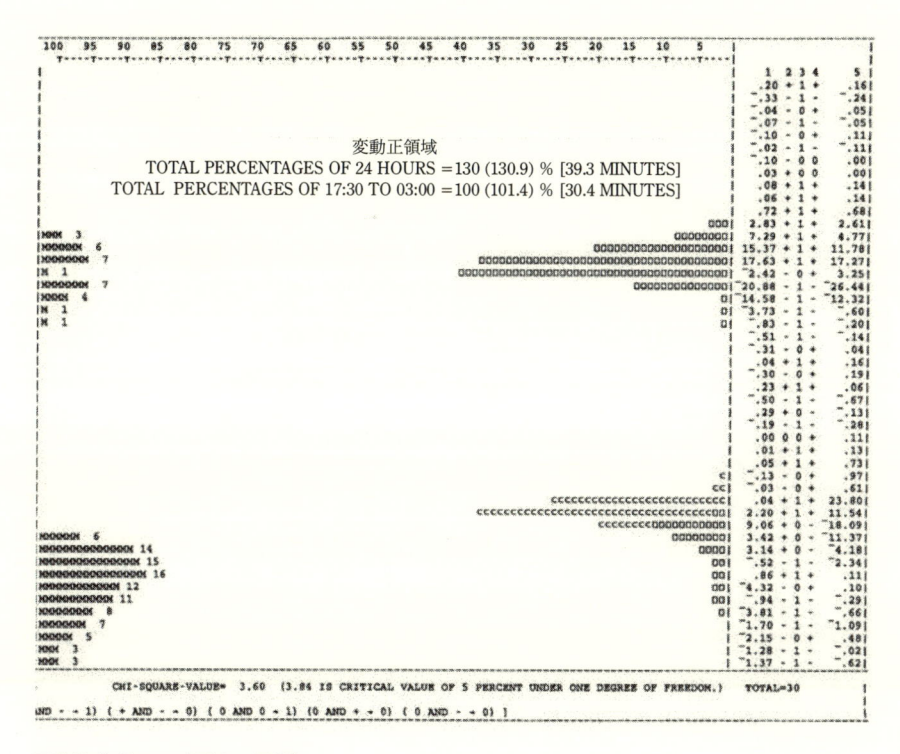

行為差分グラフ（男性・通勤）

と17時半から翌日の午前3時までの範囲(TOTAL PERCENTAGES OF 17：30−03：00) での行為者率の増減のそれぞれの数値を計上していた。この数値をもとに、戻し現象の測定を行う。図9の通勤行動の場合、1日単位で見ると、単一行動差分グラフの変動の負領域にあるマイナスのMの数79個 (79.1%)、変動の正領域にあるプラスのMの数は130 (130.9%) である (戻しの問題を考えるときには、単一行動差分グラフの左の負の%の数値は絶対値にして考察する。以下、計算では括弧内の正確な%の数字を利用)。79.1%から130.9%に行動が戻っているから、戻しの割合は1.655(=130.9%÷79.1%)となる。ここでは便宜のため、これに100を乗じた値である165.5を「戻し指数」とし、分析に用いる。

戻し指数に言及するとき17：30−3：00の戻し指数を「夜の戻し指数」、24時間の戻し指数を「1日の戻し指数」と記す。1日の戻し指数が100のとき、在勤者と退勤

45

者の当該の1日の行動平均時間量は同じである。100より小さいときは退勤者の平均時間量の方が長いし、100より大きいときには在勤者の平均時間量の方が大きい。夜の戻し指数の場合もこれと同様であるが、1日の行動平均時間量とは直接には結びつかない。あくまでも残業後の生活時間構造変動の夜の局面に焦点を合わせたものである。

1) 20種類の行動（平均時間量20分以上のみ）の観察および一般的知見

　退勤者の当該の行動時間の平均時間量が20分以上のものを対象にして、戻し指数を纏めたのが**表10**である。家事、買い物等は無償労働として一括している。平均時間量が20分以下の行動でも、学習・研究や介護・看護行動（数分の時間量）のように高い戻し指数を持つものがあるが割愛した。平均時間が比較的大きい行動を中心に論じることで1日あるいは夜の変動の大要が把握できると考えるからである。カッコ内の数値は17時半から3時の変動負領域と変動正領域の数値が24時間のそれらに占める割合である（「夜の現象率」と記す）。戻し現象が夜（17時半から3時）に生起することが多いほどその値は大きい。なお表中には新たな属性として、既婚女性と未婚女性を加えている。

　われわれは「戻し指数が大きいものほど不可欠性が高い」との作業仮説をもって本稿を始めた。観察の眼目がそこにあることは言うまでもない。

　100以上もしくは100前後の戻し指数（男性、女性、未婚女性、既婚女性のどの数値であれ）が見られる行動項目で数値の大きいものから順に取り上げよう。

1. 男女とも通勤は他の行動に比較し戻し指数が最も大きい（このことは男女、既婚女性、未婚女性のいずれにおいても同様）。このことから通勤は行動の中で最も不可欠性の高い行動と言えよう。

　　通勤の戻し指数に関しては、17時～3時のデータ（表中＊のマーク付き）を計上し、掲載している（男性143.4＜女性164.4）。これを計上する理由は、**図9**の単一行動差分グラフに見るように、17時～17時半の負領域の高い数値（Mがマイナス25：非残業時の退勤は17時から始まっていた）を無視すると17時～3時の戻し指数に見るように高すぎる数値が出るためである。通勤の夜の戻し指数としては17:00−3:00の値を用いる。

　　1日の戻し指数は、夜の戻し指数より高い（男性：1日165.5＞夜143.4、女

ホワイトカラーのワークライフバランス

表10 主要行動の戻しの状況と戻し指数

行動	属性	行為者率の戻し(17:30-3:00) 犠牲:変動負領域(%)	回復:変動正領域(%)	戻し指数	行為者率の戻し(24時間) 変動負領域(%)	変動正領域(%)	戻し指数	退勤者の行動平均時間－在勤者の行動平均時間
睡眠	男性	126(95.5)	1.2(2.4)	1	131.9	49	37.1	441.3-416.5
	女性	93.8(99.2)	0(0.0)	0	94.6	54	57.1	416.1-403.9
	既婚	89.4(98.3)	0.9(2.5)	1	90.9	35.6	39.2	414.1-397.4
	未婚	55.3(96.8)	0(0.0)	1	57.1	31.4	55	415.7-407.9
身の回りの用事	男性	29.8(53.6)	18.1(100.0)	60.8	55.6	18.1	32.6	67.0-56.4
	女性	19.3(60.9)	22.6(55.0)	117.1	31.7	41.1	129.7	82.1-84.8
	既婚	22.5(57.4)	26.7(65.6)	118.7	39.2	40.7	103.8	75.4-76.0
	未婚	25.7(55.5)	22(56.0)	85.6	46.3	39.3	84.9	91.6-89.4
食事	男性	67.1(78.7)	44(81.3)	65.6	85.3	54.1	63.4	94.7-85.4
	女性	42.6(78.6)	35.8(61.1)	84	54.2	58.6	108.1	90.6-91.9
	既婚	42.8(75.8)	33.6(59.8)	78.5	56.5	56.2	99.5	90.0-89.9
	未婚	38.8(76.5)	37(61.2)	95.4	50.7	60.5	119.3	90.2-93.1
通勤 *の行の数値は17:00-3:00	男性	44.3(56.0) *70.7(89.4)	101.4(77.5) 101.4(77.5)	228.9 143.4	79.1	130.9	165.5	76.9-92.5
	女性	28.1(46.1) *51.9(85.1)	85.3(77.1) 85.3(77.1)	303.6 164.4	61	110.6	181.3	60.9-75.8
	既婚女性	23.7(38.9) *48(78.7)	64.2(80.3) 64.2(80.3)	270.9 133.8	61	80	131.1	55.4-61.0
	未婚女性	33.0(52.2) *55.8(88.3)	93.0(77.2) 93.0(77.2)	290.9 166.7	63.2	120.4	190.9	68.2-85.4
無償労働	男性	30.7(59.5)	4.1(83.7)	13.4	51.6	4.9	9.5	20.9-7.2
	女性	132.3(61.8)	12(88.2)	9.1	214.2	13.6	6.3	117.8-57.9
	既婚	142.4(63.5)	41.7(84.6)	29.3	224.4	49.3	22	179.2-126.5
	未婚	49.5(79.1)	13(62.5)	26.3	62.6	20.8	33.2	33.1-18.9
テレビ・ラジオ・新聞	男性	163.9(84.2)	25(97.7)	15.3	194.6	25.6	13	123.9-73.2
	女性	52.3(85.6)	13.8(96.5)	26.4	61.1	14.3	23.4	88.9-74.8
	既婚	53.2(80.7)	2.8(80.0)	5.3	65.9	3.5	5.3	84.3-65.6
	未婚	71.7(93.5)	12(77.9)	16.7	76.7	15.4	20.1	97.2-78.8
休養・くつろぎ	男性	57(65.0)	9.3(87.7)	16.3	87.7	10.6	12.1	64.4-41.3
	女性	22.3(54.8)	14.9(84.2)	66.8	40.7	17.7	43.5	54.5-47.6
	既婚	16.1(43.0)	14.9(76.8)	92.5	37.4	19.4	51.9	50.7-45.4
	未婚	35.2(67.8)	8.5(59.9)	24.1	51.9	14.2	27.4	59.8-48.5

性：1日181.3＞夜164.4）。これは就寝の遅れで、後述のように起床が遅れ、出勤も遅くなることが関係している。図9に立ち戻り、朝の6時半〜10時に遅出を反映した通勤行動が見られることを確認されたい。

47

特集　仕事と生きがい―持続可能な雇用社会に向けて

2. 男女とも身の回りの用事、食事は、第2番目に不可欠性の高い行動群とみなせる。とりわけ女性の戻し行動には顕著なものがある（表中の網かけした女性の数値参照）。

女性だけで見ると、戻し指数は第2位が身の回りの用事、第3位が食事であり、身の回りの用事の方が不可欠性が高いと判断できる（女性：夜－身の回りの用事117.1＞食事84、1日－身の回り用事129.7＞食事108.1）。

女性の当該の戻し指数は、男性のそれより顕著に高く（夜－食事：女性84＞男性65.6、身の回りの用事：女性117.1＞男性60.8、1日－食事：女性108.1＞男性63.4、身の回りの用事：女性129.7＞男性32.6）、男女の差異が際だっている。これらが女性の仕事時間量が男性より少ないことに起因するものでないことは、女性の在勤グループの身の回りの用事行動、食事行動の平均時間量が男性と同様の遅い労働時間帯にあっても退勤者のそれに較べて相対的に大きいことからも明らかである（**表8-2**参照）。

この他、戻り指数が若干特異な値を示している行動をとりあげ、考察しておこう。

3. 睡眠は夜の戻し指数が皆無に近いが（男性1、女性0）、1日の戻し指数は比較的高く、女性の方が男性より戻し指数が大きい（1日－女性57.1＞男性37.1）。

睡眠の時刻別行為者率の山は1日の終わりに立ち上がり、翌朝にかけて下降する放物線を描く。残業時にはこの山が遅い時間帯にずれる。就寝が遅くなるだけ起床が遅くなる。遅い起床は1日の朝の変動正領域に数値に反映している。結果として1日単位で見ると戻し指数は高くなる。男性の睡眠の平均時間量の削減量は大きいが（441.3分→**416.5分**）、女性の退勤グループの睡眠時間（退勤**416.1分**→在勤403.9分）程度に落ちるだけである

4. テレビ・ラジオ・新聞・雑誌・本の時間消費行動の戻し指数は男女とも小さい（1日の戻し指数－男性：13、女性：23.4）。男性は女性に比しこの行動に投じる時間量が大きいために、時間量にすると女性より大幅な減少を被っている〔男性50.7分減：123.9分→73.2分＞女性14.1分減：88.9分→74.8分〕。「夜の現象率」（表注括弧内の数値）が高いことからも同行動は夜に時間変動が集中し

48

5. 無償労働の戻し指数は男女とも小さい（1日の戻し指数－男性：9.5、女性 6.3）。無償労働に関しては、女性が男性に比し日頃多くの時間を投入しているために、時間の削減量が非常に大きい(女性59.9分減：117.8分→57.9分、男性13.7分減：20.9分→7.2分)。

平均時間量(男性、女性)を見る限り、普段(退勤者)の生活では、女性が無償労働に従事する時間量(117.8分)だけ、男性は同じ時間量(123.9分)、テレビ・ラジオ・新聞・雑誌・本などに興じている。残業時(在勤者)の生活で削減対象の的となるのは男女に特徴的なこれらの行動で、男性は50.7分減、女性は59.9分減とともに1時間弱の時間量を喪失している（**表7**参照。女性に関しては「家事」行動が削減対象の第1位）。

テレビ・ラジオ・本・雑誌の在宅レジャー活動は男性の、無償労働は女性のゆとりのある夜の行動の象徴で残業時にはこれらの行動が時間節約の対象となる。

6. 休養・くつろぎも比較的戻し指数が大きく、不可欠性の高い行動とみなせる。これは戻し指数が小さい第3次活動の中で特異な存在である。ただし、男性の場合、女性より戻し指数が相対的に低い（夜の戻し指数－男16.3＜女66.8＜既婚女性92.5）。

全般的に言えば、残業が普段の生活時間に及ぼす影響に対しては、男性よりも女性の方が巧みに適応しているようである。これは戻し指数がほとんどすべての行動において男性の方が女性より小さいことからも分かる。女性は残業の際にも生理的欲求の充足や精神的緊張処理に必要な時間を捻出するという対応をとっており、これは男性には到底及ばないことのように思われる。

(4) 生活時間構造の変動過程に関する一般的概括

従来の平均時間アプローチにのみに依拠していれば、**表7**の女性の食事や身の回りの用事などの時間数を見ても、微増であり、これらの行動は残業の影響を受けない、との結論を下していたかもしれない。しかし、われわれは時刻別行為者

特集　仕事と生きがい―持続可能な雇用社会に向けて

率アプローチを採用することにより、これらの行動に関しも、実は女性は戻し行動により時間を捻出し、夜の生活時間構造には各種行動の遅刻化という大きな変動があったのだ、との認識を持つことができた。時刻別行為者率アプローチは平均時間アプローチにたいして、決して排他的ではない。われわれはこれまで展開してきた分析手法に見るように、平均時間量という変数と行為者率という変数をともに利用しながら、勤労者の生活時間構造の変動に関し、より実態に近い認識を獲得できるのである。以下、両アプローチの変数を取り混ぜながら、残業時の勤労者の生活時間の変化の実態を、これまでの分析を踏まえ総括しておこう。

　勤労者は残業時には退勤時間の遅刻化（**図9**参照）とともに退勤（通勤）時間量も長くなる［**表8-1**（男性）、**表8-2**（女性）］。有償労働の長時間化に伴い、生理的欲求の充足に関する第1次活動のうち身の回りの用事や食事に関しては帰宅後から、睡眠に関しては翌朝にかけての戻し行動により、時間確保の努力がなされていた（**表10**、夜の現象率の数値も参照）。女性の場合、身の回りの用事に関しては戻し行動により、夜のうちから時間の回復を図り（**表10**、夜の現象率の数値参照）、むしろ非残業時よりも時間量を増大させ、これに適応していた（**表8-2**、ゴシック文字の数値、**表10**参照）。また、食事行動に関しても、夜の時間から回復を図り（**表10**、夜の現象率の数値参照）、短中残業の女性に関しては夜の食事時間は非残業時（退勤者）より多い時間を確保していた（**表8-2**、ゴシック文字の数値参照）。しかし、男性の場合、有償労働の影響は女性とは異なり、戻し行動は第1次活動のすべての行動に関して女性より低調で、結果的にすべて平均時間量を減少させていた（**表10**参照）。

　無償労働や第3次活動に関しては、男女とも第1次活動に較べ、総じて戻し指数が低く、平均時間量を減少させていた（**表7**、**表10**参照）。この低水準の戻し指数のために、男性の場合、女性に比し相対的に時間量が大きいテレビ・ラジオ・新聞・雑誌などの時間消費が大きな減少を来たすのにたいし、女性の場合は男性に比し時間量が大きい家事等の無償労働が大きな減少を被る（**表10**、**表7**（テレビ、無償労働の減少寄与率）参照］。なお、女性の場合、休養・くつろぎといった緊張処理行動を夜に入れており、これは男性と大きく異なる適応行動である（**表8-2**の各時刻グループデータ、**表10**の夜の現象率参照）。

50

大きな行動の括りで言うと、有償労働の増大に伴い、第1次活動の時間量の弾力性は無償労働や第3次活動に較べて相対的に低く、時間量の削減量も相対的に低い水準を示していた(**表9-1、表9-2**参照)。これにより、われわれは平均時間アプローチにのみ依拠した場合、第1次活動は長時間労働の影響を受けることが最も少ない行動群だとみなしてしまう。しかし、時刻別行為者率アプローチを用いると、影響が少ないと表面上見えた第1次活動の背後で、男女(とりわけ女性)の勤労者が、上で見たように、犠牲になったに諸行動の時間を積極的にとり戻そうとする努力があったことを理解できるのである。

5. おわりに：生活時間構造変動結果の概観──ワークライフバランスとの関係で──

　残業は勤労者の生活に大きな影響を与えていた。われわれは在勤者の生活時間構造を残業時のもの、退勤者のそれを非残業時(普段)のものとみなして、残業が勤労者の生活時間に及ぼす影響の過程を観察してきた。
　ここでは以上のような、変動の諸過程を経て、在勤者の各種行動のスタイルが普段のスタイル(退勤者のスタイル)と様変わりしてしまったのか否かという観点で、最後の分析を試みたい。
　前段(**図8**)では在勤者と退勤者の仕事行動の時刻別行為者率(男性)をステップチャートに描いたときの両者の波形の相似性の検定の考え方に関して説明を試みた。それは「波形分析」であったが、それにたいして、われわれは「波高分析」も試みなければならない。**図8**の例で言えば、男性の退勤者と在勤者の食事の行為者率の波の形が全く同じであっても、波の上下の揺れの幅、要するに波の振幅の大きさが著しく異なれば、両者は異なる波と判定しなければならないからである(藤原 2003a, 2004a)。

　波高分析にはF検定を導入する。F値を得るために、ここでは退勤者、在勤者何れであれ、その食事行動の行為者率(48の長さのベクトル)の不偏分散の小さい方を分母に置き、大きい不偏分散を分子に置くとF値は常に1以上(両者の不偏分散が同じとき、F値は1になる)の大きさになる。このような方針のもとに算出されたF値をF値分布表のもとで波高分析(検定)を行う。退勤者、在勤者の行為者率ベクトルの長さは48である。したがって両者の自由度は47である。この場合、

特集　仕事と生きがい―持続可能な雇用社会に向けて

危険率2.5％のＦ値の分布表の値は1.78（以下1.8として話を進める）である。上記のように分母に小さい値を置くとの約束のもとでＦ値を求めているので、それは左片側の2.5％分布のＦ値も包摂しているので、5％の危険率のもとで検定を行うことになる。

　われわれはここで、次のような仮説を設定する。

　　仮説：退勤者、在勤者の行為者率ベクトル（数列）のサンプルは同じ母集団から
　　　　　抽出された。

　もし、両者の食事行動のＦ値が1から1.8の範囲にあるならば、われわれの仮説は支持される。果たして、退勤者の食事の行為者率の不偏分散は40.2、在勤者のそれは35.9である。そのＦ値は1.1（＝40.2／35.9）である。この値は危険率ポイントのＦ値1.8より小さい。したがって、両者の食事の行為者率ベクトルサンプルは同じ母集団に属すると考えられる。

　他方で退勤者、在勤者のステップチャートの波形のカイ自乗検定値は9.38である。これは「両者の波形が無関係な変化を示している」との帰無仮説を破棄する値（9.38＞危険値3.84）である。これは波形も無関係ではないことを証左している。したがって、退勤者と在勤者の食事のスタイルは変化していない、との結論を下すことができる。

　以上の考え方にもとづき、描かれたのが**図10**である。これは、X軸にカイ自乗値をとり、Y軸にＦ値をとり、退勤者、在勤者の20種類の行動（**表7**から**表8-2**で用いた文字記号参照）、第1次活動（図中「1」の記号）、第2次活動（図中「2」）、第3次活動（図中「3」）、無償行動（「Ｕ」）の時刻別行為者率（退職者、在勤者）の波の検定を行い、退勤者と在勤者の各種行動のスタイルの異同を確認するために作成された。上から男性、女性、既婚女性、既婚女性（10歳未満の子供有り）、既婚女性（10歳未満子供無し）、未婚女性のカテゴリーである。ここでは既婚女性が10歳未満の子供の有無にもとづき分割された、新規のカテゴリーが加わっている。

　X軸のカイ自乗値が3.84以上であり（47スロープのうち31で上下動が同じ場合カイ自乗値は4.79）、Ｆ値が1から1.8の範囲にある行動に関しては、退勤者と在勤者の行動スタイルは同じであるとみなすことができる。カイ自乗値は大きいほ

ホワイトカラーのワークライフバランス

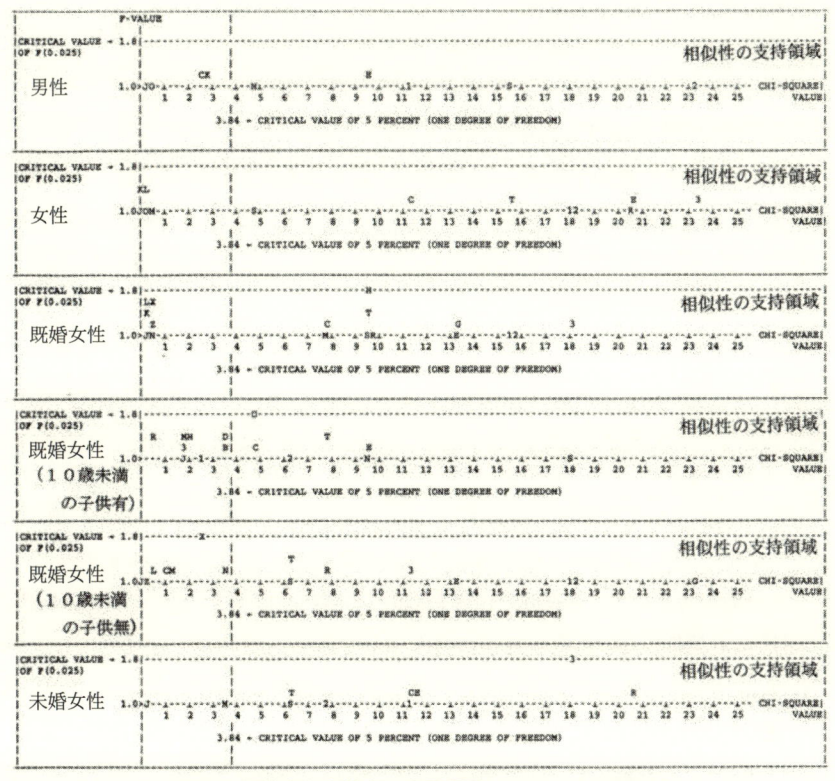

図10　退勤者と在勤者の各種行動のスタイルの異同

ど（最大値は47）波形の相似性が高いし、Ｆ値は１に近いほど波高の幅の近似性が高い。

　属性カテゴリーごとに残業をしてもスタイルが変わらない行動を抽出してみよう（第１次～３次活動、無償労働については言及しない。図中でそれらを確認されたい）。各種活動はカイ自乗値が大きく、かつＦ値が１に近いものから順に並べている。カイ自乗値が同じ場合、Ｆ値が１に近いものを上位にしている。

男性　①睡眠(S)、②食事(E)、③通勤(M)
女性　①休養・休息(R)、②食事(E)、③テレビ・ラジオ・新聞・雑誌(T)、④身の回り用事(C)、⑤睡眠(S)

53

特集　仕事と生きがい—持続可能な雇用社会に向けて

　　既婚女性　①学習(G)、②食事(E)、③休養・休息(R)、④睡眠(S)、⑤テレビ・ラジオ・新聞・雑誌(T)、⑥家事(H)、⑦通勤(M)、⑧身の回り用事(C)
　　既婚女性(10歳未満の子供有)①睡眠(S)、②介護・看護(N)、③食事(E)、④テレビ・ラジオ・新聞・雑誌(T)、⑤身の回り用事(C)
　　既婚女性(10歳未満の子供無)　①学業(G)、②食事(E)、③休養・休息(R)、④睡眠(S)、⑤テレビ・ラジオ・新聞・雑誌(T)
　　未婚女性　①休養・休息(R)、②食事(E)、③身の回りの用事(C)、④睡眠(S)、⑤テレビ・ラジオ・新聞・雑誌(T)

　ホワイトカラー(一般的事務従事者)の行動スタイルの検定を通して得られた一般的知見を整理しておこう。
1. 男性が寝ること(S)、食べること(E)、通うこと(M)の最低限とも言える3つの行動しかスタイルを保持できなかったのに対し、女性が5つの行動で、既婚女性に至っては、8つの行動で残業後も非残業時の普段のスタイルを確保した。その他のカテゴリー(既婚で10歳未満の子供有り、無しのカテゴリー、未婚女性)でも最低5つの行動で従前のスタイルを確保した。
2. 女性はどのようなカテゴリーに位置しようと、睡眠、食事、身の回りの用事(「10歳未満子供無し」は例外)などの生理的欲求充足に関係する行動、休養・休息、テレビ・ラジオ・新聞・雑誌など精神的・肉体的緊張処理に関係する行動(以下、「基本的生活行動」と呼ぶ)に関しては残業時であっても行動スタイルを変えていない。

　これらについては、上記の女性の特性(既婚女性やその下位のカテゴリーの女性、未婚女性)は単に仕事時間が男性のそれに較べて相対的に短いから基本的生活行動スタイルが確保できたのではないか、との疑問が生じる。これに答えるためには、厳密には、当該の女性の各カテゴリーごとに退勤者と在勤時刻ごとにグループ化した(とりわけ男性と等量の仕事時間量を持つ)在勤者の関係をそれぞれの時刻別行為者率データを用いて観察し、ライフスタイルの異同を確認しなければならない。しかし、この疑問に関しては、女性の各種行動時間量を仕事時間との関係で見た**表8-2**の検討から、仕事の時間量の長短に関わりなく、男性と等量

の仕事時間の女性にも、身の回りの用事、食事行動の時間量確保が見られたことから、女性の特異な行動パターンであることは確認した。これを間接的証拠として、上記の一般化は大過がないとの心証を持っているが、今後の課題としたい。

女性が男性と異なり家庭に拘束され、かつ責任を持たされる度合いが高いから、自らの基本的生活スタイルを保持させているのだ、との仮説も立てることができよう。しかし、家庭の拘束が少ないと思われる未婚者の場合であっても、基本的生活行動スタイルを確保していることからすると、やはり女性一般の特性ではないかとの心証を持つ。

逆に男性は残業をすると、その仕事時間量と関わりなく、容易に基本的生活行動スタイルに関係する諸行動の時間量を減らしていた（表8-1参照）。このことから、男性は、女性と対称的に、残業により基本的生活行動スタイルを崩しやすい存在と言えそうである。また、男性の場合、既婚者であっても無償労働をはじめ家庭への関わりは一般的に少ないことが確認されているから、家庭への関わりの深浅が基本的生活スタイル喪失と関係していると言えないことは明らかである。

定時に退勤した勤労者（「退勤者」）が、仕事と生活の間で均衡がとれた生活、すなわちワークライフバランスを保持していると仮定すると、残業に対して、女性が基本的生活行動スタイルを堅持し、ワークライフバランスの崩壊を食い止めているのにたいして、男性は残業の影響を生活行動全般に受け、ワークライフバランスを崩しやすい存在だと言うのが、本稿の結論である。女性が男性に較べて長寿なのも生活時間のこのような処理の巧みさにあるのではないかとの個人的感想をもって本稿を閉じることにする。

謝　辞

本稿は総務省社会生活基本調査のミクロデータの目的外利用申請により得た再集計値をもとに作成されたものである。貸与期限内に必要な集計を行うことは極めて困難であったが、個票が利用できたために研究に理想的な再集計値を手にすることができた。利用を許可していただいた総務省統計局に深く感謝の意を表したい。また、本稿は　日本学術振興会科学研究費補助金基盤研究(C)(1)「ジェンダー視点に基づく生活時間構造分析」（平成13～15年度）での研究（藤原 2004b）を基盤にして、現在進行しつつある文部科学省科学技術研究費基盤研究(B)「ジェンダー視点によるワーク・ライフ・バランスの生活時間構造分析」（研究代表者藤原）の研究成果の一部である。これに関してもここに記して感謝の気持ちを表したい。また、本稿は2004年度日本労働社会学会開催のシンポジュウムでの筆者の発表「生活時間から見るワーク・ライフ・バランス」を基盤に再集計値のデー

特集　仕事と生きがい―持続可能な雇用社会に向けて

夕を加えたものである。当日、静聴していただき、ご意見を頂いた会員の諸先生方にお礼申し上げるとともに、学会年報に論文発表の場を与えて下さった編集委員会の皆さんにも感謝申し上げる。なお、再集計をはじめ、数的処理全般に関してはAPL2言語を用いたが、言語および関連の技術的問題については、APLコンサルタンツオブジャパンの三枝協亮氏の指導を得た。また、目的外利用申請に関しては、広島大学大学院教育学研究科の平田道憲氏の援助を得た。記して感謝を表したい。

〔注〕

(1) ここでは始業時間や待ち合わせ時間に「遅刻」するといった善悪の価値判断を伴った日常の用語の意味ではなく、むしろ行動の時刻が単に後の時刻にずれるという客観的状況を表現するために「遅刻化」という言葉を利用している。本稿の課題の第一はこのような「遅刻化」、それに伴う時間量の変化を生活時間統計の解析を通して忠実に再現すること、換言すればこれらの現象をシミュレーションすることである。

(2) 時短問題は時刻別行為者率アプローチ開発の発端の下敷きとなったテーマである。本稿でここで論議の基盤として利用しているのは筆者の比較的初期の論文である（藤原 1995, 1996, 1997b）。

(3) ある行動の行為者率の総計が90％の場合、それは10％、20％、30％、20％、10％と連続した場合と、5％、10％、30％、25％、20％とでは行動のリズムが異なる。極端に言えば、0％、0％、90％、0％、0％でも総計は同じである。しかし、当該の行動の3つのケースの間では大きな差がある。

(4) 個人の研究者がコンピュータを容易に購入できない、あるいは大量処理のプログラミングの技術を持たない時代には時刻別の行為者率表は処理が困難なデータであり、当該の統計書に計上されている平均時間のデータを利用する方が研究には好都合であったのであろう。

(5) 1993年に生活時間統計に触れて（藤原 1993）以来、筆者はAPL2言語を生活時間統計の解析の手段として、従来の平均時間アプローチを主体とした生活時間研究と異なる新たな手法として時刻別行為者率アプローチを開発して、その分析手法の展開を試みてきた。その成果はまずは生活時間研究者の国際研究組織である国際生活時間学会の会議用論文(proceeding)に纏め、発表し、学内の紀要を中心に論文を公刊してきた（下記、文献リスト参照）。本稿の目的は社会生活基本調査のミクロデータの解析の結果を発表し、時短論議に素材を提供することを目的としており、既存の生活時間研究や時短論議の論議や問題点を批判検討することではないから、参考とした文献はあくまでも統計解析に関係した論文、著作の類に限定している。また、本アプローチは筆者が独自に開発したものなので、自らの文献をもっぱら文献リストに紹介することになった。手前味噌な印象を与えることを危惧するものであるが、その点、本論の性格を勘案の上、ご容赦願いたい。

(6) 生活時間研究の時刻別行為者率アプローチにもとづく機会費用概念の提起は時短問題に関係して行ったが（藤原　1997b）、この概念は無償労働の貨幣評価の問題を扱った際に有用で、貨幣評価の一手法である機会費用アプローチ（経済企画庁経済研究所国民

経済計算部1997) を批判する論拠を構築するのに役立った (藤原 2001a, 2003b)。
(7) 同じ要素数からなる一対の時刻別行為者率のグラフの波形の相似性を検定する分析のアイデアは佐藤信氏の著作 (佐藤 pp. 162-169) の中から拝借した。
(8) 一対の行動 (ここでは在勤者と退勤者の食事平均時間) の平均時間が基幹部分、残余部分 (相殺部分、残差部分) からなることに、20種類の行動についても同様の構造が見られることについては、藤原 (2001b) を見られたい。この研究は時刻別行為者率アプローチから平均時間アプローチの変数の構造を解析した意味を持つ。
(9) 個票によっては前日残業がなく、翌日残業をしたという場合には、2日目に入った0時から朝までは通常の生活パターンが、夕刻以後は残業パターンが展開するという推移が考えられる。しかし、在勤票には早朝の時間帯には残業票の特徴 (パターン) が確認される。このことからも、在勤票には2日続けて残業の人の個票が相当数含まれていると考えられる。これについては、今後確認することを課題としたい。

〔文 献〕

藤原 1993、「ゆとりと労働時間」中村隆英・桑原靖夫編『企業と個人生活のあり方―グローバルな視点から企業像を求めて―』㈶統計研究会、23-67。

藤原 1995、「労働時間と生活時間―仕事の長時間化に伴い奪われるゆとりは」『社会構造の探求―理論と現実のインタフェース』新泉社、136-172。

藤原 1996、「労働時間とゆとり」『よろん』第77号、㈶日本世論調査協会、3-13。

藤原 1997a、「生活時間研究の革新をめざして―時刻別行為者率表の分析手法、グラフ表現法を中心に―」『いわき明星大学人文学部研究紀要』第10号、19-36。

藤原 1997b、「時短問題に対する新たな接近法―残業が生活時間に及ぼす影響に関する動態的分析」『いわき明星大学人文学部10周年記念論文集』69-83。

藤原 1998、「生活時間の国際比較の新手法―時刻別行為者率表を用いて―」『いわき明星大学人文学部研究紀要』第11号、43-56。

藤原 1999、「A New Method for Measuring the Difference of Life Styles among Socio-Economic Groups」『いわき明星大学人文学部研究紀要』第12号、147-162。

藤原 2001a、「行為者率アプローチによる女性の生活時間の変動分析」総務庁統計局統計調査部統計調査課編『アンペイドワーク統計研究会報告書』20-30。

藤原 2001b、「生活時間研究における『平均時間』再考」『総合政策論叢』島根県立大学総合政策学会、第1号、131-148。

藤原 2001c、「時刻別行為者率アプローチの分析論理について―生活時間構造の比較の論理構築を目指して」『北東アジア研究』島根県立大学北東アジア地域研究センター、第1号、171-202。

藤原 2003a、「Comparison of Life Styles by Testing the Similarity of Pairs of Graphs」『総合政策論叢』島根県立大学総合政策学会、第4号、67-76。

藤原 2003b、「Changing Times of Women―Another Look at Opportunity Costs of Unpaid Work through an Activity Rates Approach―」『総合政策論叢』島根県立大学総合政策学会、第6号、49-70。

藤原 2004a、「時刻別行為者率表に対する一般的アプローチをめざして―ライフスタイ

ルの新たな比較手法―」『総合政策論叢』島根県立大学総合政策学会、第7号、83-97。
　藤原　2004b、『ジェンダー視点による生活時間の構造分析―ペイドワーク、アンペイドワークを中心に―』平成13～15年度日本学術振興会科学研究費補助金基盤研究(C)(1)研究成果報告書。
経済企画庁経済研究所国民経済計算部　1997、「無償労働の貨幣評価について」。
　http://www5.cao.go.jp/j-j/doc/unpaid-j-j.html.
労務行政研究所　1995、『労政時報』第3225号。
佐藤信　1968、『推計学のすすめ―決定と計画の科学―』講談社ブルーバックスB-116。

ホワイトカラー労働者のキャリアと
働きがいの多様化
――ワコールとトヨタ自動車の労働者調査に基づいて――

櫻井　純理
(立命館大学〔非常勤〕)

1. 研究の課題と方法

(1) 研究課題

　本稿のテーマは、ホワイトカラー労働者の従来の企業内キャリア形成の特徴を探り、今後、より自律的で働きがいの得られるキャリア形成を実現するためには何が必要かを考察することにある。このテーマを取り上げる最大の理由は、内部労働市場重視の雇用政策が転換期を迎え、キャリア展開や職業能力形成に対する労働者自身の「自助努力」が強調される傾向が強まっていることにある。内部労働市場中心の雇用システムの下では、労働者のキャリア展開は基本的に「企業まかせ」になる傾向が強かった。労働者や企業内労働組合にとって、企業の成長に自身の成長を重ね合わせることは、企業業績が順調に伸び、社内のポストも拡大していた時期には実のある選択だったが、それには弊害も存在していた。たとえば、単身赴任や超長時間労働は労働者の家庭生活に大きな歪みをもたらし、会社人間化や企業中心社会の形成を促してきた。現在進展しつつある「雇用の多様化」「雇用の流動化」の過程で、働く者たちが本当に自らの望む働き方を自由に選べるようになるのなら、それにこしたことはない。問題は本当にそうなのかどうかである。
　1995年には日経連(当時)が『新時代の「日本的経営」』を発表し、労働者は自らの雇用を保障しうるエンプロイアビリティを身につけるべきという主張が一層勢いを増してきた。[1]日本におけるエンプロイアビリティへの言及は、労働者自身の自己啓発や自助努力が重要だとする、自己責任を強調した文脈で言及されている場合が多い。[2]しかし、労働者の職業能力開発が従来、OJTを中心とした企業内職業訓練に大きく依存してきたことを考えれば、自助努力だけで職業能力を身につける

のはかなり難しい。その上、選びたいような「多様な」キャリアが存在するのかどうかにも疑問がある。こうした状況のなかで、今後、より自律的なキャリア形成を果たすためには、労働者自身は何に留意すべきなのか、現実のキャリア形成のヒントが求められている。

そこで、本稿では企業内で従来行われてきたキャリア形成の特徴を検討することを通じて、キャリアの多様化の実態と行方について考察していく。労働者たちが自らの望む職務や職位に近づくためにどのような努力を行い、それはどう報われてきたのか、あるいは、それを阻害した要因は何か。こうした点の分析を通じて、雇用流動化の過程で、より自律的なキャリアを形成するために必要な能力や行動を探っていきたいと思う。

それと同時に、本稿では「働きがい」を得られるようなキャリア形成のあり方についても考察を加える。働きがいがある仕事かどうかは、キャリアの継続(あるいは断絶)を左右する、きわめて重大な要因である。近年は雇用労働の様々な側面(仕事から得られる収入や、労働量、労働時間)で二極化が進行しており、その傾向はやりがいのある仕事の配分にも当てはまるのではないかと思われる[3]。つまり、幹部社員を中心とした正規社員の一部には、挑戦的で面白みの多い仕事に就くチャンスが多く与えられるが、その他の労働者たち(主として非正規社員)に割り当てられ、外部委託される仕事の多くは、それ自体にはあまり面白みの感じられない単調な仕事やきつい仕事である[4]。企業労働者たちはキャリア形成の過程でどのようなことに働きがいや生きがいを見出し、働き続けてきたのか。今後のキャリア形成においては、どのようなことから働きがいを得てゆけばよいのか。これらの点についても、調査結果に基づいて考えてみたい。

(2) 研究方法

本稿が直接の分析対象としているのは、正社員のホワイトカラー労働者、すなわち、職業大分類による「管理従事者」「専門的・技術的職業従事者」「事務従事者」「販売従事者」である。考察のベースには、2つの民間企業で行った聞取り調査の結果を用いる。1つ目の調査は、ワコールの人事部及び従業員に対する調査である。同社は女性下着その他のアパレル製品の製造・卸売業を主体としている。従業員数は約5500人(うち正社員は約3600人)で、男女別では男性が約1200人、女性

ホワイトカラー労働者のキャリアと働きがいの多様化

表1　調査対象者の職種別内訳

	ワコール（A社）	トヨタ自動車（B社）	合　計
事務職	12	9	21
技術職	2	13	15
販売職	3	0	3
全　体	17	22	39

従業員が約4300人である。正社員の職種は次の4つに分かれている。①総合職（4年制大卒以上、職務・勤務地非限定）、②一般職（職務・勤務地限定）、③技術職（商品企画、生産技術、研究開発などの職務を担当する専門・技術職）、④販売職（店頭販売と販売教育などの職務を担当する専門職）。総合職のほとんどが男性であり、一般職、技術職、販売職の多くは女性の従業員である。調査は2000年12月から2001年5月にかけて行った。その内容は、17人の正社員に対する個別の聞取り調査と、人事部門に対して実施した労務管理に関する聞取り調査である。

　2つ目の調査は、2002年10月に、立命館大学・辻勝次を代表者とする職業研究会のメンバーが共同で行ったトヨタ自動車の従業員と元従業員に対する面接調査（02トヨタ勤続者調査）である。トヨタ自動車の従業員数は約65500人で、職種は①事務職、②技術職、③技能職があるが、ホワイトカラーに該当するのは事務職と技術職である。そこで、この両職種に該当するデータのみを本稿では使用する。両社従業員に対する聞取り調査の職種別内訳は表1に示すとおりである。なお、以下の本文や図表のなかで調査対象者に言及する際には、ワコール従業員の17人をA1～A17、トヨタ従業員の22人をB1～B22と表記する（A社＝ワコール、B社＝トヨタ自動車）。

2．キャリア形成の類型化

(1) 類型化の基準

　本章では、日本企業では従来どのようなキャリア形成が展開されてきたのか、その特徴を把握しておきたい。まずキャリア形成のパターンをいくつかに分類し、そののち、キャリア形成に影響を及ぼす諸要因について考察する。

　周知のとおり、日経連の『新時代の「日本的経営」』は今後、「長期蓄積能力活用型」「高度専門能力活用型」「雇用柔軟型」の3類型に雇用形態が多様化することを

示唆した[5]。では、実際のところ、多様なホワイトカラー労働は今後どの類型に振り分けられていくのだろうか。幅広い職務分野を企業内で経験する長期蓄積能力活用型グループはジェネラリスト的であり、特定分野での職業能力に特化する高度専門能力活用型グループがスペシャリスト的な性格を持つことを考えれば、従来の企業内キャリア形成をジェネラリスト的なキャリアとスペシャリスト的なキャリアに分類してみることから、ヒントが得られるのではないかと思われる。そこで、まず、聞取り調査の対象者39人を事務系（A社とB社）と技術・販売系に大別し、キャリア形成の型を分類していく[6]。技術系に関しては、A社・B社の「技術職」には、取り扱い製品や製造工程の違いによってキャリア形成にも大きな違いがあるので、聞取り数の多いB社技術職のみ(13人)を類型化の対象とする。

　ジェネラリスト型キャリアは、その企業内で幅広く異なる職務を経験することによって多様な職業能力を蓄積・形成し、管理的職務も担当できる（ことが期待されている）タイプのキャリア形成を指す。これに対して、スペシャリスト型とは、主には、特定の職務分野の能力（知識、技術、手法など）の発揮を通じて組織に貢献する（ことが期待されている）タイプであり、管理的な職務を経験するとは限らないキャリア形成を指している。したがって、次の3点が分類の指標となる。

■ジェネラリスト／スペシャリストを分ける指標
①勤続年数に占める特定職務（専門畑）在籍年数の長さ（→担当した仕事の幅広さを見る）。
②特定の職務で経験したことのある職位の数（→専門畑における仕事の深さを見る）。
③専門畑あるいは専門畑以外の職務で、管理的職務を経験しているか否か。

　ジェネラリストの場合、担当した職務の種類が多い（幅が広い）。いくつかの職務を渡り歩くなかで職位を上昇させるので、個別分野の職務能力については必ずしも深くはないが、なんらかの職務において管理的な職位に就くことになる。スペシャリストは担当職務の種類は少ない（幅が狭い）が、特定分野の職務能力に厚みを持ち、管理的職務を経験する場合もあれば、しない場合もある。以上をまとめたのが**表2**である。

表2　ジェネラリスト型・スペシャリスト型キャリアの特徴

	仕事の「幅」	仕事の「深さ」	管理的職務の経験
ジェネラリスト	広い	浅い	有り
スペシャリスト	狭い	深い	有り／無し

(2) キャリア類型の事例と特徴

1) 事務系ホワイトカラー労働者

　次に、調査した34人のキャリア形成を分類し、そこに見られる特徴を指摘していく。事務系労働者のキャリア形成の分類をまとめたものが**表4**（次頁）である。左から、サンプル番号、企業での職種区分、調査時点の役職（定年退職者の場合は最終役職）、性別、年齢、勤続年数、最高到達地位、学歴の順である。「企業内キャリア履歴」の欄は、当該企業入社以降の配属部門と職位を示しており、丸括弧内の数字はその部署での勤務年数である。もっとも長い期間在籍した職務分野を当該労働者の「専門畑」とみなした。次に、その専門分野に在籍した年数、入社後初めてその専門職務を担当するまでにかかった年数、そして専門分野の合計在籍年数が勤続年数全体に占める割合を計算した（専門畑年数／勤続年数）。さらに、その専門畑にどのような職位で在籍していたかが示されている（専門畑での経験職位）。最後の「キャリア・アンカーの変遷」欄に関しては、本稿の最後に述べる。事務系ホワイトカラーのキャリア形成は、**表3**に示すように、4つのグループに分類される。

表3　事務系ホワイトカラー労働者のキャリア形成の類型

キャリア形成の類型	概　要	専門畑在籍比率	専門畑経験職位	管理的職務
①流転型ジェネラリスト（6人）	管理職務担当の有無にかかわらず、専門畑が不明確なジェネラリスト型	0～50%	1～2職位	必ずしも経験しない
②軸足型ジェネラリスト（5人）	キャリアの核となる専門畑が見出されるが、管理職務を含めて専門畑以外も幅広く経験しているジェネラリスト型	50～70%	3職位以上	専門畑および他職務でも経験
③管理型スペシャリスト（2人）	専門畑が明確に存在し、ほぼ一貫してその職務に留まるが、その分野では管理職務も担当するスペシャリスト型	70～100%	3職位以上	専門畑で経験
④担当者型スペシャリスト（5人）	専門畑が明確に存在し、その分野でも管理職務は担当せず、基本的に一担当者に留まり続けるスペシャリスト型	70～100%	2職位以上	専門畑でも経験しない

特集　仕事と生きがい―持続可能な雇用社会に向けて

表4　事務系ホワイトカラーのキャリア形成

サンプル番号	職種区分	企業内職種区分	最終(現)役職	性別	年齢	勤続	最高到達地位	学歴	企業内キャリア履歴	最長在籍分野(専門畑)	専門畑年数	専門到達年数	専門畑年数／勤続年数	専門畑での経験職位	キャリア・アンカーの変遷
★流転型ジェネラリスト														
B5	事務系	事務職	部長	男	67	40	部長	大卒	A事業部営業→A事業部支店営業(2)→B支社購買(3)→B支社総務(4)→本社人事(1)社員人事(3)→**本社人事(採用)→C工場人事部長(4)→D高校教務(5)→本社特許(5)→関連会社転籍(11)** (7.5)→警備子会社(5)	人事	6.0	13.0	15.0%	係長、課長	管理的能力
A3	事務系	総合職	主任	男	41	23	主任	高卒	E支店営業(4)→工場総務(4)→本社商品部(2)→**工場総務(1)→工場総務(1.5)→福利厚生子会社(5)**	労務	5.5	2.0	23.9%	担当者、主任	保障
B8	事務系	事務職	不明	男	68	36	不明	大卒	E工場工務(4)→本社総務(営業)(11)→H工場所総務(2)→本社生産技術部(生産準備)(3)→I事業所総務(2)→関連会社(出向後転籍?)(16)	営業	11.0	4.0	30.6%	不明	創造→技術的／職能的能力？
B18	事務系	事務職	次長	男	64	44	次長	高卒	E工場人事(3)→本社総務(5)→本社生産管理(1)→E工場工務(QC)(1)→本社生産技術部(生産設備)(15)→I事業場工務部付(2)→**E工場工務部事務(3)→E工場システム(3)→関係会社転籍(11)**	庶務	15.0	3.0	34.1%	係長、課長	技術的／職能的能力
B14	事務系	事務職	課長	男	61	42	課長	高卒	本社技術部庶務(10)→本社購買(17)→生産技術部総務(課長)(9)→関連企業再就職(1)	人事	17.0	15.0	40.5%	係長、課長	管理的能力
A5	事務系	総合職	係長	女	35	14	係長	大卒	マーケティング(2)→F支店営業(3)→**法務(6.5)** (2)→法務(6.5)	法務	6.5	7.0	46.4%	主任、係長	保障
★軸足型ジェネラリスト														
B11	事務系	事務職	子会社会長	男	65	42	副社長	大卒	E工場工務(2)→**本社業務部(営業)(20)→本社購買管理部(3)→取締役(平取締役含)→常務→副社長(13)→子会社会長(3)**	営業	20.0	2.0	47.6%	担当者、主任、係長、課長、部長	管理的能力
A1	事務系	総合職	部長	男	54	32	部長	大卒	**本社販売促進(6)→A事業部販売促進(2)→海外駐在(4)→B事業部マーケティング(2)→B事業部商品企画部長(1.5)→B事業部事業企画部長(3)→販売促進部(1)→販売促進部部長**	販売促進	16.0	0.0	50.0%	担当者、主任、係長、部長	管理的能力
A2	事務系	総合職	課長	男	46	23	課長	大卒	D事業部物流(0.5)→D事業部商品部(2)→**D事業部営業(7.5)→文化事業販売促進(1)→新規事業子会社・営業(7)→宣伝(3)→法務課長(0.5)**	営業	14.5	2.5	63.0%	担当者、主任、係長、課長	保障→社会貢献的能力

64

ホワイトカラー労働者のキャリアと働きがいの多様化

				年齢	勤続年数	役職	学歴	企業内キャリア履歴	専門	%	現職位	志向
A4	事務系	総合職	課長	男	38	14	課長	大卒	子会社営業(3.5)→海外駐在(5.5)→販売子会社社長(1.5)	海外事業	9.0	64.3%	担当者、主任、係長、課長	自律、社会的貢献
B22	事務系	事務職	係長	男	48	27	係長	高卒・専卒	情報システム(20)→F事業部システム(2)→F事業部営業(部品流通)(5)	システム	22.0	81.5%	担当者	保障

★管理型スペシャリスト

| A10 | 事務系 | 総合職 | 部長 | 男 | 47 | 24 | 部長 | 大卒 | 本社商品部(7)→海外事業部(1.5)→海外駐在(4)→海外事業部→海外駐在(3)→海外事業部長(1) | 海外事業 | 17.0 | 70.8% | 主任、係長、部長 | 管理的能力、社会的貢献 |
| A11 | 事務系 | 総合職 | 課長 | 男 | 43 | 20 | 課長 | 大卒 | B事業部経理(7.5)→C支店経理(4.5)→支店人事(1.5)→H支店総務経理(5.5)→本社財務課長 | 経理・財務 | 18.5 | 92.5% | 担当者、主任、係長、課長 | 保障→管理的能力 |

★担当者型スペシャリスト

B19	事務系	総合職	係長	女	64	42	係長	高卒	E工場庶務(9)→H工場労務(10)→本社技術部労務(17)→本社技術管理部労務(6)	労務	33.0	78.6%	担当者、初級指導職	自律
A17	事務系	一般職	主任	女	36	16	主任	短大卒	本社事業管理(13)→セクレタリー(2)→宣伝(1)	事業管理	13.0	81.3%	担当者、主任	保障
B15	事務系	総合職	係長	男	64	36	係長	高卒	人事部厚生(寮管理)(14)→人事部厚務(慶弔)(3)→J工場労務(2)→広報(2)→K技術部人事(15)	人事	34.0	94.4%	主任、班長、組長、係長	自律
A6	事務系	総合職	主任	男	33	10	主任	大卒	G支店営業(6)→F支店営業(4)	営業	10.0	100.0%	担当者、主任	保障→管理的能力
B10	事務系	総合職	主任	男	66	30	主任	高卒	人事厚生(19)→寮管理(11)	福利厚生	30.0	100.0%	担当者、主任	保障

[勤続年数10年未満の場合]

A7	事務系	総合職	主任	男	29	7	主任	大卒	情報システム(6)→マーケティング(1)	システム	6.0	85.7%	担当者、主任	管理的能力
A8	事務系	総合職		男	27	5		大卒	F支店経理(3)→本社人事(2)	経理	3.0	60.0%	担当者	管理的能力
A9	事務系	総合職		男	27	5		大卒	F支店営業(5)	営業	5.0	100.0%	担当者	管理的能力

注：①勤続年数10年未満の場合は類型化から除外している。②企業内キャリア履歴欄の太字部分は、専門畑とみなされる職務である。

特集　仕事と生きがい―持続可能な雇用社会に向けて

　①の流転型ジェネラリストは、多様な職務を経験し、専門畑が判別しにくい類型である。もっとも長く在籍した職務分野が勤続年数に占める割合は40％程度以下に留まっている。また、その最長在籍分野で管理的職務を経験している場合（Ｂ5、Ｂ18、Ｂ14）もあるが、その分野での担当職位数は少なく（1もしくは2職位）、6名中4名は担当者（いわゆる平社員）時代にはその職務を経験していない。もっとも専門畑在籍比率の低い（15.0％）Ｂ5の例では、入社後「営業」職務を6年経験したのち、「購買」「総務」「厚生」「採用」を経て、人事課長に就く。その後Ｂ社が経営する学校の「教務」を経てＢ社に復帰し、まったく経験のなかった「特許」を5年。Ｂ社での役職定年を迎える時期に、関連会社に出向・転籍し、役員となる。もっとも在籍年数が長かったのは人事部門で、本人も自分の専門畑を「あえて言えば人事」と答えているが、それを専門畑と呼ぶにはあまりにも数多くの職務を経験したキャリアである。

　②の軸足型ジェネラリストは、①とは対象的に、いくつかの異なる職務を経験して管理的職位に昇格しながらも、軸足となる専門畑が明確な型である。最長在籍分野での勤続年数比率はおおむね50％以上。つまり、キャリア全体の半分は専門分野と思われる職務を担当してきたことになる。また、その分野の仕事を複数の職位で経験しており、多くの場合、担当者レベルで実務を経験したのち、より上位の職位でも（継続して、あるいは再び異動して戻ってくる形で）同じ職務を経験している点に特徴がある。さらに、5名中4名は、その専門分野で管理的職務を経験し、全員が専門畑以外での管理的職務を経験している。たとえばＡ1のケースは「販売促進」職務が専門畑であり、新人当時から係長までその職務を担当している。多様な職務を管理職として担当し、再び部長職で販売促進職務に戻り、最後は異なる職務（販売教育）で部長職に就いている。専門畑は明確だが、その専門領域における知識や技術の「深さ」よりも、幅広い経験を生かして管理的手腕を振るうことが期待されていると想定できるキャリア形成である。以上の①②に分類されたケースは、幅広く異なる分野の職務を経験しているという点、また管理的職務を経験している点において、いずれも「ジェネラリスト」的なキャリアではあるが、②は軸足となる専門畑が鮮明であるという点で、スペシャリスト的なジェネラリストであるとも言える。

　次に、③④はスペシャリスト型のキャリア形成である。①②との違いは、担当

職務の幅が狭く、特定職務に深い経験を持つことに尽きる。③の管理型スペシャリストは、ほぼ一貫して一つの職務に留まり（専門畑が明確に存在しており）、その専門分野で管理的職位に昇格していくタイプのスペシャリストである。該当する2人はキャリア全体の70％以上が1つの職務で貫かれ、その職務で管理職に昇格している。この③のタイプは、長期勤続のなかで管理的職位にまで昇格していくという点で、ジェネラリスト的なスペシャリストとも言えるだろう。他方の④担当者型スペシャリストは、③と同様にほぼ一貫して1つの職務を担当しているが、管理的職位には就かない（あるいは、今のところ就いていない）類型である。最長在籍分野の比率が高く（78％以上）、調査時点までには課長以上の管理的職位に昇格しておらず、基本的に実務担当者に留まっている。

2) 技術系ホワイトカラー労働者

ここではB社の技術職（13人）を類型化の対象としている。**表6**（次頁）には、類型化から除外したA社技術職・販売職も含めた18人のキャリア形成をまとめた。事務系ホワイトカラーの場合（**表4**）と異なる点は、専門分野（畑）欄の右側に「サブ分野」欄を設けていることと、「専門分野到達までの年数」欄を設けていない点である。前者については後述する。後者については、このグループのほぼ全員が「最初の配属」がすなわち「専門畑」になっている（つまり、専門畑への到達年齢は0.0年である）ため、記入を省いた。

キャリア形成の分類を論じる前に、B社技術職の職務分類について説明する必要がある。**表5**にB社における仕事の流れをまとめた。まず、製品の企画部門があり、それに基づいて設計が行われ、必要な実験が実施される。ここまでが「製品技術開発」で括られた部分（A）である。これは直接製品に関わる研究開発部門と言い換えてもよい。次に製品を生産工程に乗せるために必要な生産技術の開発・

表5　B社技術職の職務分類

A		B		C	D
製品研究開発		生産技術開発		製　造	販　売
製品企画	製品設計・実験	生産企画	生産技術開発	工場技術・管理	営　業
企画全般の指揮・管理	エンジンシャシーボディ…	企画全般の管理、工場管理	部品加工、プレス・溶接、鍛造、施設環境、…	プレス・ボディ、塗装・組立・成形、…	マーケティングなど
A-1	A-2	B-1	B-2	C	D

特集　仕事と生きがい――持続可能な雇用社会に向けて

表6　技術系ホワイトカラーのキャリア形成

サンプル番号	職種区分	企業内職種区分	最終(現)役職	性別	年齢	勤続	最高到達地位	学歴	企業内キャリア履歴	専門分野(畑)	サブ専門分野	専門畑年数	専門畑年数/勤続年数	専門畑での経験職位	キャリア・アンカーの変遷
★専門転出型ジェネラリスト
B3	技術系	技術職	子会社監査役	男	62	30	部長	大卒	補機設計(18)→試作(3)→工場(生産技術)(9)→関連企業専務(7)→関連企業監査役(3)	補機設計	工場技術	18.0	60.0%	担当者、係長、課長	技術的/職能的能力
B21	技術系	技術職	部長	男	67	36	部長	大卒	エンジン設計(8)→海外駐在(技術情報収集)(1.5)→開発企画(排気力対策)(4.5)→エンジン実験(7)→エンジン設計(1)→商品企画工販合併組織(8)→開発企画(将来技術)(5)	エンジン設計・実験	商品企画	22.0	61.1%	担当者、係長、課長、次長	創造(→管理的能力)
B4	技術系	技術職	関連会社相談役	男	65	28	部長	大卒	生産技術(エンジン設計)(1)→ブレーキ設計(20)→駆動技術部ブレーキ設計(3.9)→エンジン設計(0.1)→生産企画(3)→関連企業役員(14)→ブレーキ設計(トランスミッション等設計)(3)→関連企業役員	ブレーキ設計	生産企画	20.0	71.4%	担当者、係長、課長、次長	創造
B1	技術系	技術職	次長	男	54	31	次長	院卒	生産技術(26)→G工場出向(2)→G工場監督機械課長(3)	生産技術(機械部品と工具)	工場技術	26.0	83.9%	担当者、係長、課長、次長	保障
★軸足型ジェネラリスト
B6	技術系	技術職	理事	男	67	34	理事	大卒	生産技術(3)→生産技術部企画室(13)→海外生産(12)→海外工場設立準備(2)→海外工場転籍(4)→子会社転籍(11.0)	生産企画	生産技術(設備関係)	27.0	79.4%	担当者、係長、課長、次長、部長	保障、保障
B13	技術系	技術職	関連会社社長	男	66	38	常務	大卒	シャシー設計(14)→製品企画(1.0)→シャシー設計課長(4)→製品企画(課長)(2)→実験(部長)(2)→開発・技術統括担当役(常務)(4)→関連会社社長(5)→関連会社社長(1)	シャシー設計・実験	製品企画(開発全般)	32.0	84.2%	担当者、係長心得、課長、係長、部長	管理的能力、創造
B12	技術系	技術職	関連会社名誉会長	男	65	29	部長	大卒	生産技術(ユニット生産)(25)→工務部長(2)→副工場長(2)→関連企業転籍(12)	生産技術(ユニット生産)	工場管理	27.0	93.1%	担当者、係長、課長、次長、部長代理	社会貢献
B2	技術系	技術職	部長	男	50	23	部長	大卒	ボディ設計(3.5)→振動実験(8)→製品企画(11.5)→大学教員(設計工学)(3)	ボディ設計・実験	製品企画(設計開発全般)	23.0	100.0%	係長、課長、部長	管理的能力、創造、社会的貢献

68

ホワイトカラー労働者のキャリアと働きがいの多様化

★管理型スペシャリスト

ID	系	職位	性別	年齢	勤続	現職位	学歴	キャリア	現所属	勤続年数	比率	経験役職	キーワード
B16	技術系	技術職	男	53	29	課長	大卒	工場技術(設備)(10)→工場技術(ボディ関係)(8)→工場技術(塗装)→工場技術(5)→海外工場(3.5)	工場技術(全般)	27.0	93.1%	担当者、係長、課長	技術的/職能的能力
B17	技術系	技術職	男	49	29	課長	高専卒	工場技術(2)→生産技術(1)→工場技術(6)	工場技術(全般)	28.0	96.6%	担当者、係長、課長	社会貢献
B7	技術系	技術職	男	50	28	課長	高専卒	電気設備設計・保全(25)→保全関係の改善プロジェクト(3)	電気設備設計・保全	28.0	100.0%	担当者、係長、課長	技術的/職能的能力
B9	技術系	関連会社次長	男	61	33	課長	専卒	生産技術(溶接)(33)→関連企業転籍(8)	生産技術(溶接)	33.0	100.0%	担当者、係長、課長	保障
B20	技術系	技術職	男	52	28	課長	院卒	システム開発(17)→海外生産技術[システム関連](6)→生産技術(1)→海外販売システム(2)→関連企業出向[システム関連](2)	生産技術／システム開発	28.0	100.0%	担当者、係長、課長	社会貢献、創造

(A社技術系・販売系ホワイトカラー)

A12	総合職	課長	男	42	25	課長	高卒	研究所(12)→本社商品部(3)→研究所(10)	研究開発	25.0	100.0%	担当者、主任、係長、課長	創造、自律
A13	技術系	課長	女	47	27	課長	専卒	事業部商品企画(1)→B事業部商品企画(21.5)→B事業部商品企画チーフ(2.5)→B事業部総合商品企画(2)	商品企画全般	27.0	100.0%	担当者、主任、係長、課長	自律／管理的能力
A14	販売系	課長	女	39	21	課長	高卒	店頭販売(10)→エリアリーダー(5)→グループリーダー(6)	店頭販売・販売教育	21.0	100.0%	担当者、主任、係長、課長	管理的能力
A15	販売系	主任	女	34	14	主任	専卒	店頭販売(6)→エリアリーダー(4)→インストラクター(4)	店頭販売・販売教育	14.0	100.0%	担当者、主任	共生・協働
A16	販売系	販売職	女	29	11		高卒	店頭販売(11)	店頭販売	11.0	100.0%	担当者	共生・協働

注①類型化の対象からA社事例は除外している。また、②ここでの「勤続年数」は表4と異なり、役職定年後の出向・転籍後の勤務年数を合計勤続年数から除外して計算している。

特集　仕事と生きがい―持続可能な雇用社会に向けて

改善プロセスがある。原価計算、採算ラインの設定などを含めた生産企画全般に関わる仕事があり、その川下に具体的に個々の分野の生産技術開発に関わる部門がある。主に本社の生産技術部門でこれらの仕事は行われており、これが「生産技術開発」で括られた部分（B）である。さらに、実際に工場で生産が行われる際に、工場内の品質管理や現場での技術改良に関わる仕事にも、技術職ホワイトカラーが配属されている。これも広い意味では生産技術部門に含まれるのだが、より生産現場に近いこの部分はBと区別し、「製造」（C）に括っている。そして、生産された商品は販売部門へ引き渡され、実際には販売店で顧客に対する販売活動が実践されている。技術職がそのような部門に配属される実例も、数は少ないながら、今回の聞取りの中に存在したため、「販売」（D）として表に加えた。

　以上の職務分類をもう一度整理すると、B社技術職が担当する可能性が高い職務は、基本的には製品開発系のAグループと、生産技術系のB・Cグループに大別できる（Dはまれなケースと思われる）。Aグループでは、個別分野（エンジン、シャシー、ブレーキなど）の設計・実験に携わっている場合（A−2）と、その経験を基盤に製品企画全般に携わる場合（A−1）がある。後者の典型が車両主査をリーダーとする製品企画室の職務である。同様に、Bグループのなかでも、限定された範囲の職務（プレス・溶接、鍛造など）に従事している場合（B−2）と、海外工場の立ち上げを含めた生産技術全般の開発、あるいは工場全体の管理・運営に関わっている場合（B−1）とに分けることができる。

　以上をふまえた上で、B社技術職13人のキャリアを以下のように分類した。第1の類型は、①専門転出型ジェネラリストである。これは上述のABCD4グループの異なる職務2つを実質（本格）的に担当した経験がある場合を指している。この類型①に含まれる事例は4例ある。設計（A）から工場技術（C）、商品企画（D）グループへ転出した2例と、生産技術（B）グループから設計（A）、工場技術（C）グループへ転出した2例がそれに該当する。最後の事例（B1）のBからCへの転出は、キャリアの断絶はそれほど大きくないように見えるが、限られた分野での生産技術開発（B−2に含まれる）職務から生産現場への転出には必要な職能にかなりの差異があり、大きな苦労が伴ったようである。

　第2の類型は、②軸足型ジェネラリストである。この類型に分類されているのは、A−2からA−1へ移行した2例（B13、B2）と、B−2からB−1へ移行した2

表7　B社技術系ホワイトカラー労働者のキャリア形成の類型

キャリア形成の類型	概　要	専門畑在籍比率	管理的職務
①専門転出型ジェネラリスト（4人）	初期の専門畑から異なる畑へ転出したジェネラリスト型	60%～	いずれかの専門畑の部門管理を経験
②軸足型ジェネラリスト（4人）	初期の専門畑を基盤に、全般的な技術開発、部門管理を含めて幅広く経験しているジェネラリスト型	80%～	部以上の全般管理を経験
③管理型スペシャリスト（5人）	ほぼ一貫して専門畑の職務に留まるが、その分野では管理的職務も担当するスペシャリスト型	90%～	専門畑の部門管理を経験

例（B6、B12）である。前者は「製品開発」分野、後者は「生産技術」分野のなかで、全般的な技術開発に携わったという意味で、ジェネラリストといえよう。また、このうちの3名は工場長や役員などの全般的管理者の職位にも就いている。いずれにおいても最初に担当した職務が「軸足」の専門畑であり、その分野における秀でた専門能力をベースとしつつも、それに留まらない全般管理へと移行した例である。

　そして、第3の類型は③管理型スペシャリストである。上述した2類型との最大の違いは、キャリアのほぼ全体が一つの専門畑で貫かれていることである。B16、B17の両事例は工場技術職務（Cグループ）に定着したキャリア形成であり、一時期海外工場に出向しているものの、その専門技術を通じた貢献が期待されての派遣である。あとの3例は「電気関係技術」「溶接技術」「システム（IT）関連技術」に特化したキャリア形成であり、その個別技術を磨きながら、幅広い製品や工程の開発を担当している。「管理型」スペシャリストとしたのは、5例のすべてが管理的職位に就いた経験があるからだが、それは課レベルの部門管理に留まっており、第2類型のような全般管理職務には就いていない。

　以上の技術職3類型化をまとめたのが表7である。専門畑の在籍比率はどの類型でもかなり高いが、①が最も低く、②はほぼ80%以上、③は5事例のうち3事例が100%である。管理的職務経験の有無に関しては、②が全般管理（工場長や本社役員など）を経験しているのに対し、①や③は専門部門の管理者に留まっている。

3) キャリア形成の類型化から読み取れること

a) 事務系労働者の場合

まず、事務系ホワイトカラー労働者について、ジェネラリスト型（**表3**の①②）とスペシャリスト型（同③④）を分けている要因は何か。④の担当者型スペシャリストには、いくつかの特徴がある。第1に、高卒・短大卒者が他の類型よりも多い。第2に、女性が2人含まれている。類型①に含まれる女性1人は「総合職」女性であり、この類型④の女性2人は「一般職」に該当する。第3に、このグループに含まれているB15とB10の労働者は自衛隊除隊後の中途入社者である。B社ではこのような場合の多くは、職務限定的なキャリア形成が行われている。以上の3点を総合して考えると、類型④は、そもそも職務限定的なキャリア形成を企業が規定していて、本人の希望にかかわらず、特定職務の実務担当者に留まるキャリア形成のレールが敷かれているグループである。

スペシャリスト類型のもう一方、③管理型スペシャリストはケース数が少なく、決定要因はそれほど明確ではない。ただ、次節で述べるように、A社ではいくつかの職務においてスペシャリスト育成を意図した教育訓練を実施し、その分野で管理的職位に昇格させるキャリア形成が積極的に行われている。企業は、いくつかの戦略的な部門を中心にスペシャリストの育成を方針に掲げて人材育成を行っていると思われる[7]。あるいは、そもそも事務系職務のなかにはスペシャリスト的なキャリア形成に向いている職務とそうでない職務があるとも考えられる。以上から判断すると、スペシャリストとしてのキャリア形成は特定の職務（③の経理・財務職務や海外事業職務など）や特定の対象者（④の職務限定の一般職女性や中途入社者など）に限って行われてきた。それ以外の職務では、幅広い社内業務を習得させていく、いわゆるローテーション人事を通じたジェネラリスト的な人材育成が実施されてきたものと思われる。

次に、①②のジェネラリスト的キャリアについて、両者の違いを検討すると、②の軸足型ではキャリアのある時点で比較的明確な「専門畑」への定着が見られるのに対し、①の流転型には明確な専門畑が見出されない。その理由を数少ない事例から明確に判断することは困難だが、専門畑とみなされる最長在籍分野に「たどりつくまでの年数」（**表4**の「専門畑到達年数」指標）には違いが見られる。グループ①のなかには7年、13年、15年という長い年数がかかっているケースがあ

る一方、②では3.5年がもっとも遅く、5人中の2人は入社後すぐに配属された仕事が専門畑となっている。つまり、「軸足」職務に至った時期がかなり早い。このことから判断すると、早めに専門畑となる職務に出会い、能力を発揮できる仕事を見つけた人のほうが、数多くの職務を「流転」することなく、特定職能に定着したキャリア形成を実現できると考えて差し支えないだろう。

b) 技術系労働者の場合

B社技術職のキャリア類型については、次節で述べるように、少なくともある時期までは、キャリア形成の基本パターンは、最初に配属した部署で専門技術を形成し、その分野から転出しないことだったようである。今回の調査事例のうち、最初の配属分野と専門畑が異なるのはB4の1事例に限られている。この事例では、生産技術（＝**表5**のBグループ）に配属されたが、4年後に設計職務（Aグループ）に転じ、そこでもエンジン設計の担当からブレーキの専門に代わり、20年間キャリアを積んでいる。その他の「専門転出型ジェネラリスト」はいずれも、最初の配属職務の経験年数がもっとも長く、その後、畑の異なる分野へと異動している。彼らが専門畑から転出した理由は必ずしも明確ではないが、人間関係の影響については次章で考察を加えたい。

では、広い意味での専門畑（A、Bのグループ内）に定着しつつも、全般的な組織管理に携わる軸足型ジェネラリストと、管理職務を経験するにせよ専門分野の課レベルに留まっている管理型スペシャリストを分けたものは何か。後者（**表7**の③類型）には高専、専門学校の卒業者が3名含まれているので、学歴も要因の1つとなった可能性がある。あるいは、管理的資質よりも専門的技術・知識において抜きん出た人材だと企業側が判断した結果かもしれないが、それ以上の推察は困難である。

(3) 今後のキャリア形成の多様化

ここまでの分析で確認できたことは、日経連が1995年に「雇用・就業形態の多様化」を論じる以前から、ホワイトカラー正規社員のキャリア形成は実態としてかなり多様化していたということである。キャリアの多様性は、企業側が労働者の職種を分け、職務範囲を限定することによって、あるいは次章で見るように、幾種類かの典型的なキャリアのレールを敷くことによって、企業の雇用戦略のなか

特集　仕事と生きがい――持続可能な雇用社会に向けて

に組み込まれていた。したがって、日経連の「雇用の多様化」についての表明は、すでに多様だった従業員を、今後はすべて正社員としては抱えていかないことを示唆したものと受け止めるべきであると考える。

　そこで、雇用形態の多様化と、多様なキャリア形成の諸類型とがどのような関係にあるかについて、考察を加えておきたい。今回の調査で、「企業に雇用され続けるためには、どのようなキャリア形成が望ましいと思われるか」について尋ねたところ、回答で目立ったのは、「なんらかの専門領域が必要」だという見方であった。たとえば、「ジェネラリストであっても、専門分野を持っていることが必要」と指摘した事例が事務系で2例、技術系で2例あった。つまり、「全体の調整能力やバランス感覚にすぐれていて、ジェネラリストとして成功しているという人でも、この部分は90点以上絶対取っているというところがあるんじゃないか」（A社事務系）という見方である。この「90点以上取っている」専門領域が存在することが重要であると指摘したB社技術職の1人は、「逆T字型」キャリアという表現を用いた。「要するに1つの専門があって、ある程度幅広くという、これがジェネラリストの必要条件です。たとえば、××（車種名）の車両主査は、××について社内の誰よりもよく知っていなければならない」。なぜなら、「そういう専門を極めた人じゃないと周囲を説得する力がない」からであり、管理的手腕を発揮するには、その裏づけとなる専門能力が必要だということである。[8]

　また、今後企業ではスペシャリスト的キャリアが重視されるという回答が事務系で3例あり、そこでは「ジェネラリスト的なスペシャリスト」、すなわち管理的職務を担当しうるスペシャリストが志向されていた。A10事例では次のように述べられている。「今後はスペシャリストの各エリアが1つの会社になる（たとえば物流の専門家がロジスティクス会社を、システム関係の専門家がネット関連企業を立ち上げる）時代。単にジェネラリストとして育成された人が、それだけ実力のあるスペシャリストを管理することはできないだろう。スペシャリストのなかで、マネジメントに進む人を作っていかないといけない」。

　以上の見解をふまえて今後のキャリアを展望すると、事務系のキャリア類型では軸足型ジェネラリストと管理型スペシャリストが、技術系では軸足型ジェネラリスト類型のキャリアが、日経連の「長期蓄積能力活用型」社員に適用されていくだろう。長期雇用を前提とした従業員に企業がもっとも期待することは、暗黙知

的な部分を含めて、その企業独自の仕事の手順や企業文化を体化し、将来的には管理者として組織運営を先導していくことである。だとすれば、管理的職位には昇格していかない担当者型スペシャリスト(事務系)は、その対象に含まれにくい。また、数多くの職務を流転している場合は、突出した専門領域が見当たらず、組織を束ねるための裏づけがないために、管理的職務での能力発揮に支障が生じる可能性がある。したがって、一定程度専門領域で実績を挙げたジェネラリストや、ジェネラリスト的に管理職務もこなせるスペシャリストだけが、長期勤続の対象である「長期蓄積能力活用型」として温存されてゆく可能性が強いと考えられる。[9]

事務系の流転型ジェネラリストや担当者型ジェネラリストは、「雇用形態の多様化」戦略の過程で、相当程度、非正規雇用に置き換えられていくであろう。その一部は「高度専門能力活用型」、つまり、専門技術を活かして転職しながらキャリアを形成するグループに含まれていく。その他多くの流転型ジェネラリストや担当者型スペシャリストは「雇用柔軟型」グループに代替されうる。技術系の場合、すぐれた専門技術と組織管理能力を併せ持つ軸足型ジェネラリストが「長期蓄積能力活用型」社員となり、あとの2類型、専門転出型ジェネラリストと管理型スペシャリストには「高度専門能力活用型」の人事管理が適用される。こうした変化はすでに進行している。たとえば、今回調査した両社は多くの派遣労働者を導入しており、B社の事務系職務では「90年代後半から、急激に」「半分以上(の労働者)は人材派遣から(来ている)」(B14の聞取り)。また、技術系については、A社の製品デザイン部門では派遣社員を導入していないが(A13の聞取り)、B社では製品デザイン分野などを中心に、技術職でも人材派遣が活用されている(B5の聞取り)。

3. キャリア形成に影響を及ぼす諸要因

(1) 配属・異動先部門(職務)を決定する要因

本節では、キャリア形成の差異が何によってもたらされたのか、入社から退社(親企業から子会社への出向・転籍も含めて)までの配属先と社内異動の決定要因をより具体的に見ていく。それらは、①本人側の希望や意思に関連した諸要因と、②会社側の希望や意思に関連した諸要因の2つに大別できる。前者には、特定の仕事への憧れや好み、将来のキャリア形成に役立つなどの思惑・計算が含まれる。後者の会社側の要因とは、その時々の経営戦略や経営状況、それに基づく組織の

特集　仕事と生きがい―持続可能な雇用社会に向けて

新設や変更、労務管理・人材育成の方針、欠員状況などである。労働者のキャリアは、この両者の綱引きのなかで築かれていく。当該労働者の職務能力の内容と水準は、この両者(本人意思と企業の意向)に影響を与え、綱引きの結果を左右する重要な要素になる。また、上司や同僚との人間関係も異動の有無やその行き先を決定する重大な要因として作用している。さらに、本人や家族の病気などの思いがけない要因によって、キャリア形成に変化がもたらされる場合もある。

労働者側の希望・意思と、企業側の希望・意思のマッチングは通常、自己申告制度や上司との面談を通じて調整される。近年は社内FA(フリーエージェント)制などの名称で、労働者本人が直接異動希望先に直訴できる制度を導入する企業も増えている。今回の調査対象である両社では、40代後半ないし50代の社員に対してその後のキャリア計画を考えさせる研修制度などを設けている。キャリア後半には、そのようなキャリア「棚卸し」の機会もまたマッチング・ルートの1つになりうる。

(2) 労働者自身の希望や意思

以下では、配属・異動先を決定づけた諸要因を具体事例に沿って確認していく。第1に、本人の希望や意思が配属・異動先の決定に強い影響を及ぼす場合がある。

■B13(B社技術職)事例:「シャシー設計」部門への配属と定着

　大学の工学部機械工学科を卒業後、入社。新人研修後すぐに「シャシー設計課」に配属され、その後14年間、様々な車種のシャシー関連技術を蓄積した。シャシー畑への配属、定着は本人の希望が反映されたものである。「シャシーは自動車特有の技術なので、配属当時、他にこの部門を希望した者は少なかった」こともあり、同期入社のなかには配属希望が叶わなかった者もいたが、彼の希望は叶えられた。山に囲まれた土地で育った彼は、幼い頃から木で車を作って坂道を走り、中学時代には自動車整備工場に出入りしていた。いずれは自動車会社に入り、「車を作る」ことを志していた彼にとって、シャシー設計への配属希望は自然な選択だった。配属希望が叶えられた要因の1つは、機械工学科専攻で、大学の自動車部にも所属しており、当該職務に必要な基礎的知識・技術を備えていたことだと考えられる。

これは、労働者本人の「特定の仕事への強い憧れ」が配属に反映された事例である。そのほかに、将来のキャリア形成を視野に入れて配属希望の意思を企業に伝えている場合もある。たとえばA7のケースでは、将来的にA社の役員に就くことを目標として、入社後の配属先やその後の異動先が希望され、実現されている。

(3) 企業側の希望や意思
1) 典型的な異動パターンの存在
　次に、労働者本人の意思よりも企業側の意思や思惑が強く作用したケースを取り上げる。最初に見るのは、企業側がある程度パターン化したローテーション計画にあてはめて労働者を配属・異動させている場合である。欠員状況や個別労働者の適性を（企業側が）判断した上で、かなり一方的に「会社都合」の配属・異動決定が行われている。

a) 事務系ジェネラリスト育成の典型的キャリア
①A2の事例（物流→商品部→営業）
　　大卒後、1978年に入社。面接で配属希望部門を尋ねられ、「どこでもいいですよ」と答えたところ、D事業部の物流担当になった。本人は半年で営業部（ものづくり担当）に移ったが、「上の人たちは（物流を）4〜5年やってた」。当時は、「どんなにうまいヤツでも最初は球拾いから、っていうのがあるじゃないですか。いくら能力があるヤツでも、僕らが入社した頃なら物流から（始まった）」。
②A10の事例（商品部→海外事業部）
　　大卒後、1977年に入社し、商品部に配属。「初年度から大卒男子で営業（商品）部に配属っていうのは、これが初めてなんや。僕と○○くんが、なんの経験もないのに営業部に配属された。それまでは、セールス（販売）なりで経験を積んでまず会社のことを知ってから営業部に入るというのが普通」だった。

　1970年代から80年代初期にかけて、A社の事務系総合職社員は、まず「物流」部門ないし「販売」部門に配属されることが多く、A10のように最初から商品部に配属されることはまれだった。キャリア初期に会社が扱う製品の種類とその流れを覚えてから、そのうちの何人かが商品の企画や生産に携わる部門に配属される。これが、ジェネラリスト的キャリア育成の典型だったようである。他方、次に挙

特集　仕事と生きがい—持続可能な雇用社会に向けて

げる事例のように、A社ではスペシャリスト的キャリアについてもいくつかの育成パターンが存在している。

b) 事務系スペシャリスト育成の典型的キャリア
①A11の事例（経理）

　大卒後、B事業部経理部門に配属され、その後ほぼ一貫して経理・財務畑の仕事を担当（聞取り当時は財務課長）。入社後の配属は「メーカーに入る以上、ものを作りたいという気持ちでしたし…とりあえずお客様のニーズを知るために営業販売という『お決まり』のをやって、いずれは商品部に戻るということを考えてはいましたけど。まさか経理みたいなものは全然考えていませんでした」と言う。その配属希望は面接で伝えたが「まったく反映されていません」。

②A10の事例（海外事業）

　入社後商品部に7年在籍。そののち、海外事業部門に異動。1年半の国内勤務を経て海外子会社に4年間駐在する。駐在を終えることになったとき、本人は古巣の商品部への復帰を願うが、叶えられなかった。「はっきり言うけど、君はこの先ずっと国際事業部でやってもらう。そういうつもりで育ててきたし、そういう気になってもらわなあかん。今さら商品を作ることができんとは言わんけど、ここでやってもらわな困るんや」と上司から言われ、実際にその後のキャリアは海外事業で一貫している。

　A社人事部によると、経理・財務職務は同社でスペシャリスト育成が定着している分野の1つである。1970年代から、全社の経理・財務担当者の会議（現在の名称は「経理業務連絡会」）が開かれており、エキスパートとしての人材育成計画にも影響力を及ぼしている。また、A10事例の海外事業分野も、一度配属させた者をスペシャリストとして定着させることが多い。配属する者の選抜は事業部が行っており、「経理・財務」「商品部」「販売部」、特に前者2つのいずれかで一定の経験を積んでいる職歴が求められる。現在、販売職務以外（経理・財務や生産職務）で海外駐在させる場合には、原則的に、国内で2～3年は当該職務を経験させ、語学を学ばせてから派遣している。さらに、A社でもっともスペシャリスト育成が進んでいるのは研究開発職務である。研究所に配属された社員が他部門に異動するのは、一時的に「修行に出る」目的に限られている。今回の事例ではA12（技術職）がそれに該当し、実際に入社以来一貫して研究開発職務を担当している。A

12は技術職だが、研究所には事務系社員（総合職、一般職）も配属されており、彼／彼女らの多くは研究開発のスペシャリストとしてのキャリアを展開している。

キャリア形成の典型は、B社技術職にも存在していた。以下に挙げる諸事例を見ると、少なくとも1970年代までは、入社して最初に配属された職務が専門畑になることが「基本型」であった。

c) 技術系スペシャリスト育成の典型的キャリア
① B6の事例（生産技術）
　　大学の工学部機械工学科を卒業して入社。本人の希望どおり生産技術課に配属され、新工場の立ち上げに関わる設備計画・建設に携わる。2年後、生産技術部内に新設された企画室に異動して以降、12年間、10余りの新工場の企画から稼動までの計画、進行管理を担当。38歳のときに海外生産部に転属し、それ以降は海外駐在を含めて、B社の海外工場の立ち上げと稼動の仕事を担当し続けた。

② B3の事例（補機設計→工場生産技術）
　　大学の工学部機械工学科を卒業して入社後、本人が希望していた生産技術部門ではなく補機の設計部門に配属される。そのまま課長職位まで約18年在籍し、様々な補機（ワイパー、配線関係、発動機、カーヒーター、カークーラーなど）の設計を担当。40歳のときに試作車両の組立部門へ移って「完全に管理業務」を担当し、その3年後に工場へ異動。車体部や機械部で管理的職務を中心に担当する。課長まで技術部で設計を担当した彼にとって、その後の異動はまったくの畑違いであり、キャリアの連続性はなかった。これらの異動はすべて「上からの命令でした。上から見て、これは不適当だからこっちへやるとか、こっちのほうに異動とか、もう私の意思はなんにもなかったですね」。

いずれの事例でも、最初に配属された職務の経験年数はかなり長い。B社技術職のキャリア形成の基本型は最初に配属された部署で知識・技術を蓄積し、その分野をキャリアの核として、つながりの深い分野へ異動したり、管理的職位へ昇格したりしていくパターンだったと考えられる。後者のB3事例も課長職位までの18年間は同じ部署に在籍している。その後のキャリアは専門畑（補機設計）から大きく反れてゆくが、本来は補機の設計部門でそのまま上位職位に昇格するか、あるいは設計という専門畑で別の分野へ異動するのが「通常の」キャリアだった。彼自身は、いくつかの「失敗」（ユーザーからのクレームや上司との確執）が原因で、

特集　仕事と生きがい―持続可能な雇用社会に向けて

基本型のキャリアコースから逸脱したと考えている。彼によれば、「課のなかで仕事が変わるということはしょっちゅうありますけど、課とか部を変わるということは極めて少なかった」。1970年代半ば頃からは人事政策の一環としてローテーションを重視し始めたものの、なおも異動はそれほど望ましい出来事ではなかったようである。というのは、「特に（人を）出す側で言うと、トップクラスではなく2番手ぐらいを出すというケースがまだ多かった」上、異動先はまったくの会社都合で決められ、自己申告制度はあったものの、「（希望が）叶うことは、極めて少なかった」からである。

　B社技術職の専門畑への定着過程は、B13の聞取りでは少し異なる角度から述べられている。それは、ある時期に「師事」した上司との間で一種の師弟関係が築かれており、「誰に育てられたか」が異動や昇進・昇格を左右する評価の基準だったという見方である。当時の人事評価では「誰のところにいた男か」が第1の判断基準となっていて、「ああ、あの係長のところにいたのか。それじゃあ、できるねえ」とか「まあ、ぱっとせんだろうな」というのが「ものすごく重要だったんですよ」と彼は話している。このような非公式の師弟関係は、彼の認識では、1980年代半ば頃には不明確になっていった。会社が「ジェネラリストに育てるのかスペシャリストに育てるのかというような」計画的なローテーションを始めた頃から、「誰が教えたのかがさっぱりわからなくなった」というのである。

　以上をまとめると、1970〜80年代にかけてのある時期に人事政策が変更されるまでは、B社技術者のキャリアには、入社時の配属部署への定着を志向する人材育成の基本型が存在していた。1989年に同社人事部が打ち出した新組織及び新人事制度では、明確に「ローテーションの推進」という方針が打ち出されており、事務系・技術系ともに、2部（室）以上の異動経験があることが係長・課長級への昇格要件に含まれるようになった。[10]このことから、特定職務への定着から異動の推進へと政策が転換されたことが確認される。

2）　限定された職務範囲内でのローテーション

　あらかじめ勤務地や職務範囲が限定された職種で採用されている人の場合、その規定によって配属や異動の範囲は絞られ、同じ部署に在籍する年数は長くなる傾向がある。④担当者型スペシャリストには、こうした範囲限定的な配属・異動が数多く見られる。

■A17の事例：事業管理→セクレタリー→宣伝

　短大卒業後一般職として入社し、最初に配属された本社事業管理部門に13年在籍。その間、経営資料作成、現金出納、経費支払い、買掛担当、人事・総務部門との窓口業務など、部門内の職務をひととおり経験した。買掛職務を担当していた頃に、上司から経理のスペシャリストか、より幅広いジェネラリストの道を選ぶように示唆されたが、結果的に人事・総務の「窓口」の仕事に変わる。これは「なんでも屋のような」「すきまの仕事」、いわゆる庶務だった。役員のセクレタリーを2年務めた後、入社15年目で、幅広い実務経験が買われ、初めて本格的な異動（宣伝部）を経験した。勤続16年になる同期入社の一般職女性社員たちは「大体みんな配属されたところにずっといる」。たとえば、「△△さんはずっと商品部で、『わからんことがあったらなんでも△△さんに聞け』状態」だという。「一般職もこんなに辞めなくなってきて、会社はどうしようって思ってはるんやろうね」。

　A社では、この事例のように「職務限定」採用の一般職（大半が女性）は多くの場合、入社後配属された部門に長年勤務し続けており、職務のローテーションは部門内に留まっている。またB社の女性労働者は1事例（B19）しかないが、庶務に始まり、その後は一貫して労務関係の職務を担当している（工場10年、本社技術部17年、本社技術管理部6年）。かつては結婚や出産を機に退職する女性労働者が多かったので、企業側は短期勤続を前提としていたのであろう。しかし、女性の就業意識は変化し、「こんなに辞めなくなって」きた。そのなかには多様な仕事を経験してみたいという希望を抱き始める者もいる。しかし、それまでに特定部署での限定的な職務しか経験していないために、別の部署へ異動させることは一層難しくなっている。それは、上述の△△さんについての言及のように、その部署の仕事を知り尽くした、放出しがたい社員になっているからであり、逆に別の仕事を一から覚えさせるには大きなコストがかかるからであろう。こうして、労働者側の異動の意思・希望が、職務限定という企業側の意向によって阻まれる場合が出てくる。A社の場合、商品企画や研究開発に配属される技術職社員（A12・13）、店頭販売や販売教育を担当する販売職社員（A14〜16）についても、担当する職務範囲は限定されている。

特集　仕事と生きがい―持続可能な雇用社会に向けて

(3) 組織の新設・統合、昇進・昇格に伴う異動

次に、組織の新設や統合に際して労働者を異動させる場合や、労働者当人の昇進・昇格による異動(たとえば、課長職位や部長職位に昇格したものの、在籍部門では管理職の「椅子が空いていない」ので、他部門の管理的職務を担当させる場合)がある。

■B1の事例：生産技術→遠隔地工場への異動
　入社後26年、一貫して、最初に配属された生産技術部に在籍。「途中でほかの部署に変わりたいなという希望を出したこともあるんですが、結局同じとこにずっといた」という。ところが1998年、それより6年前に本格的に稼動し始めたG工場への異動が命じられ、遠隔地への転居を伴う出向・転籍を経験することになった。この転籍は本人にとっては想定外の出来事であり、辞令を受けたときの気持ちは「非常に複雑」だった。家族の強い反対もあり、異動辞令の受諾に際してかなり悩んだ様子がうかがえる。

　この異動の決定要因は、何よりも、26年積み重ねた「生産技術」の職能にあったと考えられる。G工場の新設をテーマにまとめられた1996年の実証的研究によると、1992年の工場新設に伴って技術部門から転籍した者は1995年の8月時点で25人で、そのなかでもっとも多かったのは生産技術部門からの16人だったという。[11] 工場の新設から6年たち、経験豊かな生産技術畑の技術者をさらに必要としていたのであろう。本人には「工場でやっていけるだろうか」という不安があったが、最終的に異動を承諾する決め手になったのも、彼の所属部署から数名の技術者たちがG工場に転籍していたことだった。この事例に類似した組織変更に関連する異動は数多い。たとえば、A1、A2事例では新規事業の立ち上げに関わる部門への異動があり、それまでの職務で形成していた職能(A1の場合は販売促進、A2の場合は営業職務での能力)が異動の主な理由になっていると思われる。

(4) 労働者の資質や能力

　以上で言及してきたように、労働者本人の資質や入社後に身につけた専門的な職務能力は、配属・異動先の決定に大きな影響を及ぼしている。ここでは、入社前の学歴と専攻内容が、入社後の配属や異動にどの程度影響を及ぼしているかにつ

いて概観しておこう。

　端的に言って、事務系ホワイトカラーの場合、入社前の学歴・専攻内容と配属・異動先の決定との間には、あまり関連が見られない。入社後の最初の配属で多少なりとも関連があると思われるのは事務系21ケースのうち、3ケースに留まる。A7は学生時代の研究で得たコンピュータ関連の知識によって、システム部門に配属されている。B社ではB22のケースで、工業高校を卒業後、コンピュータ関係の専門学校に進み、入社後はシステム部門に配属されている。また、文学部英文学科出身で入社3年目に英検1級資格も取得しているB5の場合、最初に配属された営業部門は、日常的に英語を使うことが必要な部署だった。つまり、今回の聞取りでは、入社前から身につけていた能力のうち、入社後の仕事と直接結びついたものは「語学力」「コンピュータ能力」の2つだけであった。よく言われてきたように、事務系の企業就職では学生時代の専攻内容そのものはさほど重視されてこなかったことが確認できる。

　A社人事部門で働くA8の聞取りによると、理系学部出身者を中心として「本当に専門領域ですぐれたものを持って」いる場合には、専攻内容が活かせる部署へ配属する場合もあるが、それ以外の場合には専攻はあまり参考にしていない。配属の決定は、職業適性検査SPIの結果と、新入社員研修を通じた適否の観察、それに本人の配属希望先を加味して行われており、適性検査から判断される基礎能力（言語能力、非言語能力など）の特徴と、性格的な適性（内向的・外向的、感情的・理性的など）が重視されている。

　他方、技術系ホワイトカラーの場合は、職務の基礎となる専門知識・技術を学校時代に習得している場合が多いため、学生時代の専攻と入社後に配属職務との結びつきは、事務系よりも強い。A社の技術職事例は2つしかない（A12、A13）が、いずれも学校時代に学んだ知識・技術が活かせる部署に配属されている。前者は工業高校で学んだ工業デザインの基礎知識に基づいて研究開発畑に定着し、後者は被服関係の専門学校を卒業後、一貫して商品デザインを核とした商品企画部門でキャリアを形成している。

　B社技術系社員の場合(13人)、学歴の内訳は、大学院物理学科(1)、大学工学部の機械工学科(6)、航空工学科(2)、電気工学科(1)、高等専門学校の機械(工学)科(2人)、電気関係の専門学校卒(1)である。すべての者が製品開発や製造工程の開

発・改善に携わる技術系の職務に配属されているという点で、専攻内容と職務に関連があるとは言えるが、より具体的な職務の決定との連関は明確でない。たとえば、製品開発部門と生産技術部門への振り分けを見ても、専攻内容は必ずしも関連していない。同じ機械工学の専攻でも、製品開発部門（B3：電装品関係の設計、B25：エンジン設計、B15：シャシー設計）、生産技術部門（B5とB7：生産技術部、B13：本社機械部の工場生産技術、B20：工場検査部の車両関係技術検査）の両者に入社時配属は分かれており、本人希望が叶っている場合もそうでない場合もある。学校時代に基礎的な知識・技術を学んでいるとはいえ、その後の具体的な担当職務は、むしろその他の要因（部門の欠員状況や新人研修過程での適否判断など）によって決まっていると見たほうがよさそうである。

　最初に配属された部門から他の部門へ異動する際には、入社前の学歴や専攻内容と異動先職務との関連は一層希薄である。特に事務系ホワイトカラーで多少なりとも関連性が見出せたケースは限られ、そのうちの1つがA2事例である。主に営業畑のキャリアを歩んできたが、入社後23年目に初めて法務部門へ異動している。これは本人希望による異動ではなく、考えられる理由は大学（法学部）で知的財産法を学んだことぐらいだった。もう1つは、B5事例の特許部門への異動である。英文科出身で語学に堪能な彼は、上述したように、語学力が活かせる部門にまず配属され、様々な職務を経て、勤続24年目にして初めて特許の仕事を担当することになった。この仕事の主要な相手先は海外の企業や専門家であり、高い語学力が異動理由の1つになったと考えられる。

(5) 周囲との人間関係

　異動の有無やその行き先が決定されるプロセスでは、職場の上司や同僚、仕事で関わり合う取引先などの人との人間関係もまた、大きな影響を与えている。なかでも、上司との人間関係は数多くの事例で言及された要因である。

1) 人間関係の悪化による他部門への異動

　上司と仕事上の意見が合わなかったり、性格的に折り合わなかったりすることで、当人にとっては思いがけない時期・部署への異動が行われる場合がある。このような異動は、いわゆる「左遷」人事として当人に認識されている。B社では、上述したB3事例が挙げられる。生産技術畑から畑違いの試作部門へ異動させら

れ、さらに工場への異動が決定するのだが、「こいつははっきり（上司の）逆鱗に触れて工場のほうに出たと。これは、はっきりわかってます」と述べている。それまで30年近くにわたって積み上げてきた職業能力が活かされない、まさに畑違いの分野への異動が上司の一存で決められるという、本人にとっては不本意な出来事だった。「技術部で設計やってて、（中略）課長までの大半の時期でしょう。それで10数年きてるでしょう。そこへきて工場へ行ってね、造るノウハウがあるかといったら、私なんにもないでしょ。なんにもない」。

A社の聞取りでも、これに類似した人間関係への言及は多かった。多様な職務を流転しているA3事例では、その最大の要因は人間関係にあるように見える。入社8年後に異動した販売職務での上司との相性が悪く、本人は「これが僕を奈落の底へ引き込んだ元凶」と見ている。また、得意先社員との人間関係も影響しており、店舗訪問の仕方で得意先ともめたこともあって、当時の所属部署には1年しか在籍していない。その後の異動部門での上司ともそりが合わず、同じ上司に不満を持つ10数人の同僚とともに労働組合に相談したが、状況は改善されず、結局また別の部署に異動する。このような人間関係の悩みが引き金となって、彼は幾度かの精神的危機を経験することになった。

2) 以前上司だった人の意向が影響した異動

上述した「左遷」と認識されている場合とは逆に、良好な関係にあった上司が、その後の異動に際して力になってくれることがある。A2の事例では、入社して約10年後に病気で3ヶ月入院し、別の部署に異動する。そこで1年半勤務し、さらに別部門へ異動するのだが、この一連の異動先はすべて、最初の配属先の部門長（××さん）が司っていた部門である。入院後の異動は「××さんに拾ってもらったというところ」であり、その次の異動も「××さんがいたからですね」と、元上司の影響を本人は明確に意識している。

A社の別の事例A1では、異動を決定する最大の要因は上司との人間関係であるという見解が示されている。ある異動について、「かつての上司、◇◇さんの『引き』だと思うんですよ」とし、さらに別の異動については「理由はわからないです。☆☆さんが呼んでくれたか、△△さんが出したかったのか。（中略）△△さんとはその頃ちょっとぎくしゃくしたこともあったので、それで出されたのか」と話している。彼は、A社の異動人事の多くはこうした人間関係に基づいて行われ

特集　仕事と生きがい―持続可能な雇用社会に向けて

ていると考えている。

　他方のB社については、技術者のキャリア形成に「師弟関係」が影響を及ぼしてきたことを、先に指摘した。それ以外に、役職定年後の出向・転籍先の決定に上司の影響が及んでいる場合が見られた。B社では役職定年の時期（およそ50歳頃）に子会社や関連会社へ出向、転籍する場合があり、B18事例では「同期つながり」で転籍先が決定されている。当時、彼の同期入社者がB社の副社長に就いており、関連企業の監査役も兼任していた。その関連企業へ出向・転籍しないかという異動話が、やはり同期入社で当時は直属の上司だった人のところへ持ち込まれ、彼の異動が決まったのである。「ちゃんとキャリアで来てる人はなんとか会社も保障しないといけないから、それなりの埋め込みをやってるでしょうし、（中略）（転籍先で）社長にさせたりという人は会社で選別して出すでしょうけどね」と彼は述べている。この発言での「キャリア」とは、大卒のエリート組という趣旨である。彼自身は高卒の「ノン・キャリア」であるために、上司、元上司、同期入社者などの「縁」で結ばれる非公式ルートで出向・転籍先が決定されたと、彼は認識している。

(6) その他の要因

　以上、配属・異動先を左右する諸要因のうち、本人の意思・希望、会社側の意思・希望、労働者の資質や能力、上司などとの人間関係に焦点を当てて、事例を見てきた。実際には、それ以外の多様な要因も作用しながら、配属や異動が決定されている。たとえば、本人や家族が病気（身体疾患、精神疾患）になったため、予期せぬ異動の必要性が生じた場合や、異性関係が原因で異動を招く場合もある。同じ部署に勤めていた人との社内結婚が決まり、どちらかが異動したケースや、職場内での恋愛関係が発覚して遠隔地へ異動になったケースなどがそれに該当する。さらには、配偶者の仕事、子どもの進学などの家庭事情に応じて、異動の打診を承諾するか辞退するかの決断を迫られることもある。

4．キャリア・アンカーと働きがい

(1) キャリア・アンカー概念

　今回の調査の主眼は、労働者がより自律的で働きがいのあるキャリア形成を実現するにはどのようなことに留意すべきかという点にある。ここでの「自律」は、

（どこで誰とどのように働きたいかについての）自分の意思や希望をキャリアに反映させることを含意しており、労働者の働きがいが何にあり、職業生活に何を期待するのかという点に即して考えることが重要になる。つまり、「自律」の理想型は労働者個人の労働観によって異なってくるということである。

この点をより明確に論じるために、「キャリア・アンカー」概念に注目することが有効である。キャリア・アンカーとはエドガー・シャインによって提起された概念で、「キャリアの諸決定を組織し制約する自己概念」として定義される。それは、キャリア形成の過程において「人が選択を行わなければならない場合にあきらめることのない関心あるいは価値」であり、「経験を体系づけ、自分の長期的な貢献領域を明らかにし、働きたいと思う仕事環境の種類のための基準を生み、また、抱負の型と自分自身を測定するのに用いる成功の基準を明らかにする」ものである。簡単に言えば、何を働くことの目標とし、そのためにどのような仕事環境を望むのかについての基準ないし価値観であり、それはキャリアの蓄積過程で変化する場合もある。

シャインは労働者に対する聞取り調査を行い、キャリア・アンカーにはいくつかの型が存在することを見出している。それは、以下に示すように、①技術的／職能的能力、②管理的能力、③保障・安定、④創造・自己拡張、⑤自律・独立の5種類である。

①技術的／職能的能力……最大の関心事は、実際の仕事の技術的・職能的内容にある。技術的・生産的志向の仕事を求めており、昇進のために仕事内容を犠牲にすることは不本意である。
②管理的能力……管理責任のある地位への上昇、やりがいある仕事と才能の活用に関心を持ち、自分が全般管理者への地位上昇に必要な技術・価値を持っていると信じている。分析能力、対人関係能力、情緒の能力を結合させて持っている。
③保障・安定……最大の関心事はキャリアの安定と保障にある。そのために、キャリアが組織によって定義されることをより多く受け入れ、階層的な上昇は制限される。
④創造・自己拡張……自分自身で何かを発明、創造、建設したいという欲求が強

特集　仕事と生きがい―持続可能な雇用社会に向けて

く、企業者志向を持つ。経済的な成功欲求は業績の1つの尺度であり、本来の目標ではない。
⑤自律・独立……組織の諸制約を逃れ、自分の専門的・技術的力量が追求できる自由な環境を求める。昇進機会を逃すことに未練はなく、より高い望みを持たないことに対する怠慢感や罪の意識をほとんど感じない。

さらに、今回の調査を通じて、シャインの5分類に括りきれないキャリア・アンカーが存在していると思われた。それが以下に示す2つである。

⑥共生・協働……自分の担当職務や責任の量、技術・職能の発揮よりも、職場で誰とどのような関係で働けるかに強い関心を持つ。職場を社会における自分の居場所として認識しており、職場社会のネットワークそのものへの定着を志向する。
⑦社会貢献……自分の仕事が社会的に意義があるかどうかに最大の関心を持つ。平和、正義など社会の「善」の実現に貢献することを望み、そのためには、組織に所属する不自由さも甘受する。

⑥の「共生・協働」アンカーは、シャインが定義した「保障・安定」アンカーと類似しているが、後者が家族や地域社会とのつながりを重視しているのに対して、前者は職場社会の人間関係に特にこだわりを持ち、居心地のよい職場での定着を強く望むところに特徴がある。このようなアンカーの存在は、従来のパターナリスティックな日本企業の労務管理が影響したものとも、また、より広い日本社会全体の「企業社会」的特質の現れとも考えられる。⑦の「社会貢献」アンカーは、シャインの分類のなかでは、興味ある領域での自由な仕事状況を追求する「自律・独立」アンカーにもっとも近い。しかし、社会貢献アンカーに属する人は、社会的に意義があると思える仕事が遂行できる組織に属して働けるのならば、必ずしも自律・独立を志向せず、組織で働くことに付きまとう不自由さをも甘受するタイプである。

(2) キャリア・アンカー分析の事例

以上で示したシャインによる5種類のキャリア・アンカーに新たな2種類を加え、調査対象者たちがどのアンカーに属するかを記したのが、第1節で紹介した**表4**（事務系）および**表6**（技術系・販売系）の一番右の欄である。前述したように、キャリア・アンカーはキャリア形成の過程で変化しうるものであり、聞取り内容に基づいて判断できる範囲で、その変遷を記している。以下では、特定のキャリア・アンカーの特徴が比較的明確に表れていた2事例を紹介しておく。

1) 「管理的能力」アンカーの事例（B5事例）

入社後、同社の一般的な流通ルートとは異なる製品の営業部門に配属される。6年後に購買部門へ異動して3年間在籍するが、その後は総務、人事などのスタッフ畑の職務を長年務め、部長になって初めて特許部門へ赴任。54歳のときに関連企業へ出向・転籍し、副社長として手腕をふるった。もっとも長く在籍した人事部門が6年であり、多様な職務を幅広く経験した「流転型ジェネラリスト」キャリアである。

この事例では、以下に示すような聞取り内容に、全般管理者への上昇を志向する「管理的能力」アンカーの特徴が見受けられる。

- ①ジェネラリスト志向が明確であり、事務系ホワイトカラーの仕事では、専門職は経理や法務などに限られていて、自分自身がやりたいと思うような専門的職務はないことを強調している。
- ②職業生活全体を通じて一番面白かったのは、B社から関連企業に転籍し、副社長として企業経営を「自分の思いどおりに」やれた時期だと考えている。
- ③「課長になったぐらいで、自分は（B社の）役員にはなれないと思った」ので、「どこへ行っても子会社の役員ぐらいは務ま」るように、「課長時代から自分で実務を手がけることを心がけ」るようにしたと述べている。
- ④「仕事人生に点数を付けると？」という問いに対して、「合格点を60点として70点ぐらい」とした上で、30点の減点の理由を「上を見れば〇〇さん（同期入社でB社の役員になった人）がいるから」であるとしている。

特定職務へのこだわりよりも、全般管理者の地位への上昇志向が強く表れており、「役員が務まる」ように主体的に努力をしてきたことから、自分にその能力があることを自負している。こうした点に色濃く「管理的能力」アンカーの特徴が表れている。

2) 「保障・安定」アンカーの事例（A 3 事例）

　この事例も異動が多く幅広い職務を担当したキャリアであり、「流転型ジェネラリスト」に区分される。A社のジェネラリスト育成の典型的パターンに沿って、まず物流部門に配属されるが、その後は工場の総務、商品部、営業部を経て、総務に戻る。その後、福利厚生関係の子会社を経て、同社の警備を行う子会社に出向している。

　この事例では、以下のような点から判断すると、キャリアの安定と保障を重視する「保障・安定」アンカーが存在していると考えられる。

①入社後の最初の配属は、上述したとおり、会社都合によって、遠隔地にある支店の物流部門に決定された。しかし、本人はA社の本社がある京都に生まれ育っており、本当は「京都の会社だと思って入っているから」、本社地域への配属を希望していた。

②仕事内容については、営業や物販に関わる仕事は苦手であると自己認識しており、「機械を相手にした仕事とか、そういうほうが好きだった」と述べている。しかし、システム関連職務への異動が強く希望されていたわけではない。また、組織内での地位上昇を志向する趣旨の発言はほとんど見当たらない。

③今後のキャリアに関しては、「最終的にはA社で終わりたい」とし、出向中の子会社から親会社への復帰を望んでいる。「その（親会社の）名前には一応執着心がある。選んで入った会社だし、最後はそこで終わりたい。やりたい仕事もある」と述べている。

　この場合、京都という地域や、その地域で定評のあるA社で働き続けることが「あきらめることのない関心あるいは価値」であり、したがって、「保障・安定」アンカーがもっとも強いと受け止められる。

5. 今後のキャリア形成において留意すべきこと

(1) キャリア・アンカーの認識

　本節では、以上の観察に基づきながら、労働者がより自律的で働きがいのあるキャリア形成を実現するためには、どのようなことに留意すべきかについて考察していきたい。初めに、前節で指摘したキャリア・アンカーの観点から述べていく。働きがいが感じられるような仕事をするためには、まず、自分自身が何を職

業生活の「成功」ととらえ、仕事のどのような側面にやりがいを感じられるかというキャリア・アンカーを認識した上で、それに即した仕事に就くことが必要である。たとえば、技術的・職能的アンカーの強い労働者は、特定分野に定着したスペシャリスト的キャリア形成を望み、反対に、管理的能力アンカーの強い人の場合、ジェネラリスト的なキャリアの過程で管理的職位に就くことが最大の関心事だと思われる。

実際のところ、従来の企業内キャリア形成では（**表4**および**表6**）、労働者のキャリア・アンカーと現実のキャリア形成との間には連関性が見られない。これは、第2節の分析からもわかるように、誰がいつどの職務を手がけるかの決定には、労働者自身の希望や意思よりも企業側の意思がより強く反映されていたことの結果であろう。一企業での長期雇用を暗黙の前提とした内部労働市場中心の雇用システムにおいては、労働者は雇用の安定と引き換えに、不本意な職務をも引き受ける妥協を受け入れてきた。そして、労働者たちは「自分の意思でキャリアを選択しないことで出世した」のである。

企業の多くが内部労働市場中心の雇用慣行を見直し始めた今、労働者は自分自身のキャリア・アンカーをより明確に認識した上で、積極的に企業に働きかけることが重要である。企業のなかにも、職種別採用を導入したり、勤務地域限定型の総合職を設けたりするところが増えてきており、働き方の選択肢もある程度は広がりつつある。キャリア・アンカーに適合したキャリアを実現するためには、シャインも主張しているように、とりわけキャリアの初期に「事前能動的な姿勢をとるべき」である。なぜなら、「自分のキャリア・アンカーへの洞察がなければ、個人も組織も互いの要求を調和させるためのよい基盤を持たず、中期・後期キャリアの諸問題が一層むずかしくなる可能性がある」からだ。また、以下で見るように、キャリア初期の職務内容はその後のキャリア形成に大きな影響を及ぼしている。

(2) キャリア初期の職務内容

第1節のキャリア類型化を通じた発見の1つは、「軸足」を持つタイプのキャリアでは、その軸足となる専門分野がキャリアの比較的初期に決定されていることだった。事務系の流転型ジェネラリストでは、最長在籍分野に到達するまでに10

年以上かかっているケースも見受けられたのに対して、軸足型ジェネラリストは最長でも3.5年で専門分野にたどり着いている。また、B社技術系のキャリアでは、1ケースを除くすべての事例で、最初の配属部署で担当した職務が主な専門畑となっていた。初期の職務分野の選択は、次のような側面に影響を及ぼすことから、キャリア形成において重要な鍵を握っている。

①職業能力の基礎

■A4(事務系・軸足型ジェネラリスト)：証券系研究所から転職し、A社ではまず3年半営業職務を経験。その後、海外事業畑へ転じて、現在は海外との取引の多い子会社の社長。最初の部署の職務経験が「1つの自分のなかの原点。当時の課長にいろんなことを教えてもらったことが大きいかなと思います」。

■A17(事務系・担当者型スペシャリスト)：入社後13年、事業管理部門のあらゆる仕事をひととおり経験し、セクレタリーを経て宣伝部に勤務。事業管理部門の経験は、「今までやってきたような仕事は自信満々でできちゃう」。それと同時に、そこで得た「ものの見方」がその後の基礎になっている。「これは損だ、得だとか、すぐ考えるようになってる。三つ子の魂百まで、みたいな感じで」。

②その後のキャリア形成への影響

■B6(技術系・軸足型ジェネラリスト)：最初に配属された課は、もっとも広範囲の生産技術を担当する部署だった。入社後すぐにこの部署で新工場の立ち上げに関わり、広汎な知識を得られたことが、その後の生産技術畑への定着(海外工場へも赴任)につながっていった。

■B1(技術系・専門転出型ジェネラリスト)：最初に配属された部門(歯車の設計)に15年在籍。その後関連部署に異動し、8年後に工場へ出向・転籍。「もし人生をやり直すとしたら」との問いに、「もう少しうまくやっただろうな」と答え、「もう少し広い視野を持って(会社ないし上司が)指導してくれていたら、と思うことはあるね。(最初の)部署が部署だったということもあるんだけどね」と述べている。

■A11(事務系・管理型スペシャリスト)：入社後、思ってもいなかった経理職務に配属され、その後の自己申告でも異動を希望したが、結局その道のスペシャリストになった。「今となればこの道のほうがよかったかもしれない」と思っている。

最初の2例が示しているように、初めに配属された部署での仕事経験は、何を問題だと考え、どこに目標を見出し、それをどのように解決・実現していくかという視点や価値観の土台になる。さらに、あとの3例では最初の職務経験がその後のキャリアを左右する要因になったことが指摘されている。担当分野が限定的、あるいは応用が利きにくい職務だったことで、不本意なキャリアになったと認識されている場合（B1）。逆に幅広く経験したことがのちの仕事に生かされた場合（B6）。そして、はからずも最初の職務に定着してしまった場合（A11）。いずれも「最初の一歩」がその後のキャリアに大きな影響を及ぼしたと認識されている。このことから考えても、自分の適性やキャリア・アンカーに適合した仕事に、なるべく早い時期に就くことが重要である。

(3) 職業能力の形成

　労働者自身が自らの意思や希望をキャリアに反映させるには、①自らの職業能力（に対する企業側の評価）を通じて、あるいは、②組織内の人的ネットワークを通じて実現させることが有効である。後者をヒューマン・スキル（人間関係を構築する能力）の一部とみなせば、いずれも広い意味での職業能力に含まれることになる。

　では、職業能力形成の面で、今後特に留意すべき点は何か。紙数の関係上、詳細な分析は省かざるをえないが、今回の調査で得られたのは、以下のような点である。第1に、広義の職業能力には性格・志向などを含んだ当人の資質が含まれ、自分の資質に適合した領域の職業能力を身につけることが重要である。第2に、必要とされる職業能力の職務ごとの差異（親近性）には大小があり（たとえば営業職務と経理職務では、必要になる職業能力は大きく異なる）、その点でなるべくつながりのあるキャリア形成を行うほうが、新たな職業能力を習得する負担が少なくてすむことである。そして第3に、前項で指摘したように、特にキャリア初期の職業能力形成はその後のキャリアへの影響力が大きいので、専門領域の形成を意識した職業能力習得をキャリア初期に行うことである。

　また、現実に雇用に結びつく能力（エンプロイアビリティ）とは何かについては、次のような指摘が目立った。まず「他社への転職を可能にする能力」では、担当職

特集　仕事と生きがい―持続可能な雇用社会に向けて

務における専門的な知識・技術(テクニカル・スキル)がもっとも重要になると考えられていた。それは実務経験のなかで習得された(頭や心や手が覚えている)技術、知識、手法、ものの見方であり、暗黙知を含む。また、事業の国際化が進むなかでは語学力が必須であるとの認識も強かった。これに対し、「現在の企業に雇われ続けるための能力」として指摘されたのは、円滑な人間関係を築ける能力などのヒューマン・スキルである。つまり、一定レベル以上のテクニカル・スキルがなければ転職は難しいが、ある企業に定着していくには会社や職場に溶け込み、組織が組織として力を発揮することに貢献できるかが重要なので、潤滑な職場運営に役立つヒューマン・スキルが重視される。なぜなら、企業から見て「余人に代えがたい」水準のテクニカル・スキルを保有している場合以外は、外部から転職希望者を見つけてくれば代替しうるからである。

　以上をまとめると、リストラ時代を生き延びるためのエンプロイアビリティになりうる能力の1つは、なんらかの専門領域において体得された、一定(スペシャリストだとみなされる)程度以上のテクニカル・スキルということになる。実務経験の過程で体化された専門知識・技術が他社への転職を可能にする最大のカギとなる。そして、もう1つはヒューマン・スキルである。それを活かして組織管理の側面で能力を発揮することが、ある企業での雇用が継続されるための力となる。

(4) インフォーマルな行動・能力を通じたアピール

　自らの意思や希望が反映された、働きがいのあるキャリアを実現するために労働者ができることは何か。今回の聞取り結果には、様々な日常の工夫や試み、抵抗が隠されていた。それは、働く者たちが仕事を自分の側へ引き寄せ、組織のなかに自分の居場所を確保するための主体的な働きかけである。ある40代後半の女性労働者(A13、技術系)は、次のように心情を表現している。「若い頃は適当にやってても目立つのよ。でもこの年になってくると、自分を売っていかないと生き残れないというのは、すごく思う」。本項では、そのような主体的アピールの諸事例を見ていこう。

①組織の階層、序列を超えた「直訴」
　■B2(技術系)：入社後ボディ設計を3年担当し、それに関連した実験部門へ異動。その8

年後に車両開発全般を司る製品企画部門へ異動するのだが、これは本人が部長に直訴して叶った結果である。2～3ヶ月間で3度、部長室を直接訪れ、最初の2回は断られたが食い下がり、「3回目に(部長が)折れた」。
■A6(事務系)：入社後すぐ担当した取引先は年間3億円以上を売る拠点店の1つで、経験の浅い彼には対処しきれないことが多かった。その後2年間小規模店を担当した頃、自分の所属する支店の店長に「(再び)拠点店を担当させてほしい」と直訴し、当支店の最大取引先を受け持つことになった。

この2例では、直属の上司を飛び越して部長や店長に直訴した結果、自分が望む仕事を手に入れている。公式ルート以外で積極的に自分の意思をアピールした事例であると言える。次に挙げる事例は、自分に直接割り当てられた職務だけでなく、周辺職務や関連職務を自ら手を伸ばし、影響力を行使した場合である。

②周辺職務への影響力の行使
■B14(事務系)：入社後15年目に生産技術部の人事担当に就き、部内1200人の人事(評価、昇進・昇格、異動)、教育に関する窓口の仕事を受け持つ。仕事に慣れてくると部長から意見を求められ、「私が見たのは、ある一面かもしれません」と申し添えながらも、自分の目から見た「評価」を伝えていた。その後新設部門に立ち上げから参加し、異動。このときには、準備会議に参加するまでの期間に、新組織の課題や方向性などに関する提案を自発的にまとめて提出している。
■B19(事務系)：高校卒業後入社し、工場や技術部、技術管理部などで一貫して庶務、労務を担当。係長昇格の1年後、55歳で赴任した技術管理部で、直属の課長に相談しながらも、人事部にさからって出張旅費の値上げを実施する(のちに人事部に始末書を提出している)。また、人事考課や昇進・昇格の部門間格差を改善するために新しい考課表を考案し、実際にそれは考課の調整会議で使われることになった。

両事例に共通するのは、自分の周囲にいる上司や同僚、部下の要望を汲んで働こうとし、公式の担当職務より広い範囲の仕事や職権を超えた仕事にまで手を伸ばしていることである。日本企業では概して個人別の職務割当てが不明確で、職務と職務の隙間を埋めるようなフレキシブルな働き方が評価されてきた。職位の

95

特集　仕事と生きがい―持続可能な雇用社会に向けて

昇格がなくても「少し上」「少し先」の仕事を自発的に行うことが可能であり、それは、仕事をよりやりがいのあるものに変え、自分の存在をアピールする手段にもなりえたのである。さらに、次に挙げるのは、本来の割当て職務とは直接関連しないスキルで自分をアピールした例である。

③人から頼られる特技という突破口
- ■B10（事務系）：高校卒業後自衛隊で文書係、人事係などを務め、16年後に除隊。B社入社後の主な職務は寮やスポーツ施設などの管理。彼の自己評価では、会社時代にもっとも評価されていた能力は「毛筆」の上手さである。会社が出す年賀状や感謝状、表彰状の作成は本来庶務課の仕事だが、それでは間に合わないので、彼に仕事がよく依頼された。上司の年賀状も「1500枚ぐらい書いてた」という。
- ■B18（事務系）：高卒で入社し、庶務、部品管理、原価係、QCサークル事務局などを務める。「技術屋のような事務屋」だという彼のキャリアを切り拓いたのは、コンピュータプログラムの開発能力である。工務部事務課に在籍していた45歳の頃、本格的に独学で勉強を始め、社員に対する情報教育の講師を務めるまでになった。54歳で出向・転籍した関連会社では、「世界が違う」分野で自分が貢献できないことに悩むが、現場の課長に相談されたコンピュータプログラムを改善したことで、苦境を乗り切る。「現場が喜んでくれて、現場と仲良しになって。それで気心が知れて。だから、なんか特技があると、そういう突破口ができる」。

　前者の場合、本来の担当業務に「毛筆」の腕は必要ではない。後者の場合、コンピュータを扱える能力は担当職務にも生かされてきたが、彼はプログラムまで組める力を自発的に身につけることで、周囲から頼られる存在になった。このように、なんらかの特定分野で特技を持っておくことが、組織内の居場所を見つける突破口になる可能性がある。
　以上、3つの側面から、自らのキャリアに影響を及ぼしてきた労働者の主体的な働きかけの事例を見てきた。いずれにも共通することは、組織内の公式の（フォーマルな）役割やルートを少し離れた「インフォーマルな影響力」を行使することで、自分が働きやすい環境を作り出したり、手に入れたい仕事を獲得したりしていることである。特に組織上のフォーマルなパワーに欠ける者（たとえば低

い職位にある者や経験の浅い若年層など)にとっては、インフォーマルな影響力を行使することが、キャリアの自律的な展開に結びつく現実的戦略になりうるのではないかと考えられる。

(5) 企業に求められること

　本節では今後のキャリア形成に関して、労働者自身が留意すべきことを中心に論じてきた。最後に、企業側に求められる姿勢について述べていきたい。本稿の冒頭で触れたように、近年、労働者自身のエンプロイアビリティの重要性が強調されるようになってきた。しかし、筆者は、労働者の自助努力や自己責任を過度に強調するエンプロイアビリティ論議に強い違和感と抵抗感を抱いている。働く者たちが自らの職業生活を主体的に設計し、その実現に向けて努力する必要があることは否定しない。しかし、だからといって、企業が長期の雇用保障や労働者の職業能力育成に関わる責任を放棄してよいわけではない。そのような企業の姿勢は「キャリアに対する責任を社員に転嫁する」、悪しき「エンプロイアビリティ主義」[17]と見るべきである。従業員に対して安定した雇用、生活しうる賃金水準と教育訓練の機会を提供するように努めることは、企業が果たすべき重大な社会的責任の1つであると考える。

　特に気になるのは、「保障・安定」アンカーや「共生・協働」アンカーなど、特定の地域や職場への「定着」を強く志向するキャリア・アンカーの根強い存在が軽視されていることである。給料がさほど高くはなくても、住み慣れた地域で家族とともにゆっくり暮らしたい。あるいは、なじみの仲間たちと仲良く、楽しく毎日働きたい。そう願う労働者たちも数多く存在している。彼らは「より高い地位」や「より高い給料」よりも「長期的に安定した雇用」を望んでいるのであり、これらの者までも巻き込んで、雇用をめぐるサバイバル競争に駆りたてるべきではない。企業は今後、労働者自身のキャリア・アンカーに配慮し、「働きがいのある仕事」というかたちで労働者に報酬を与えるべきである。

　最後に、現在進行しつつある「雇用形態の多様化」の過程では、多様化というよりも「二極化」が進展しており、とりわけ正社員と非正社員の格差は、労働時間、賃金、仕事のやりがいなどの様々な側面で拡大していると考えられる。[18]非正規(非典型)雇用者はますます増えており、女性雇用者ではすでに半数を超えるに至っ

特集　仕事と生きがい—持続可能な雇用社会に向けて

た。雇用の多様化は、単に企業にとって都合のいい多様化ではなく、労働者自身が実質的に選択できる制度を目指すことが必要である。したがって、雇用形態間の様々な格差を是正し、その転換権を労働者に保障することが、今後の雇用政策における重要な課題である。労働者が多様なキャリア・アンカーに即して働きがいのあるキャリアを自律的に選びうるためには、選びたいような働き方の選択肢が存在することが大前提だからである。

〔注〕
(1) たとえば、労働省、1998；日本経営者団体連盟、1995；同、1998などを参照。
(2) 労働者のエンプロイアビリティ向上を雇用政策の柱に盛り込んだEUの雇用政策指針「1998年版ガイドライン」などでの文脈は、これとは異なり、労働者のエンプロイアビリティ向上への公的支援を政策課題として位置づけている。濱口、2002、13-14頁参照。
(3) ドーア、2005、12頁を参照。
(4) 近年の厳しい雇用環境のなかで、若年労働者の仕事のやりがい感が増しているか否かについては、電機連合総合研究センターが20代・30代の組合員を対象に2002～03年に実施した調査（有効回答数5739人）がある。この3年間の仕事変化について、「仕事のやりがいが高まった」と回答したのは、全体の33.4％である。「仕事の量が増加した」(68.5％)、「仕事がきつくなった」(61.6％)、「仕事の範囲が広がった」(79.0％)という回答への支持は軒並み高く、「仕事の意味や使命感は高まった」と回答した者は59.1％いたが、「仕事のやりがいが高まった」者は33.4％に留まった（電機連合総合研究センター、2004参照）。
(5) 日本経営者団体連盟、1995、32-33頁。
(6) 販売系はA社の3人しか該当しないので、類型化から除外した。また、勤続年数10年未満の3ケース（A7、A8、A9）は分類が困難と判断したので、類型化の対象からは除外している。
(7) 佐野・川喜多、1993は、上場企業約500社のホワイトカラー労働者に対する調査で、「経理・財務、営業（ライン・スタッフを含む）、製品開発・設計、生産技術などは同系統の職場を中心に育成するものが多い」（同、24頁）ことを発見している。
(8) トヨタの新人事制度では2部門以上の職務経験を昇格要件と定めており、その場合には軸足分野が1つの「(逆) T字」型ではなく2つの軸足を持つ「π［パイ］字」型キャリアになる。トヨタ自動車人事部、1989を参照。
(9) この点については、アメリカにおける長期雇用の崩壊を論じたピーター・キャペリ『雇用の未来』が紹介する諸事例が参考になる。たとえば、長期雇用慣行で有名だったIBMでも、今では「すべての管理者に対して、ファイナンスやマーケティングなど特定の機能分野のスキル開発に精を出し、市場で明確にされている分野のなかから自分の職業上のアイデンティティーを見出すように奨励して」おり、「キャリアパスを選択することなく、ゼネラル・マネージャーの地位まで上りつめることができた時代は幕を閉

じた」(キャペリ、2001、119頁)。
(10)　トヨタ自動車人事部、1989、12頁。
(11)　村上他、1996、30-32頁。
(12)　シャイン、1991、87頁。
(13)　同上、146、148頁。
(14)　同上、142～187頁。
(15)　キャペリ、2001、114頁。
(16)　シャイン、288頁。
(17)　キャペリ、2001、16頁。
(18)　ドーア、2005参照。

〔引用・参考文献〕
ピーター・キャペリ(若山由美訳)、2001、『雇用の未来』日本経済新聞社。
櫻井純理、2001、「ホワイトカラー労働者の職業経歴と職業能力形成の実態—アパレルメーカーA社の事例」『立命館産業社会論集』第37巻第3号、51-73頁。
櫻井純理、2002、『何がサラリーマンを駆りたてるのか』学文社。
佐野陽子・川喜多喬、1993、『ホワイトカラーのキャリア管理—上場500社調査による—』中央経済社。
エドガー・シャイン(二村敏子・三善勝代訳)、1991、『キャリア・ダイナミクス』白桃書房。
辻勝次、2004、「トヨタマンのキャリア・アンカーと職業生涯—幸運世代のライフストーリー分析—」『立命館産業社会論集』第39巻第4号、1-22頁。
電気連合総合研究センター、2004、『若年層における仕事への意欲とキャリアに関する調査』(電機総研研究報告書シリーズNo.6)。
トヨタ自動車人事部、1989、『新組織および新人事制度』。
ロナルド・ドーア(石塚雅彦訳)、2005、『働くということ』中公新書。
日本経営者団体連盟、1995、『新時代の「日本的経営」』。
日本経営者団体連盟、1998、「労働問題研究委員会報告」『労働経済旬報』第1600号。
濱口桂一郎、2002、「EUの『企業リストラの社会的側面』」『世界の労働』第52巻第3号(2002年3月号)、12-18頁。
村上文司他、1996、『巨大企業体制の地方分散に関する実証的研究—トヨタの北海道進出を中心に』。
労働省、1998、『平成10年版　労働白書』。
厚生労働省、2002、「『キャリア形成を支援する労働市場政策研究会』報告書について」
労働政策研究・研修機構、2004、「『教育訓練とキャリア相談に関する調査』結果」
Katz, Robert L. ,1974, "Skills of an effective administrator," *Harvard Business Review* (September 1974).

年齢差別と高年齢者雇用

高木　朋代
(敬愛大学)

1. はじめに

　最初の団塊世代（1947年生まれ）が60歳を迎える2007年を前に、高年齢者の雇用問題が重要な社会問題となっている。また今後は日本の人口そのものが減り続け、少子化ゆえに2010年には、日本人のおおよそ3人に1人が60歳以上になると推計されている。このような急速な人口の少子高齢化とこれに伴う年金財政の危機から、2004年6月には高年齢者雇用安定法が改正され（平成16年法律第103号）、2006年4月から少なくとも年金の定額部分支給開始年齢（現時点では62歳、その後段階的に65歳）までの雇用確保を義務とする法的規制が設けられた。そのため各企業においても60歳代前半層の雇用に関する具体的な促進策が求められている。

　しかし高年齢者雇用の促進は、単に労働力の有効活用、あるいは年金財政危機の回避といった、産業社会における経済合理性の観点からのみ重要なのではない。高年齢者雇用の問題が持つもう一つの側面は、ある年齢を境に職業からの引退を取り決める現在の制度慣行によって、「高年齢者は年金などの社会保障を受けて生活する隠居者である」という認識が、人々の心の中に潜在していることにある。しかし「高年齢者＝社会的弱者」と見なす画一的なものの見方、いわゆるエイジズム（ageism, 年齢に基づく差別的制度とその実践）がどのようにして生じたのかについては、これまであまり論じられてこなかった感がある。本稿の前半では、このエイジズム発生の経緯を確認していく。

　そして後半では、年齢を基準としないエイジフリー社会の実現に向けて求められる視点を、高年齢者のキャリア分析を通じて考察する。今日まで連綿と受け継がれてきたエイジズムを打破する一つの方法は、職業労働に励む生きいきした高

特集　仕事と生きがい―持続可能な雇用社会に向けて

年齢者の姿が実社会の中に示されていくことであろう。無論、年金給付によって生活していくことは、保険料を長きにわたって納めてきた人々にとって当然の権利である。しかし特に日本においては、60歳以降も働きたいと考える多くの人々がおり、人々の価値観も多様化している。

　ある年齢で一律に雇用関係を打ち切る管理退職（administrative retirementあるいはmandatory retirement）がなくなることは、自由で公正な社会のあるべき姿であり、年齢を基準としない雇用関係が構築されることが望ましいとする考えは、倫理的観点からも、また経済社会の活力の面から考えても受け入れられる見方である。しかし一方で、企業が経済組織である以上、年齢に係わりなく雇用され続けるためには、働く個人が高齢期においても企業から必要とされるような雇用される能力（employability，エンプロイアビリティ）を身に付けていることが前提となることも、自由で公正な社会のあるべき姿といえよう。

　この「エンプロイアビリティ」という概念は、1990年代後半から2000年初頭にかけて、日経連を中心に多用されてきた言葉である。[1]厳しい経済情勢を背景に、各企業は「雇用保障」の考えをこれまでのように雇用政策の柱とできないことから、これに代わるものとして、雇用され続ける能力の向上、あるいは他社でも通用する能力を自ら習得しておくことが重要であると一斉に唱え始めた。だがこうした言葉は、おおむね人件費が高く、従業員の構成比においても増大化しつつあった中高年従業員に向けられていたといえよう。時を同じくして雇用される能力の重要性とともに、「自律的キャリア」や「労働市場の流動化」という言葉も頻繁に目や耳にするようになり、これを是とする考えが、しばらくの間、人事労務の現場で支持されていたことも事実である。

　確かにエンプロイアビリティの向上は、従前の企業で働き続けるのか、他社に移動するかにかかわらず、企業の経営管理において、また働く個人にとっても大切であるといえる。しかしそもそも労使双方において重要と目されるこの「雇用される能力」は、どのようにして獲得されるのだろうか。本稿は、年齢に係わりなく経済的基盤を自らの力で築き続ける、主体的で活動的な高年齢者達のキャリア特性を明らかにし、エイジフリー社会の実現に向けて求められる視点を、企業の人的資源管理の観点から検討していく。

2. エイジズムの起源

(1) 前近代における高年齢者観

　高年齢者は社会的弱者であるとする概念は、いつ頃から形成されたのだろうか。各時代において高年齢者がどのような位相を占めていたかを、エイジング (ageing, 加齢) に関わる諸研究に基づき見ていくと、「高年齢者＝守られるべき社会的弱者」とする画一的な概念は、前近代にはなかったものと考えられる。

　Atchley (1976) によれば、最も初期の社会では、人々の生活は苦しく、食物、衣服、住居などの余剰は滅多になかったため、生産的機能が果たせなくなった老齢者は生きていくことさえ許されなかった。しかしその後、農業社会の段階に入り、経済的剰余の発生と土地所有の概念が、一部の老齢者が生産的機能を果たせなくなった後も生きていくことを可能にさせた。具体的にはまず、経済的剰余の発生により、その剰余を基礎的生産の維持以外に使うことが許されるようになった。そして、農業社会では土地に対する財産権が発生することから、この財産権を持つ者が、老齢期においても土地と土地の使用に対する支配権を維持しながら、実質的責任は息子らに肩代わりさせつつ、自らは肉体的に過酷ではない労働、例えば顧問や監督といった役割に移行し、生を繋ぐことが可能となった。また一方では、このような老齢者の一部は、超自然界に影響力を働かせる長老という宗教的役割を担うことで、農業社会では力を維持していたという。一方それ以外の人々、すなわち財産権を持たない人々はどうであったかといえば、老齢になろうとも過酷な労働を免れ得ない。したがって長生きをすることは稀であり、長生きしたとしても家族や裕福な地域社会の善意に養護される機会を得られた少数を残し、それ以外は遺棄等によりほぼ死んだとされる。

　つまり前近代の西洋社会においては、老齢に達するまで生きられた人は、基本的には経済的上流層の出身者であった。そして老齢まで生き延びた者は、長老や顧問、監督といった名誉職に就くに相応しい事実上のエリートと見なされていた。すなわちこの時代の老齢者は、威信を保ち続け、畏敬の存在とされていた。

　それでは初期の日本社会ではどうであったか。野口 (2000) によれば、日本のみならず東アジアに広がる前近代の風習として、老人捨て (姥捨て) があったという。しかしその一方で、奈良・平安時代の『律令』には、既に官僚や軍人の致士 (定年退

特集　仕事と生きがい―持続可能な雇用社会に向けて

職）は70歳と60歳であったという記述が残されており、さらには80歳以上の老人扶助の制度が定められていたという。この時代に老齢まで生きることができたのは、やはり一部の上層階級であったことは間違いないが、しかし貧困地域の老齢者を除き、老齢まで生き延びた人々は基本的には国による扶助を受け、儒教道徳に基づき尊敬され、畏敬の念を持たれていたと考えられる。

　さらに鎌倉時代や室町時代の書物によれば、還暦となる60歳で出家する人が多かったこと、また村の寄合や逃散・一揆に参加できるのは60歳までと定められていることから、61歳以上の老齢者は社会の周縁的存在とされていたことがうかがえる。しかし同時に、世俗の秩序の拘束から開放される代わりに、老齢者は共同体社会の世話役・調停者の役割を期待され、知恵を子供たちに伝授伝達する教育機能を担っていた。また神祭りにおいては、最高の位置につき、聖なる側面を持つ神に近い存在として畏敬の対象とされていた。

　無論この時代においても、老齢期まで生き延びる者は多くはなかったと考えられる。しかし南北朝期以降は、飛躍的な生産力の向上による余剰の増加により、老齢者の数も増え始め、それと同時に近世社会の村落共同体の多くが、老齢者の扶養を保障するようになっていった。またこの頃の武士社会においては、能力と体力のある者は、老齢になろうとも家父長権を前提として強大な権力を持ち続け、現役を貫いていたとされる。さらには江戸時代の『武家諸法度』によれば、この時代に老人の観念は60歳から50歳に引き下げられ、しかし同時に、出仕可能なものは引退の必要はなく、隠居の法定年齢は70歳とされており、経済の安定を背景に緩やかな法が施行されていたことが記されている。[3]

　以上をまとめると、東西を問わず、前近代において老齢を迎えることができたのは、おおよそ一部の上層階級出身者であったこと、また経済的剰余の発生により共同体社会に扶養される存在となる場合でも、高年齢者を畏敬しようという心性が社会の中にあったと考えられる。こうした前近代における高年齢者像をまとめると、3つのタイプが存在していたといえよう。第1は、財産権や家父長権を前提に権力を持ち続けた人々、第2は、長老など宗教的役割により畏敬の対象となり得た人々、第3は、共同体社会に扶養されながらも年齢能力に見合った役割（世話役、経験、知識の伝達者、教育係）を果たした人々である。つまり前近代では、「高年齢者=社会的弱者」と一律で見なす考えは、一般化されてはいなかったと推

測できる。

(2) 工業社会の到来：社会保障システムの形成と退職慣行の出現

　しかし19世紀の工業化社会においてもたらされた経済的剰余の増加、経営と所有の分離、科学的進歩によって、この高年齢者像は変化する。19世紀を工業化の時代とするならば、それ以前の社会は前工業社会時代ということができる。前工業社会では、老齢に達することができるのは一部の人々であった。しかし工業化は経済的剰余の飛躍的な増加と衛生システムの改善をもたらした。これは死亡率を大幅に減らすことに繋がり、結果としてこの時代には人口の大部分が老齢を迎えることができるようになった。老齢者にとって、もはや生産機能を担えずとも、その後も生きていくことが当然のこととなり、そのことを社会は受け入れ始めたということができる。しかし大量の高年齢者を支える仕組みが、社会に必要となったことも事実である。

　科学的進歩に裏付けられた工業社会の中では、効率化や画一化が最大の価値となる。前出Atchley（1976）によれば、そのような価値観の中で、労働者はもはやシステム全体の中の、合理的に標準化された、相互に代替可能な歯車に過ぎないという考え方が生み出されたという。こうした社会組織の変化の中で、多くの人にとって仕事そのものが工程の一断片に過ぎなくなり、収入を得る方法として追求される生活の一要素に過ぎない存在となっていった。この時代に、天職（vocation）もしくは技能（craft）等といった使命感を含んで表現された仕事は、その代わりに職務(job)、職業(occupation)といった言葉で表現されるようになったのはその現われであるとAtchleyは指摘する。しかし資本主義経済は、大量の無職の成人を養い得るほどの生産力を備えたことは事実であった。人々は罪の意識なしに勝ち得た「権利」として、生活するための一要素でしかない職務や職業から引退し、その後の生活を社会に擁護されることで生を繋ぐことができるようになった。この社会に養護・扶助される仕組みが、いわゆる年金をはじめとする社会保障制度である。

　Macnicol（1998）によると、福祉国家としての礎である老齢年金制度は、19世紀末の大不況下のイギリスで、高齢労働者の貧困が社会問題となり、それに対処する救済策として登場したとされる。これは社会が認めた「最小勤務年数」を勤め上げ、「今後生きている限り年金給付を受け取れるだけの経済的剰余を生み出した」

特集　仕事と生きがい―持続可能な雇用社会に向けて

と認定されるならば、誰もがこの剰余の分与に与かることができる仕組みである。「老齢年金の給付＝仕事からの引退」という慣行は、「産業のベテランから名誉ある引退へ」というイメージをまといながら、国家および労働組合もこれを奨励する中で、労働者の目指すべき目標となった。なお仕事から引退する時期、すなわち退職年齢は、社会保障退職年金の受け取りを、人々はどれくらい先まで据え置くことを許容するのかという「推測」を基礎として設定されたとされる。

　以上をまとめると、老齢になったからといって生産社会から遺棄されることなく、生を繋ぐことができるシステムであり、工業社会の喜ぶべき帰結、それが社会保障制度と退職慣行であったということができる。そして社会保障給付と連動することから、当初は社会様式であったはずの退職慣行も、いずれ制度として定着するに至った。

(3) エイジズムはどのようにして生まれたのか

　前工業社会では、確かに高年齢者には威信があった。そもそも老齢に達するまで生き延びることのできた人は多くはなかったが、少なくとも生き延びた高年齢者は社会的弱者という一律的存在とは見なされてはいなかった。しかし工業社会ではこの高年齢者観に変化がもたらされることとなる。

　先に述べたように、工業化は経済的剰余の飛躍的な増加をもたらし、医学の発展、衛生状態の改善も相まって死亡率を大幅に低下させ、多くの人が老齢を迎えることを可能にした。そのために前工業社会では、老齢者は長老や顧問、監督といった名誉職に就くに相応しい事実上のエリートと見なされていたが、工業社会ではあらゆる階層の人々が長生きをし、大量に高齢化するために、もはやエリートとは見なされなくなった。皮肉なことであるが、多くの人が生き延びることができるようになったという社会的進歩が、高年齢者の希少性を失わせることになった。

　さらに工業社会における科学的進歩は、人々の超自然に対する考え方も変えさせた。これにより高年齢者の長老といった宗教的役割は自然に失われていった。それに加え、資本主義社会の特徴である所有と経営の分離は、財産権に基づく高年齢者の威信をも失わせた。また生産の大規模化、所有と経営の分離により、大企業体や金融機関が産業社会の中心となり、多くの労働者が企業に雇われて働く

雇用労働者となるにつれ、財産権自体も多くが喪失されるに至った。
　また効率化や画一化を最大の価値とする工業社会の中では、高年齢者の経験や知恵は否定されるべきものとして位置づけられる傾向が強められた。結果として、ほぼ一括してあらゆる面において、高年齢者の威信は次第に失われ、畏敬しようという心性も社会の中から失われていった。代わりに、高年齢者は社会保障によって守られる「社会の依存者」であるという認識が、人々の意識の中で強調され始めたと考えられる。

　　資本主義社会の発展の中で、高齢者は年金制度の充実とともに労働市場から排除され、社会や国家の「厄介物」となる。(Vincent, 1995（安川訳〔2002〕))

　つまりこの時代に高年齢者観にもたらされた変化とは、第1に高年齢者の希少性、権威の低下、第2に宗教的役割の喪失、第3に経験、知識の否定である。もはやこの時代には、かつての高年齢者の威信はほぼ完全に失われていった。
　工業社会の喜ぶべき帰結である社会保障制度と退職制度の恩恵を受けることは、当初は労働者にとって、既に「収入を得る方法として追求される生活の一要素に過ぎない」仕事に長きにわたり従事した先にある、勝ち得た「権利」であり、名誉な出来事であった。しかしこうした社会保障制度が進展する資本主義経済システムの中で、高齢であるということから労働の現場から引退し、弱者として保護され庇護されるという高年齢者のライフコースが人々のイメージとして定型化し、徐々に悲観的な高年齢者観が形成されていったと考えられる。そこからさらに、高年齢者は無能で、効率の悪い、国家の厄介者というスティグマ (stigma) を付与されることとなる。保護が差別の根拠となり、エイジズムが成立した経緯を、安川(2002)は次のようにまとめている。

　　……社会的「弱者」としての高齢者像が、……エイジズムを生み出す。……「年齢」を理由に社会的労働から排除されるシステムが「福祉国家」とともに整備された。高齢者が生物的な「老い」を理由に、労働市場から排除され、「二流市民」とされる。(安川, 2002)

特集　仕事と生きがい――持続可能な雇用社会に向けて

　さらには、このような高年齢者差別が現在においても継承され、正当化された背景には、実は医学や社会福祉分野での高年齢者研究の厚い蓄積も関与している（Chudacoff, 1989）。人口の高齢化が認識され始めた1980年代初めに、年金や医療費の現役負担の増加、年金財政の危機を問題視する中で、医学分野や社会福祉分野において加齢現象を理解しようとする老年学（Gerontology）が盛んとなり、病気や障害と結びついた高年齢者の状況を報告する研究がこの時期に多く発表された（Jatte, 1995）。この時期の一連の研究により、高年齢者はうつ病や痴呆や分裂症を持ち、骨折や関節炎を患い、また呼吸異常、排尿・排泄の障害といった心身障害や慢性病を抱え、よって医療やヘルスケアを受けるべき対象者であるというイメージが強化されたと考えられる。

　かくして「高年齢者＝守られるべき社会的弱者」という概念は、今ではまるで初めからそうであったかのように、一般的な高年齢者観として定着するに至った。しかしこのようにエイジズム発生の起源を見ていくと、現代の画一的な高年齢者観は、長い人類史の中で、19世紀末からの現在に至る僅か1世紀の間に作り出された、一時代の社会的位相にすぎないことがわかる[5]。

3. プロダクティブ・エイジングへの着目

(1) プロダクティブ・エイジング論の登場

　だがこうして形成されたエイジズムが社会的批判の対象となり始めたのも、老年学の発展と同時期の1980年代のことであった。本来、当該高年齢者が職務および職業に長きにわたって従事した後に、年金給付を受けて生活していくことは、当然の権利といえる。しかしそれ以上に、周囲から「厄介者」「二流市民」扱いされる苦渋が、「退職者＝年金受給者」の中にはあったと思われる。もはやエイジズムは国際社会の三大差別のひとつと認識され、レイシズムやセクシズム（人種や性別に基づく差別的制度とその実践）と同様に、人権保障の問題として浮上するに至った。

　まず1982年、国連において「高齢化に関する世界会議」が開催され、高齢者の生活や権利の保障の問題が議論された。高年齢者の権利の問題が具体的に国際会議上で議論されるようになった背景には、人口高齢化の認識と財政上の危機感があったことは確かであった。すなわち高年齢者比率の増加に伴い、老年学が進展

し、「高年齢者＝守られるべき弱者」像が強化される一方で、同じ文脈の下で、年金や医療費の現役負担の増加や年金財政の危機が問題視され始め、社会保障費用の負担を軽減すべく、高年齢者の自立を提唱する議論が行われたということができる。

そして高年齢者の生活と権利に関する議論が交錯する中、高年齢者の労働権を主張する議論が現われた。その代表がButler & Gleason（1985）による「プロダクティブ・エイジング(productive ageing, 生産活動に参加しながらの加齢)」論である。人は加齢とともに、確かに心身障害や慢性病の問題を抱えることになるかもしれない。しかし全ての高年齢者に一斉にそのような症状が表れるわけではない。高齢社会においては社会、経済のあり方は大きな変革を迎えるのであり、その新たな社会構造の中で、高年齢者は行動的で職業労働等に励む生産的な存在となるべきである、と彼らは提唱した。

この議論は、加齢現象を研究してきた老年医学の大家であるButlerらが、高年齢者の心身問題を理解した上で、健康で成功した高年齢者像（successful ageing）をつくる必要性と可能性を提起した点で意義深いものがある。高年齢者それぞれは、自由な個人として、これからの自分の人生をどのように生きるのかを決める自己決定権を持つべきである。この権利を行使すべく、その選択権が社会に用意されている必要がある。Butlerらは、高年齢者は保護され、援助されるばかりではなく、生産活動に参加し続けるための労働権を奪回する必要があるとし、依存的な高年齢者像を打破するのはこの一点であると主張した。[6]

このような「高年齢者の労働権の奪回」という強い主張が、既に1967年に「雇用における年齢差別禁止法（Age Discrimination in Employment Act；ADEA）」が制定されていたアメリカにおいて展開されたことは、注目すべきことである。なぜならば、法的にエイジズムの禁止が制定されたとしても、人々の心の中にある年齢差別の意識は消えることはなかったことを示しているのであり、プロダクティブ・エイジング論の出現は、1980年代のアメリカには未だエイジズムの風潮が根強く残っていたことの裏付けに他ならないからである。こうした状況は、後に「2000/78/EC指令（雇用や職業における年齢差別等を原則禁止とするための一般的枠組みを設定する指令）」が採択されたEC諸国においても同様であったといえよう。すなわちこれらの出来事は、職業労働に励む生産的な高年齢者の姿が、実際

に社会の中で示されるのでなければ、高年齢者差別は無くならないのだということを示唆している。

(2) エイジズムの打破：働いて自立する高年齢者像を求めて

以上、高年齢者観の変遷とエイジズム発生の経緯を歴史をさかのぼって見てきたが、これをまとめると図1のようになろう。前近代においては、高年齢者は社会のあらゆる側面で役割を果たし、威信を持ち、畏敬の対象であった。しかし工業化とともに経済的剰余の増加、経営と所有の分離、科学的進歩が生じ、この高年齢者像は変化していった。またこの時代に高年齢者の生活を保障する年金、社会保障システムが形成され、同時に退職慣行が制度化された。そうした流れの中で、現在の「高年齢者＝社会的弱者」の概念が定着したと考えられる。しかし人口高齢化問題や、年金財政の逼迫、人権保障の問題を社会が抱えるにつれ、「働いて自立する高年齢者」となることの必要性と可能性の議論が起き始めた。そしてエイジズムを打破するためにも、「高年齢者＝守られるべき社会的弱者」とする高年齢者観から、「プロダクティブ・エイジング」の可能性に目を向けることの必要が、国際会議上でも議論されるようになった。

その後、1991年には「高齢者のための国連原則」が決議された。ここで強調されたことは高年齢者の自立であり、職業生活を維持する権利が確保されることの重要性が、アメリカやEU諸国等において共通の認識であることが確認された。高年齢者の自立原則としてうたわれたのは、収入を得る仕事に参加する機会が与えられること、そのための職業訓練の機会が与えられること、退職時期の決定に参加できるようにすることであった。

しかし21世紀を迎えた今も、「高年齢者＝守られるべき社会的弱者」という概念が根強く残る中で、国連原則が想定している、経済的基盤を自助努力によって確保する強い高年齢者観、すなわちButlerらが提唱する「プロダクティブ・エイジング」という新たな高年齢者観が、真に現代の高年齢者像として位置づけられるか否かは、現状を見る限り、未だ明らかではないといわねばならないだろう。高年齢者の自立や労働権確保の問題は、アメリカやEU諸国そして日本でも依然として社会問題として提起されている。そしてエイジズムは今も消えてはいない。これまでエイジング研究は社会福祉論や老年学分野でのメインストリームであり、

年齢差別と高年齢者雇用

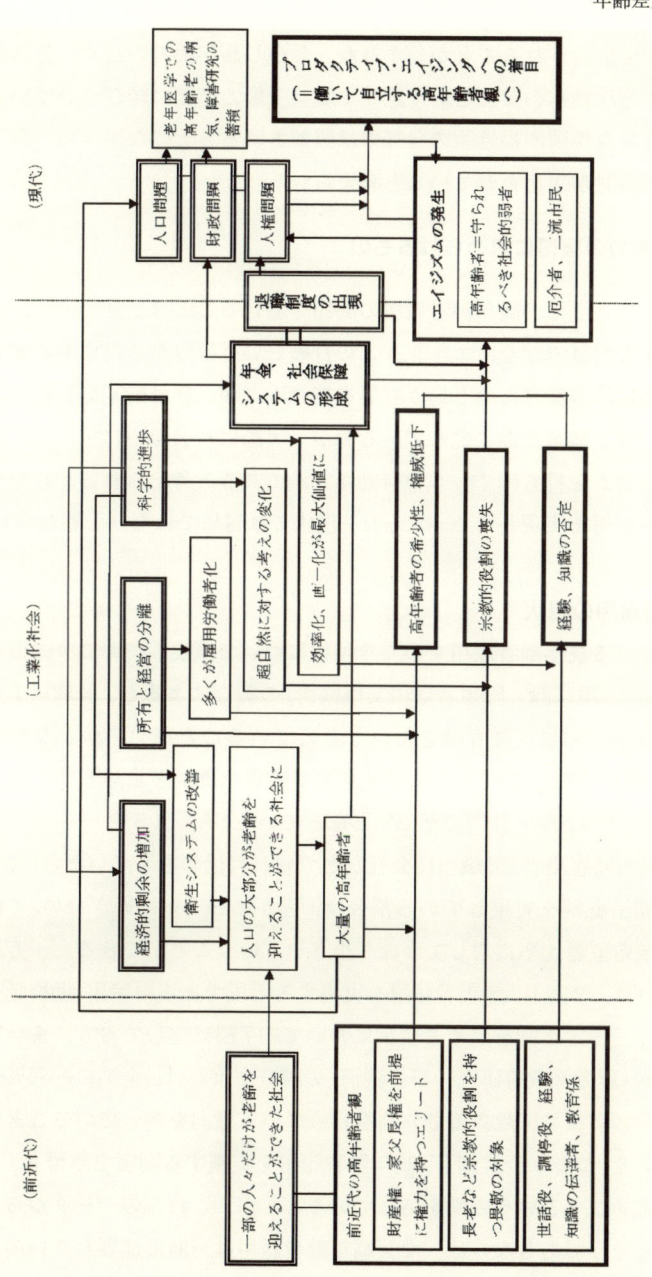

図1 高年齢者観の変遷とエイジズムの発生

特集　仕事と生きがい―持続可能な雇用社会に向けて

その枠組みの中で議論されることが多かった。しかし高年齢者の自立、労働権確保の問題が、生産活動への参加という意味で職業労働と密接に結びついている以上、この問題は社会保障や福祉論の分野では照射されることのなかった、新たな分析視角からの検討が求められていると考えられる。

4. 雇用される能力の獲得に求められるもの

上記で見てきたように、高年齢者雇用の問題を論じることは、社会の活力の維持という側面からだけでなく、エイジズムの打破という観点から見ても重要と考えられる。60歳以降も働きたいという意思を持つ人々が、経済的基盤を自らの力で築き、生きいきと職業労働に励んでいる姿が、実際に社会の中に示されていくことが、エイジズムを打ち砕く一つの有効な方法であると考えられる。しかし実際に高年齢者の雇用を実現していくことは、現状では容易ではないと察せられる。

(1) 高年齢者雇用の現状

まず日本における高年齢者雇用をめぐる現状について概観しておこう。旧高年齢者雇用開発協会(現高齢・障害者雇用支援機構)の調査によると、55歳以上労働者のうち76.5％が、60歳以降も働きたいと考えていることが明らかとなっている[7]。そして就業希望を持つ者のうち、従来企業での雇用継続を求める割合は、事務・技術部門で74.9％、現業部門で85.2％となっている[8]。

しかし、55歳当時雇用者(55歳当時会社などで雇われ仕事をしていた者)で、実際に定年後も雇用継続を実現している割合は、僅かに29.1％に過ぎない[9]。この数値は、先の就業希望者比率に対してかなり小さいということができる。一方雇用管理調査によれば、事実上、定年者雇用を実現する手段である再雇用・勤務延長制度の設置率は、一律定年制を定める企業において約7割に達しており、また旧日本労働研究機構(現労働政策研究・研修機構)の調査によれば、企業の約85％が自社での雇用継続によって60歳以降の雇用を行っていく意向を持っていることが明らかとなっている[10]。つまり企業側も、高年齢者雇用を実施する制度を整備し、社会的要請に応じていこうという姿勢を持っていることが、これらのデータからうかがえる。しかしそうであるならば、なぜ高年齢者雇用は一向に進展しないのであろうか。

112

そこで、高年齢者雇用に関する企業の考えを見てみると、多くの企業が雇用する際に最も重視する要件として、職務能力を挙げていることがわかる。雇用管理調査によると、企業が再雇用制度を適用する場合に、79.0％が能力を基準にするとしており、勤務延長の場合でも、この数値は72.5％となっている[11]。そして約7割の企業が、会社が定めた基準に基づく選別型の雇用継続を行っている[12]。

　つまり、働き続けたいという意欲を貫き、年齢に係わりなく雇用され続けるためには、企業から必要とされるような能力、すなわち雇用される能力を持っていることが重要と考えられる。おそらくは高齢期の労働が、温情による雇用ではなく、真に本人が持つ雇用される能力ゆえに実現されるのでなければ、人々の心の中にある年齢差別の意識はなくならないであろう。それでは、どのようにしてその能力は獲得されるのであろうか。この疑問を明らかにするために、ここでは、60歳以降の雇用継続を実現している高年齢者のキャリア分析を通じて、エイジフリー社会の実現に向けて求められる視点を、企業の人的資源管理の観点から考察する。

(2) 雇用継続者のキャリアに関する定量的特徴
1) 雇用される人の能力とキャリア

　人々の持つ能力そのものを計測することはきわめて難しいといえる。それは、人の頭や身体や動作の中に内在するものであり、言語化する場合にも数値化する場合にも、信頼性や妥当性の欠如の問題から免れることはできない。しかし、企業にとってどのような能力が有益とされているのか、この点を考察したいくつかの研究がある。

　Katz（1955）によれば、それはコンセプチュアル・スキル（Conceptual skill）であるという。これは、「複雑な事象の分析」「変化への予測」「問題への対処法の発見」などが可能となるスキルであり、Katzは有用な人材であるために最も重要なスキルであると指摘した。また日本における研究として、小池（1991，1997）および中村（1991）、猪木（2002）が挙げられる。いずれも「非定型的な仕事をこなす能力」と「不確実性に対処する能力」の重要性を指摘し、この能力の獲得のためには、「幅の広い一職能型」のキャリア、つまり担当する特定分野での経験の幅を広く持つことが必要であるとした。なお、このようなキャリアの重要性は、生産技能職の場合

特集　仕事と生きがい—持続可能な雇用社会に向けて

のみならず、ホワイトカラーにも同様に当てはまるとし、またこの場合の職務能力の専門性とは、狭さを意味するのではなく、幅と厚みを意味しているとした。

つまり、企業にとって有益とされる能力とは、「非定型的な仕事」や「不確実な状況」に対処する能力であり、その能力の獲得には「特定分野での幅広い経験と専門性の深耕」が必要であると考えられる。このような能力とキャリアの特徴は、高年齢者の雇用継続を決定する際にも、企業にとっての主要な基準になると想定できる。つまり、定年後も雇用される人材のキャリア特性として、「一つの職能内で長期の経験を積むこと」が重要であると考えられる。上記をはじめとする既存研究によれば、これは、単に長く勤めていることや、あいまいな職務分析や能力評価で決定される職位、あるいはOff-JTなどで獲得された資格よりも重要であるとされる。そこで、定年後の雇用継続を実現した高年齢者と、実現できなかった高年齢者のキャリアデータから、一つの職能内での経験の長さ、いわゆる同一職能内年数を抽出し、比較分析を行った。

2)　使用データ

データは、比較的多くの高年齢者雇用を雇用している製造業A社の高年齢従業員の人事データを用いる。[13]具体的には、2001年にA社で60歳定年を迎え、その後雇用継続された者とされなかった者のデータである。最終的に利用されたサンプルは、キャリアの途中で休職した者1名と、データに欠損値がある者1名を除き、80名である。データは人事情報ファイルに記載されている「現況」「入社前キャリア」「資格・特殊技能」「内部キャリア」「職務履歴」「研修記録」「出向履歴」「特殊勤務」「勤怠管理」「自己PR」「家族」の11項目から、本分析に必要なデータを抽出している。またこの他の資料として、「定年後の雇用・就業に関する職場と本人の意識調査原票」と「人事担当者との面接記録」が利用されている。

ここで利用する「同一職能内年数」とは、入社以降に同一職能に従事していた期間を表わし、例えば生産技能系の場合は同部門内でのジョブ・ローテーションまで、あるいは他職能で他部門に異動するまでの期間を指し、また事務職系の場合は他職能に異動するまでの期間を指す。なお「職能 (function)」とは、各従業員が組織において担うべき仕事を指し、特に機能面に焦点を当てた場合をいう。その意味で職務 (job) とは異なる。例えば生産、営業、研究開発、人事労務などは職能であり、組み立て、検査、塗装、工務などは職務ということができる。

この同一職能内年数は、人事情報の「内部キャリア」を整理することによって割り出している。内部キャリアには当該定年者が同社に入社した時点から、定年を迎えるまでの所属部門と担当職務、職位の経歴が、その年月日とともに記されている。これをたどることにより、当該定年者がいつの段階で他職能に異動していったのかがわかる。ただし従事期間が極端に短く、その後前職能に戻っている場合には、この異動が急激な需要変動に対応するための一時的な異動であることから、この期間を同一職能内期間に含めることとした[14]。また組織改革による部署名の変更や、工場や事業所の移転に伴う名称変更、関連会社への業務委託に伴う同部署の全面的移動による所属名の変更の場合には、これを異動と見なすことができないことから、同一職能内に留まっているものとして計上した[15]。こうした変更を確認するために、A社の社史や社内報などの資料に当たっている[16]。これらの作業を経て、一人一人の正確な同一職能内年数を割り出した。

3）結　果

　まず**表1**が、同一職能内年数に関する単純集計である。この結果からわかることは、企業側から60歳定年以降も就業を続けてほしいという要請を受けた人、つまり実際に雇用継続を実現した人は、実現できなかった人と比べて、「同一職能内での経験年数」が長いということである。雇用継続を実現した人は同一職能内年数の平均が33.88年であるのに対し、実現できなかった人はこの数値が25.94年となっている。

　さらに、より正確に同一職能内での経験年数が雇用継続の実現に与える影響を考察するために、雇用継続の実現した場合を「1」、実現しなかった場合を「0」とするダミー変数を被説明変数とし、ロジスティック回帰分析を行った。**表2**がその結果である。表中の(1)を基本モデルとし、(2)はこれに経済的条件を投入した場合の結果である。またモデル(3)と(4)は、共線性の可能性があることから、「同一職能内年数」と「勤続年数」をそれぞれ説明変数から除いた場合の結果である。この

表1　同一職能内年数の比較

(年)

	雇用継続を実現した者	雇用継続を実現できなかった者
同一職能内年数平均値 標準偏差	33.88 9.40	25.94 12.61
サンプル数	62	18

特集 仕事と生きがい―持続可能な雇用社会に向けて

表2 ロジスティック回帰分析結果

	被説明変数:雇用継続の実現=成功							
	(1)基本モデル		(2)経済的条件変数投入		(3)「同一職能内年数」を除く		(4)「勤続年数」を除く	
説明変数	係数	標準誤差	係数	標準誤差	係数	標準誤差	係数	標準誤差
勤続年数	−0.134	0.086	−0.205*	0.115	0.009	0.041	―	―
同一職能内年数	0.192**	0.088	0.259**	0.121	―	―	0.085**	0.042
職位=管理職	10.933	29.505	13.409	45.871	8.792	34.153	9.327	32.880
資格技能	0.002	0.216	−0.001	0.233	0.126	0.220	0.055	0.234
語学	0.161	0.448	0.097	0.545	0.043	0.474	−0.061	0.498
勤怠管理=良好	2.284**	1.018	2.826**	1.227	2.061**	0.958	2.263**	1.036
生産・技術職系	6.447	29.453	7.409	45.796	7.670	34.170	6.649	32.888
事務職系	6.589	29.460	7.161	45.805	7.928	34.168	6.734	32.889
定数項	−7.206	29.551	−8.209	45.865	−10.267	34.246	−10.432	32.949
サンプル数	80		80		80		80	
カイ2乗	37.171***		40.984***		31.093***		35.726***	
対数尤度	48.135		44.322		54.214		49.580	

注)(1) *** p＜.01，** p＜.05，* p＜.10。
(2)「生産・技術職系」「事務職系」に対するレファレンスグループは、「経営・企画職」である。
(3)分析には上記のような職務的条件変数の他に、個人属性変数として、性別、学歴、健康状況、要介護者数、また経済的条件変数として、住居−職場間距離、同居人数、扶養子数、住宅ローンが含まれている。これらの結果を省略しているが、著者に問い合わせることによって知ることができる。

結果からわかることは、同一職能内年数の長さは、5％有意で雇用継続の実現に正の影響を与えているということである。またモデル(2)から(4)の結果からは、単に勤続年数が長いのではなく、同一職能内年数が長いことが雇用継続の実現を決定付けていることがうかがえる。

　以上をまとめると、次のことが推測できる。定年以降の雇用継続が実現できるか否かに関しては、数々の理由があると思われるものの、実際に60歳以降も働いている人は、雇用継続が実現できなかった人と比べて、概して同一職能内で長い仕事経験を積んでいる。次に、この結果を踏まえた上で、雇用継続者のキャリアを定性的に見てみよう。

(3) 雇用継続者のキャリアに関する定性的特徴
1) 事　例

　ここでは、先の分析において、データの欠損のために除外した2名のサンプルを加え、2001年にA社で定年を迎えた全82名について、その内部キャリアの特徴

年齢差別と高年齢者雇用

を定性的に見ていく。また分析に際しては、人事情報ファイルに記載された記述データ以外に、聞き取り調査を行うことによって、より詳細なキャリア情報を収集している。対象者はA社の人事担当者3名と、会社から雇用要請を受けなかった者4名を含む定年者20名である。[17]

2) 考 察

表3は、2001年定年者82名の入社から定年に至る内部キャリアを、職務の種類別に分類し記述したものである。

表中にある雇用実現者の内部キャリアを見ると、同一職能内に留まっていた期間が長く、その中で移動を繰り返し、多様な仕事を経験していることが推察でき

表3 雇用継続者の内部キャリア

職務の種類			No.	内部キャリア
生産・技術職系	雇用継続を実現した者	生産技能	1–31	(キャリア記述)
		現場管理・監督	19–22	
		(資格)専門	23–24	
		研究開発・技術・設計	25–29	
		生産技能	30–31	
	雇用継続を実現できなかった者	生産技能	32–36	
	(休職者)	生産技能	37–42	

117

特集　仕事と生きがい―持続可能な雇用社会に向けて

職務の種類			No.	内部キャリア 1 2 3 4 5 6 7 8 9 10 11 12 13 14 15 16 17 18 19 20 21 22 23 24 25 26 27 28 29 30 31 32 33 34 35 36 37 38 39 40 41 42 43 44 45
事務職系	雇用継続を実現した者	事務	43	→Js Js Jp→So→So→So→So Ss→
		事務	44	→Ss→So→ Ss Ss So→Pp
		総務・人事労務・教育	45	→(※o)(※o)(※o) Ss Sp Pp Pp So→So Pp
		営業・販売・サービス	46	→Jo→※→Ps→So Po So→※s→So
		営業・販売・サービス	47	→So→So→Sp→Sp Sp
		営業・販売・サービス	48	→So→So→So Ss→PoSoPo→Po
		営業・販売・サービス	49	→Ss Sp→So→→Sp Sp→Ss→Sp
		営業・販売・サービス	50	→So→So→Sp So→(※s) PoSo→※
		営業・販売・サービス	51	→So→So→Sp So→(※s) PoSo→※
		営業・販売・サービス	52	SoSp Ss SoSp→Sp→Sp→So So→Sp So→Sp Sp So→
		営業・販売・サービス	53	→So→So→So→So→So So→
		営業・販売・サービス	54	So Sp So→Sp Sp→So So So→So So→Sp Sp→
		営業・販売・サービス	55	→So So→Sp→→Ss→So So So So Sp
		営業・販売・サービス	56	→Sp Sp Sp Sp→Ss→So So So→Sp So→
		営業・販売・サービス	57	→So (※o)→→Sp So→※→So So So
		営業・販売・サービス	58	→So→Ss So→Ss→Sp So So So So
		営業・販売・サービス	59	→So So Sp→So→Sp Sp Sp So→So So
		営業・販売・サービス	60	→So→So→So Ss Sp So
		営業・販売・サービス	61	→Ss Sp→So So→Sp So So So Ss※
		営業・販売・サービス	62	→Ss Sp→Sp→So Ss So→So Sp SpSp
		事務	63	→Ss Sp So SpSp So→Sp So Sp So Sp
		財務・経理	64	→Ss→Ss→Ss→SsSo→So→SoSo→SoPoPoPo→※s→
		営業・販売・サービス	65	→Ss Sp→So Sp→→→→Pn So SoSo
		営業・販売・サービス	66	→So→→Sp→→Sp So→So (休) SpSoSo→※
	雇用継続を実現できなかった者	営業・販売・サービス	67	→Jo→→※→So Sp→So→So
		総務・人事労務・教育	68	→So→Sp→→So→Sp→
		営業・販売・サービス	69	→So→Sp→→→→→
		営業・販売・サービス	70	→So→Sp→SoSo→SoSo
		営業・販売・サービス	71	→Ss→Sp So→So So So→Sp→※s
		営業・販売・サービス	72	→Sp So→So→Sp→※s
		営業・販売・サービス	73	→Jo→Jo Jo→→→So→Sp→So→
経営企画職	雇用継続を実現した者	経営・企画	74	→Js→Js→Jo Js Jo→Jp→Js Js→※o→
		経営・企画	75	→Ss→So→Sp→So→※Ss So So※o→p→
		経営・企画	76	Ss Ss Ss→Ss→Ss Sp So→Po→
		経営・企画	77	→Ss Ss→So→SsSoSoSo
		経営・企画	78	→Ss Ss→So→※s※o※o※o→
		経営・企画	79	→Js→※→※o※o→※o Pp→※o→※o→
		経営・企画	80	→Ss SsSp→Ss→So So→Ss Ss→Sp→Sp→※
		経営・企画	81	→Ss Ss→Ss→→Sp Pp→
	雇用継続を実現できなかった者	経営・企画	82	SoSs Ss→※s→Pp Pp→Pp Pp→So※So So※oPo※oPo※o→Po
職務の種類			No.	内部キャリア 1 2 3 4 5 6 7 8 9 10 11 12 13 14 15 16 17 18 19 20 21 22 23 24 25 26 27 28 29 30 31 32 33 34 35 36 37 38 39 40 41 42 43 44 45

―――――：同一職能内年数

注）「生産技能職」には、調整、検査、出荷、生産工務、生産工程・生産設備の計画・設計・改善が含まれる。「研究開発・技術・設計」には品質管理、特許管理が含まれる。「営業・販売・サービス職」には、営業技術（セールスエンジニア、サービスエンジニア、システムエンジニア、情報処理）が含まれる。「事務」には、法務、秘書が含まれる。「経営・企画」には、関連会社取締役、コーポレートマーケティング、監査役が含まれる。

表内記号定義

記　号	定　　義
Js	生産部門でのジョブ・ローテーションのうち、同職務内ローテーション[1]
Jo	生産部門でのジョブ・ローテーションのうち、他職務へのローテーション[2]
Jp	生産部門でのジョブ・ローテーションのうち、前職務に戻る
Ss	同職能分野で、同部門内の異動[3]
So	同職能分野で、他部門への異動[4]
Sp	同職能分野で、前部門に戻る
Ps	前職能分野に戻り、同部門内に留まる[5]
Po	前職能分野に戻り、他部門への異動
Pp	前職能分野に戻り、前部門に戻る
※s	他職能分野に移り、同部門内に留まる[6]
※o	他職能分野に移り、他部門への異動
※p	他職能分野に移り、前部門に戻る

1) 例としては、工程管理工務から生産計画工務、原価計算工務、購買・外注管理工務などへのローテーション等がこれに当たる。
2) その例として機械系組立・調整からプリント板半田付け、アーク・ガス溶接、普通旋盤、工程管理工務などへのローテーション等がある。
3) 特に指定のない場合は職場内異動を指し、その例としては電気回路設計からシステム設計、機械設計担当への異動等がある。また例えば、東京本社財務会計から大阪支社財務会計担当への異動といった事業所間異動が含まれる。
4) 他部門への異動には関連会社への出向等が含まれる。
5) 生産技能職の場合には、ジョブ・ローテーションで経験した職務に戻る場合が含まれる。
6) 他職能での従事期間が3年以内で、その後前職能に戻っている場合には、これを応援のための一時的な異動と見なし、この期間を同一職能内期間に計上している。

る。例えば生産・技術職系は生産部門内でのジョブ・ローテーションを中心に多くの異動をしており（記号Js、Jo、Jp）、キャリアの前半で他の職能分野に移ることは稀である（記号※s、※o、※p）。また事務職系は部門内あるいは部門を横断して多くの異動を繰り返しているが、いずれも同じ職能分野内での異動に留まっている（記号Ss、So、Sp）。経営・企画職は同一職能内年数が他の職種に比べて比較的短いが、それでも他職種の雇用継続を実現できなかった者よりも長い傾向がある。また聞き取りによりさらにわかったことは、そのキャリアの特徴として、単に同一職能であるだけでなく、常に関連性の強い職務間を異動しているということである。こうした傾向は、インタビュー対象者への聞き取りによっても確認された（例えば表中No. 4, 13, 19, 20, 21, 54, 75, 78ほか）[18]。

また、雇用継続者のキャリアに見られるもうひとつの特徴として、異なる職務に移った後に、再び元の職場、すなわち前職務や前部門に戻っている場合が多いことが挙げられる（記号Jp、Sp、P）。こうした異動経験が、異なる職場での仕事経験を元の職場で活かすことを可能にしていると考えられる。以下に、聞き取り調査に基づき、より具体的なキャリアの内容を見ていく。紹介するのは、雇用継続を実現したNo. 21氏と、実現できなかったNo. 36氏、そして同一職能内経験年数が長いが、雇用継続を実現できなかったNo. 40氏である。

No. 21氏は入社後、長期にわたって工場内での電磁流量計の組立てと調整に従事していた。当時は、現在のように組み立てラインが細分化され、持ち場を決められているわけではなかったため、製品の最初から最後までの組み立てに携わることで、色々な製品の組み立て工程を知ることとなった。またその間に、組み立てた計測器を取り付けるエンジニアも兼務した。最終的には20年間、組み立て部門に所属し、取り付け作業で海外も含め、色々な地域への赴任や出張を経験した。

特集　仕事と生きがい―持続可能な雇用社会に向けて

ここでの仕事を通じて、他部門の担当者との仕事の進め方、他会社や下請会社のスタッフとの接し方など、人間関係や人を管理することも学んだ。その後、原価計算などの間接業務に従事する。工業計測器の中でも空気式は当時提携していた米D社のものであったため、製品や技術が分かると同時に、英語がある程度理解できることから、No.21氏にこの仕事が回ってきた。この時に原価について深く勉強することとなった。そして約4年後には2つの工場の工務を担当し、原価計算だけではなく、クライアントの要望に合う製品を造り、納期を守るために、いかに合理的に製品を完成させるか、いかに効率的に部品や資材を調達するかを学んでいった。

　その後工場の移転とともに再び生産直接業務に戻る。ここでNo.21氏のキャリアは一巡したことになる。製造ラインの現場は、No.21氏が最も長く勤務し、よく知っている職場である。しかし今回は、製品をただ完璧に組み立てるのではなく、いかに合理的に完成させ、効率よく部材品を調達するかを念頭に入れて製造ラインを運営していくことが主たる仕事となった。その後、工業計器以外の素材加工部門の管理も経験したあと、同部門のライン次長になり、入社後30年目に製造の現場を初めて離れ、本社の基礎部品本部加工部門の本部室長となった。それからは、生産管理部長や業務部長を勤め、海外の工場設立にも関わった。

　定年前の仕事は生産部門工務グループで、生産の全工程を一本化し、合理化するためのシステムの構築を検討することである。生産工程のシステム化には、あらゆる角度からの検討が必要とされており、そのため担当者には広範囲に渡る知識が求められる。つまりこの職務の遂行は、No.21氏のような経験の持ち主でなければできないとさえいえる。よってB氏は会社からの要請を受けて、定年後も就業を続けることとなった。

　対して雇用継続を実現できなかったNo.36氏のキャリアは、社内の需要に応じて色々な部署をローテーションしていくものであった。入社後4年間は半田付けに従事し、その後電気系組み立てや調整、検査といった仕事に従事した。ここまでは生産部門の工具によく見られる、いわゆる一般的なキャリアであったといってよい。しかし入社後13年目には、取扱説明書などの印刷物の校正要員として駆り出されることになり、その1年後には、今度は計測器のメモリを書くスケール担当となった。半年後にはその任務を解かれて組み立て業務に戻るが、その半年

後には、その頃急速に進展しつつあった職場のOA化に伴って、伝票を作成するオペレーターとして情報処理部門へと配置転換された。結局オペレーターとしての経験期間は、製造部門での経験とほぼ同じとなった。その後16年ぶりに製造現場に戻るが、配属された先は新設されたデバイス部門で、半導体の薄膜や厚膜を製造する仕事であった。ここでの仕事は昔に経験した仕事とは「勝手の異なる」ものであり、これまでの経験や技能を活かすことはできなかった。

　このような、これまでの経験を活かせない非連続的なキャリアは、No.36氏の技能形成を中断したばかりでなく、No.36氏の仕事に対する意欲をも下げていったようである。そして、ようやくかつての製造部門に戻ることになったのは、定年の5年前である。しかしその後定年を迎えるまで、いくつかの部門を転々とすることとなった。No.36氏は定年後も同職での就業を希望していたが、しかし会社側からの要請はなかった。人事部によって社内での適職探しが行われたが、適合する部署がなかった。よってNo.36氏はしばらくして、自ら就業希望を取り下げた。

　以上の事例に見られるように、雇用継続を実現したNo.21氏は同一職能内に長く留まり、そこで多様な仕事経験を積み、また最終的には元の職場に戻ることで、その能力を伸長させ、また遺憾なくこれまでに蓄積した能力を発揮していたものと考えられる。一方、No.36氏は、社内における労働力の需要変動に即して異動しているために、同一職能内年数は短く、職務間の結びつきが薄い仕事経験を繰り返していると察せられる。なおNo.36氏と同様の特徴は、他の雇用継続非実現者にも見られていた（例えばインタビュー対象者No.67）。

　それでは同一職能内年数が長いが雇用継続されなかったNo.40氏のキャリアはどうであったか。同一職能での経験年数自体はNo.21氏より勝っている。そしてそのキャリアを見ると、生産現場での比較的安定的な仕事を一貫して担当してきたように見受けられる。No.40氏は、入社から定年までの間に、電磁流量計の組立てを初めとして、プリント板半田付け、アーク・ガス溶接、差圧計組立てを経験した。組み立てラインの仕事は、急な納品や不測の事態が起こった場合には、深夜まで仕事をすることもあり、徹夜もあるという。こうした事態は、半田付けや溶接の仕事でも同様に起こる。しかし基本的には工場の稼動は朝の8時半から5時半までであり、その間を勤め上げることで一日が終わる。その意味でNo.40氏のキャリアはNo.21氏に比べると、安定的な職業人生であったといえるだろう。しかし最終

121

的に雇用継続は実現できなかった。

3) 分析結果のまとめ

以上をまとめると、次のことが推測される。雇用継続を実現する者は、同一職能内に長く留まり、そこで多様な仕事経験を積み、その後再び元の職場に戻ることで、これまでの仕事経験のフィードバックを行っている。そうしたキャリアを積むことで、高齢期にも雇用されるような能力を体得しているものと考えられる。ただし同一職能内にただ留まるのではなく、その多様な仕事経験のつながりが、能力の伸長に結びつくようなものであることが重要である。能力の伸長に結びつくキャリアとは、決して安定的なわけではなく、むしろ多くの異動を経験する起伏の激しいものであり、その困難性を乗り越えるたびに能力の伸長を経験していくものと考えられる。つまり雇用される能力とは、同一職能内という一貫性を保ちつつも、その中で能力の伸長に結びつくやや不安定な配置を経験し、これを通じた能力育成の結果として獲得されるものと推測される。

このように、先の定量分析によって導き出された「同一職能内での経験年数が長い」という雇用継続者のキャリアの特徴は、定年後も雇用される能力を育成する上で、重要な意味を持っていると考えられる。この分析からいえることは、高齢期においても雇用されるエンプロイアビリティの形成のためには、定年前後の人事管理のみならず、キャリア初期からの人事管理にも気を配り、個々人の能力開発を意図した計画的なキャリア管理が行われていく必要があるということである。そのためには、企業と従業員との間に、ある程度長期を見越した安定的な雇用関係が築かれていることが求められていると考えられる。

5. おわりに

本稿は、高齢社会において重要な課題となっている高年齢者の雇用問題を扱った。議論の前半では、高年齢者を「年金などの社会保障を受けて生活する社会的弱者」と画一的に見なす年齢差別、いわゆるエイジズムがどのようにして形成されたのかを、歴史をさかのぼって確認した。そして後半では、こうしたエイジズムを打破する一つの方法は、職業労働に励む生きいきとした高年齢者の姿が実社会の中に示されていくことであり、したがって高齢期においても雇用される能力の獲得がどのようにして実現されているのかを、定年到達者の人事データを用いた

キャリア分析によって考察した。

　エイジズムの発生は、社会の発展とともに整備された年金をはじめとする社会保障給付が、職業人生からの引退と連動していることに、その起源を見出すことができる。当初は社会様式でしかなかった退職慣行が制度化するにつれ、高年齢者を社会保障によって守られる「社会の依存者」とみなす差別意識が、人々の心の中で強調されていったものと考えられる。しかし歴史的に見て、こうした年齢差別を含む高年齢者観は、ここ1世紀の間に作り出された一時代の社会的位相に過ぎないといえる。

　いまエイジズムは、人口高齢化、年金財政の逼迫、人権保障の問題といった幾重もの社会問題が圧力となって、今まさに打ち砕くべき段階にきているように思われる。その一つの方法は、働く個人が、高齢期になろうとも企業から必要とされるような「雇用される能力」を持つことである。本稿の分析によると、雇用される能力の育成のためには、キャリアの連続性と仕事経験のフィードバックの作用によって、従事する職能における技能の幅を広げ深めることが重要であり、これを十分に行える機会を確保する時間として、同一職能内での長期の経験が必要とされていると考えられる。したがって、キャリア管理がある程度企業の裁量に委ねられている以上、高齢期を含めた一人の人間のキャリア形成や能力育成は、自助のみによって達成できるものではなく、企業の人事管理のあり方と深く関わっていることが指摘できる。

　厳しい経済情勢を背景に、企業は「雇用保障」をこれまでのように雇用政策の柱とできないことから、「エンプロイアビリティの向上」の重要性を唱え始めた。しかし雇用される能力の育成のためには、本分析が示唆するように、長期的視点に基づく人事管理が必要とされており、長期安定的な雇用維持の努力が企業に求められていると考えられる。つまり年齢差別のないエイジフリー社会の実現に向けて、法整備をはじめとする社会全体の雇用システムの再構築が求められている一方で、企業の人事管理が担うべき役割も大きいといわねばならないだろう。

謝　辞

　本論文は、2003-2006年に財団法人 社会経済生産性本部に設置された「エイジフリー研究会」(主査：清家篤・慶應義塾大学教授)での議論から多くの示唆を得て作成されている。またここでの分析は、「雇用継続者の条件：製造業A社における高年齢者雇用の事

特集　仕事と生きがい―持続可能な雇用社会に向けて

例」(『日本労使関係研究会議発表論集』2002年)、および「60歳代雇用の成功とキャリア管理：同一企業内での雇用継続と他社への移動による雇用継続の分析」(2005年日本労務学会関東部会報告)に基づいている。聞き取り調査とデータの収集にご協力くださいました企業の皆様と、研究会および報告会でご指導をくださいました先生方および事務局の皆様に、深くお礼を申し上げます。また、「日本労働社会学会第16回大会シンポジウム」において報告することにより、本稿をまとめる機会を頂けましたことに、心より感謝いたします。

また本論文のもととなる研究は、多くの機関からご支援を頂き遂行されており、2003－2004年度には財団法人 社会経済生産性本部による生産性研究助成を、2004－2005年度には財団法人ユニベール財団による研究助成を受けた。さらに2005年からは、文部科学省科学研究費補助金（若手研究 (B)、課題番号17730244）を受けている。またこの間に、所属機関である敬愛大学から研究補助金等の支援を受けた。ここに心より感謝の意を表します。

〔注〕
(1)　例えば日本経営者団体連盟 (1999) など。
(2)　Atchleyの引用を紹介すると、「……彼らは、ただ『重いお荷物』を養うゆとりがなかっただけのことである。『たとえば、エスキモーのおばあちゃんが年をとって、家族の長靴を作るための革すら、歯で引きちぎれなくなったら、彼女は捨てられるか、死を持ってイグルー（雪塊小屋）の壁に塗りこめられた』(Donahue, Orbach, and Pollak, 1960)」。
(3)　以上のような、日本の高年齢者観の変遷を考察するために記した史実関係は、野口 (2000)、飯沼 (1990) から多くを学んでいる。
(4)　無論一部の人が、この時代にも社会保障制度や退職に馴染むことができず、適合不能と考えられていたとされる。Atchley (1976) によれば、それはごく僅かな「仕事がすべて」というような生き方をしている人々であり、その多くは手に技能を持つか、あるいは専門知識を持ち、政府高官、経営者、専門職などに従事する人々であったという。しかしそうした仕事志向を持つ高齢労働者はAtchleyの研究によれば、調査対象となったアメリカ社会では約15％に過ぎなかった。また退職後の所得が明るければ明るいほど、多くの人が退職に対する態度は積極的になるのが一般的傾向であることが確認されている。このことは、当時急速な工業化が促されたアメリカ社会において、人々の仕事の概念と生活に関する概念の分離が見事なまでに引き起こされていた事実を示しているといえよう。
(5)　以上の議論は、原著に当たりながらも、安川 (2002) を大いに参考としている。またAtchley (1976) の引用は、原著に当たりながらも、牧野拓司訳書に多くを学んでいることを記しておきたい。
(6)　ここで参照したButler & Gleason (1985) は、原著に当たりながらも岡本祐三訳書から多くを学んでいる。またここでの議論をまとめるにあたって、安川 (2002)、三品 (2002) が大いに参考となったことを記しておきたい。
(7)　平成11年調査。また平成10年総務省による同様の調査では、この数値は81％となっ

ている。
⑻　平成12年旧日本労働研究機構（現労働政策研究・研修機構）の調査による。
⑼　平成12年度高年齢者就業実態調査。
⑽　それぞれ平成14年、平成10年調査。
⑾　平成12年調査。このように、当該高年齢者の能力を基準として雇用の可否を決定する傾向は、定年年齢を延長する場合にも、また他社からの転職を受け入れる場合にも同様となっている。
⑿　平成12年調査。この数値は、勤務延長制度の場合、企業規模計で67.2％、5000人以上企業で90.0％、再雇用制度の場合、企業規模計で73.0％、5000人以上企業で83.0％となっている。
⒀　A社は創業80余年、従業員数約6000名、連結では約2万名（2000年3月現在）の製造業者である。A社は比較的早期から高年齢者雇用に取り組んでおり、本社のみでの再雇用実績数だけでも720名を超える。また現在在籍する60歳以上従業員数は、関連会社での雇用継続や直接契約を含め、約560名に及んでいる（2000年11月現在）。
⒁　このような手続きを適用した者は12名おり、内訳は0.5年2名、1年2名、2年3名、3年5名である。
⒂　例えばA社のプリント配線基盤の生産および実装・組立ラインを完備する関連会社AH社は、生産部門の業績悪化に伴い、2001年4月にAC社に統合され、同職務に従事していた者の所属名は自動的に変更されている。しかし各人の担当職務欄にはなんの記述もない。このことは、同職務の従事者全員が、同じ職務を継続したままAC社に異動していることを意味している。したがって所属部署は変わったが同じ職能に留まっていたと理解することができる。また別の例では、工業計器の国内エンドユーザー向け販売を手掛ける営業統括部第2営業本部に所属している者の内部キャリアを見ると、1998年7月に全員がIA第2営業本部に所属名が変わっていることがわかる。このことは組織改革によって部門の名称が変更になったと理解することができる。この時期、A社は新製品の販売とともに大規模な経営改革の方針を打ち出しており、この時に全社的な組織改革が行われた。
⒃　方法としては、社史や社内報により、各時点での同社の業況や出来事、新製品開発の時期などを把握し、これを当該定年者の異動年と照合して、その異動が純粋に本人のキャリア上の配置転換であったのか否かを確認した。
⒄　インタビューは定年者の場合、1人につき1時間半から4時間、人事担当者の場合には、この件に関するインタビューのみで総計13時間にわたって行った。方法としては前もって質問項目を対象者に渡し、各人のこれまでのキャリアと職務についてインタビューが行われること示してから行う手法をとっている。
⒅　興味深いことは、インタビューでは「異動ばかりで、いろいろなところを転々とした」と自分のキャリアを振り返っている場合でも、そのキャリアを詳細に追っていくと、同部門内や関連部門への異動や、他部門に移る場合でも同一職能内での異動を繰り返していることである。また一方で、「同じ仕事をずうっとやってきた」といっている場合でも、特定職能内での細かな異動を繰り返し、かなり広範囲の仕事経験を蓄積して

いることが明らかであった。このように本人が意識しているか否かにかかわらず、雇用継続者は関連性のある職務間で一貫性のある異動やジョブ・ローテーションを経験している場合が多いと考えられる。

〔引用・参考文献〕

Atchley, Robert C., *The Sociology of Retirement,* Schenkman Publishing Company, 1976.（牧野拓司訳『退職の社会学』東洋経済新報社、1979年。）

Atchley, Robert C., "The Meaning of Retirement," *Journal of Communication,* 1974.

Atchley, Robert C., *The Social Forces in Later Life: An Introduction to Gerontology,* Belmont, California: Wadsworth, 1972.

Butler, Robert N., and Herbert P. Gleason (Eds.), *Productive Aging: Enhancing Vitality in Later Life,* New York: Springer Publishing Company, 1985.

Chudacoff, Howard P., *How Old Are You?: Age Consciousness in American Culture,* Princeton University Press, 1989.

Jatte, Alan M., "Disability Trend and Transition," in Binstock, Robert H., and Londa K. George (Eds.), *Handbook of Aging and the Social Sciences,* 4th edition, San Diego: American Press, 1995.

Katz, R.L., "Skills of an effective administrator," *Harvard Business Review,* No.33, 1955, pp.33-42.

飯沼賢司「日本中世の老人像」利谷信義・大藤修・清水浩昭編『老いの比較家族史』三省堂、1990年。

猪木武徳「ホワイトカラー・モデルの理論的含み」小池和男・猪木武徳編著『ホワイトカラーの人材育成』第2章、東洋経済新報社、2002年。

小池和男『大卒ホワイトカラーの人材開発』東洋経済新報社、1991年。

小池和男『日本企業の人材形成』中公新書、1997年。

高木朋代「高年齢者雇用と人的資源管理システム：同一企業内における雇用継続、移動による雇用継続」一橋大学社会学研究科博士学位論文、2005年。

中村恵「製造業事務系のキャリア形成」小池和男編『大卒ホワイトカラーの人材開発』東洋経済新報社、1991年。

日本経営者団体連盟『エンプロイヤビリティの確立をめざして：「従業員自律・企業支援型」の人材育成を』1999年。

野口実「日本史に見る老人像：「たくましい老人」の再生のために」染谷俶子編著『老いと家族：変貌する高齢者と家族』第2章、ミネルヴァ書房、2000年。

三品武男「アメリカにおける現代エイジング『問題』」安川悦子・竹島伸生編著『「高年齢者神話」の打破：現代エイジング研究の射程』第4章、御茶の水書房、2002年。

安川悦子・竹島伸生編著『「高齢者神話」の打破：現代エイジング研究の射程』御茶の水書房、2002年。

研究ノート

1 家族農業経営における販売に関わる労働と
  ジェンダー　　　　　　　　　　　　　　　渡辺めぐみ

2 若年者の雇用問題と職業能力の形成の日台比較　董　荘敬
  ──「学校から職業への移行」を中心として──

家族農業経営における販売に関わる労働とジェンダー

渡辺　めぐみ
（お茶の水女子大学（非常勤））

1. はじめに

　一般に、都市の側からみた農業・農村へのまなざしにはステレオタイプな2つの両極端なイメージがある。「人々の意識が遅れている」「古い慣習にがんじがらめ」「不自由な人間関係」といったマイナスのイメージと、「あたたかいふるさと」等といったプラスのイメージである。そのような中、とりわけ昨今では、農業・農村における女性に対する形容詞として、「元気」「いきいき」といった言葉が多用されている。[1]これは主に、農産物の加工・販売をはじめとする農村女性起業等のめざましい活躍が注目されているためであると言える。このような状況の中で、「生産者と消費者の顔の見える関係」ということが言われ、農家の直売への関心が高まっており、女性への期待が高まっているように見受けられる。
　このような農業・農村女性への称揚には、第一に、農業・農村のマイナスイメージを積極的に払拭しようという、農村側の戦略的な側面が含まれていることも確かであるし、筆者もまたそのような戦略を否定するものではない。しかし、同時に、こうした農業・農村女性への称揚には、一方で、ジェンダーよりも個性を尊重するといったフェミニズムの方向性にはそぐわない側面もありうるのではないかという危惧も持つ。すなわち、「女性の感性」「女性の元気」に期待しよう、といった言説の中に、ある種のジェンダー・バイアスが存在する可能性はないのだろうか。そして、女性を称揚し、期待するイメージと、現実の家族農業経営における販売労働の実態、女性の実態との間に齟齬はないのだろうか、といった疑問が生じるのである。
　というのは、家族農業経営においては、多くのジェンダー問題が存在するとし

ばしば指摘されてきたためである。すなわち、過重労働、無償労働、意思決定からの排除など、様々な問題群があり、これらは家族農業経営のシステムにおいてジェンダーを軸として連関が見いだされる。[2]しかしながら、このような問題を抱えた農家の女性たちが、一見「元気でいきいき」しているように見えるのだとすれば、われわれはその問題群には目を瞑りつつ、ただその「輝き」のみを賞賛していてよいのだろうか。外野からただ「元気な女性」をうたう言説は、家族農業経営におけるジェンダー問題を隠蔽する機能を果たす恐れがあるのではないか。

そこで、本稿では、「女性の感性」「女性の元気」が期待されている分野として、家族農業経営の農産物の販売に関する労働に着目することとする。ここで言う販売に関する労働とは、単に直売や市場への出荷はもちろんのこと、栽培された農作物を「商品」にする際の様々な作業——選別、箱詰めやラッピングなど——を含む。これらの販売に関する作業が、どのように女性たちによって担われてきたのか、そして、上記に述べたようなジェンダー問題群の連関の中で、販売に関する作業はどのように位置づけることができるのだろうか。本稿では、農業従事者の女性へのインタビュー調査を実施し、当事者の語りを分析することによって、このような疑問に対する答えをさぐっていきたい。

2. 先行研究

(1) 農家の女性労働に関する先行研究

まず、主に渡辺［2002］に依って、農家の女性労働に関する先行研究の流れについて述べる。

家族農業経営におけるジェンダー問題としては、戦前の状況については丸岡［(1937) 1981］がある。戦後の状況についてはあまり体系的な研究は行われてこなかったが、農家女性労働について近年の主要な研究は次のようなものがあげられる。

第一に、生活時間データを用い、農村家族の役割遂行過程の分析枠組を綿密な分析により示した熊谷［1998］がある。熊谷［1998］は、パーソンズの役割理論に基づき、「男性が生産労働のみ、女性は生産労働と再生産労働という性役割の固定化を超えて、生産労働も再生産労働も、男性・女性どちらによっても担われ得る役割代替性」の実現により、女性が「農業・農村に関わる案件の意思決定過程に参画し

える社会関係」がもたらされると述べる。ただ、生活時間調査という方法論の性質上、「生産労働と再生産労働」、「農業労働」「農外就労」「家事労働」といった枠組での分析となり、例えば「社会的評価の高い労働＝生産労働」という前提に基づく議論とならざるを得ない。ゆえに具体的な農作業のうち「社会的評価の高い中心的領域」がどの領域であるのか、労働を行う当事者はどの農作業を「評価の高い中心的労働」と捉えているのかを明らかにすることはできない。さらに「農業者夫妻」の生活時間調査を行い、家族農業経営における無償労働を問題にしている天野［2001］があるが、やはり、生理的生活時間、農業労働、家事的生活時間、社会的・文化的生活時間という枠組での把握となり、当事者の労働評価に踏み込むものではない。

　第二に、「農業労働のジェンダー間分業の存在」の形成について「イデオロギー的側面から迫る」新しい分析枠組をつくる試みである千葉［2000］がある。千葉［2000］は、「農業機械化の過程で農業労働のジェンダー的編成（＝男性は機械操作や熟練的要素の強い肥培管理労働に、女性は機械操作の補助労働や不熟練・単純労働に従事するという労働編成）が強化された」ことや、農業の機械化の進展に伴ってジェンダー間分業の具体的ありようは変化することを指摘した。また、ジェンダー間分業は、社会的システムや男性経営主による一方的押しつけではなく「農家女性も含めて農民が受容・選択していった結果」であり、アメリカ型近代農民家族像イデオロギーが、農業改良普及制度や農協の指導体制、マスメディアを通して大きな影響を与えたと述べ、マクロレベルでの明快な視角を示している。しかし、女性の「補助労働力化」といった場合の判定基準や、どの労働が「価値の高い労働」と判定されうるのかについて、ミクロレベルでの当事者の評価は問われない。

　以上の研究は、労働をジェンダー視点から体系的に分析する枠組を提供しているが、農業労働領域の性別役割分業に注目すると、いずれも、農業労働における評価の基準について、例えば「機械労働＝主要な労働」といった評価が前提として使用されている。すなわち個々の詳細な労働に対する当事者の評価を考慮した研究はまだ行われていない。

　ただし、当事者の評価に言及した研究がないわけではない。古田・諸藤［2001］は、時間利用調査から女性労働の価値の算定を行い、アンペイド・ワークの実態を明

研究ノート

らかにすることを目的とした研究である。ゆえに、労働価値の算定のために家事労働を含む個々の農作業領域に踏み込んだ議論となっており、農作業領域のリストが示されている。古田・諸藤[2001]では、報酬の算定について具体的な方法は示されていなかったが、諸藤[2002]において、労働の実態の把握に加えて具体的な評価基準が示されている。諸藤[2002]は、農家の労働を「農業経営と農家生活に必要な労働を農家経営に必要な全労働として捉えること」が必要であるとし、世帯員の労働負担を4つの評価方法を用いて「必ずしも区々として一定ではない世帯員の労働評価の希望に添いながら軽減あるいは改善させること」を提案している。4つの評価方法とは、「1.精神的な評価－感謝やねぎらい、自分への保障の無い何らかの見返り」「2.金銭的な評価－現金による支払い」「3.実働負担－現金による支払いはないが、世帯内の労働を男女で分担すること」「4.自己評価—やりがいや生きがい、充実感や満足感、自己啓発的であるなど」[諸藤2002: 47]である。諸藤[2002]は、報酬の算定に当たって、生活時間調査による実態把握に加えて、「世帯員の労働評価の希望」という視点をとりいれている点で周到である。しかし、ここでいう「労働評価の希望」とは、評価してもらいたいか否か、評価してもらいたい場合は上記の4つのうちどのような評価を望むか、という希望であり、個々の農作業についての当事者の評価の分析は行われていない。そこで次に、このような当事者による労働への評価に関して、示唆を与えてくれる研究として、農業労働への当事者の意味づけに着目する研究について整理する。

(2) 農業労働への意味づけに着目した研究

　前節で導出された課題を克服するために示唆的な研究として、フランスの農場経営の労働と地位との関係について当事者の意味づけに着目しているデルフィ[1984＝1996、1992]がある。デルフィは、性別による作業の責任分担についての一般的言説では男性が「重く」中心的で重要な労働、女性が農場において「軽く」季節的な労働と、日常的な家内労働を行っているとされる傾向があるが、実は「重・軽労働」という分類は肉体的なものではなく、男性の行う労働は「重く」女性の行う労働は「軽い」と社会的に決定されているにすぎないという[Delphy 1992]。分類の基準は、技術的操作そのものや仕事の労力ではなくその仕事を行う者の地位にあるのだ[Delphy 1984＝1996]。このことは、労働の実態と性別に基づく意味づけと

家族農業経営における販売に関わる労働とジェンダー

の乖離を示す［渡辺2002］。

　また、日本においても、橋本［(1985) 1996］では、静岡県の実態調査から、次のような事例を紹介している。「30坪以上に規模拡大しても十分やっていける、と景気のいい話をする男性に対して、『これ以上ふえたら殺されちゃう。食欲不振、頭痛持ちになるし、風邪をひき易くなり、体調をこわして流産する人も多いの』という女たちの話。苺作りは楽しいが、規模はあまり大きくせず、ほどほどにして、後は路地で自然の中で働きたい、という声は切実だった。」「施設園芸の労働は、手先の器用さと根気のよさから、圧倒的に婦人労働の比重が高いことが多い。密室での防除、外気との大きい温度差など、働き手の健康を阻害する条件の多いことがようやく着目され、ハウス病の名が定着しつつあるころであった。」［橋本（1985）1996：99］。この事例は、「女性向き」とされる労働の実態が、健康を害する重労働でもありうることを示す［渡辺2002］。一般に、女性労働は「補助的」であるというイメージが流布しており、女性が軽易な単純労働を行っているような状況を想起させやすいが、それとは異なる実態が存在する可能性を、これらの研究は示唆している。とすれば、「補助的」といった枠組で捉えることによって、時として結果的に、労働の過重性を隠蔽してしまうような場面もありうるだろう。ゆえに、農業労働について分析を行う際、研究者がアプリオリに労働の価値を設定するのではなく、農業者自身の主観的評価に考慮して分析を行う試みも必要であろう。個別の作業に着目すれば、当事者にとってもっと多様な実態や、多様な価値の体系が明らかになってくるのではないだろうか。

　そこで、以上の研究をふまえて、渡辺［2002、2004］では、農業従事者自身の農業労働に対する主観的な意味づけに着目しながら、ジェンダー視点に基づく農業労働研究を行っている。第一に、いちご栽培農家へのインタビュー調査［渡辺2004］においては、いちご栽培において一般に「葉かき・芽かき」という作業は女性やパート労働の役割とされているが、男性が担っている場合のみ、経営的な重要性とリンクして語られることなどから、①個々の家族農業経営の方針によって、個々の労働の価値にはバリエーションが生じているということ、②同じ労働でも、各経営によって価値が異なること、③性別役割分業のパターンとしては、男性は、生産物の出来(価格)に大きな影響を与えると思われるポイントと関わる労働を自らに配分し、女性がその調整的、残余的な役割を遂行するという形態になってい

研究ノート

ることの3点を示唆した。

　第二に、各種作目の専業農家の女性へのインタビュー調査［渡辺2002］からは、①女性は一般に、視察や研修等の機会の乏しさ、出産・育児によるブランクなど、農作業のスキルを獲得するという観点からみて、ハンディを負っていること、②女性たちは、農業資産の継承から排除されているために、自らの所有でない農業資産に対し、管理責任のみを引き受けることに対して、忌避感を持っていること、③これは、自分のものではない農業資産を減少させた場合、責任を負いきれないと考えているためである、ということが明らかになった。それゆえに、④女性は、農業資産を減少させるリスクを冒しながら、全体的な経営面での判断を行うということが難しく、経営を動かすことから得られる達成感といったような面での「やりがい」を得られないという構造になっていると指摘した。そのような構造の中では、⑤家族農業経営における「やりがいのある仕事」は、ジェンダーによって不均等に配分されてしまい、その結果、女性は常に、「やりがい」を得られる場面を求めている。それゆえに、⑥当事者が裁量権を行使できる農作業の領域を囲い込む戦略が行使されていることが明らかになった。例えば、「このような細かいことは、夫は気がつかないので、この仕事は『女性向き』である」といったような、ジェンダーによる意味づけをする戦略を用いることで、自分がある農作業の裁量権を得ようといった戦略である。

　本稿では、以上のような知見をふまえて、販売に関する労働におけるジェンダーについて、当事者の語りを分析していく。とくに、女性たちがどのような経緯で販売に関する労働に従事し、その労働は女性やその夫たちにとって、どのような評価がなされているのかに着目する。こうした実態をふまえた上で、販売に関する労働において「いきいき元気な女性の活躍」を期待することの意味について再考したい。

3. 調査の概要

　2002年春から夏にかけて、関東地方の平地農村地域のa町における、施設園芸の専業農家の女性7人（Hさん、Iさん、Jさん、Kさん、Lさん、Nさん、Mさん）を対象に、半構造的なインタビュー調査を実施した。調査対象者はいずれも、30代半ば〜50代半ばまでの、農業に専業している女性である。a町は、米麦を主

体とした農業生産が展開されてきた地域で、近年一部の農家で施設園芸の導入が図られている。対象者は、ａ町の認定農業者夫妻に紹介を依頼し、認定農家の農業専従者の女性に依頼した。うち、販売に関連する語りがみられたのは、Hさん、Kさん、Lさん、Nさん、の4人である。

さらに、2004年11月から12月にかけて、関東地域の酪農地帯の1つである、ある開拓地ｂ町を対象として調査を実施した。[3]本地域は冷涼な気候で、酪農や野菜栽培などが盛んな観光地でもある。調査対象者は、地域のリーダー的存在である酪農女性に紹介を依頼した。インタビューは、紹介者のAさんを含む計5人の酪農女性に依頼したが、販売についての語りがみられたAさんの事例のみを分析する。

なお、インタビューの質問項目は、結婚前の仕事、これまで行ってきた／現在行っている農作業の概要、経営における決定、研修などの農業技術を学ぶ機会、農業における得意分野、家事の分担、給料、家計、土地などの名義、などである。

4. 調査結果

(1) 販売を引き受ける理由

Hさんは、将来販売を行いたいという希望を持っていた。Hさんは、30歳代の半ばで、ａ町の、花卉を主力とする複合経営農家で農業に従事している。以下にインタビューでのやりとりを示す（括弧内は筆者の発言、以下同様）。Hさんに、「将来農業でこうしたい」という希望はあるかと尋ねてみた。

「例えばお花、お花屋さんを出したいとか。そういうことでいいんですか。この辺のお花屋さん出してもそう売れないかもしれない。この辺にお花屋さんのお店出してもねえ。」
（じゃあ何か直売みたいな感じのこととか）
「あんまり主人がそういうの好きじゃないみたい、直売とか。買いにいらしたお客さんにはあれするんですけど、自分からお店を出してっていうのはあんまり好きじゃないかもしれない。うん、そう。」
（でもちょっと出してみたいかなっていう気持ちがあるんですか）
「うーん、そう。そんなに。でも、まあ、ねえ、鉢でだんだん鉢も増えてって

研究ノート

置く場所がなくなるので、少し鉢で売った方がいいかな。大体、買いにくるお客さんていうのは、切り花じゃなくて、あれですね、鉢で、買います。」

　Hさんは、直売を行いたいと考えているが、それは積極的な希望というよりは、「鉢が増えて置き場所がない」という理由からである。
　また、次に、Lさんの事例をみてみる。Lさんは、現在実際に販売を担当していた。Lさんは、40歳代の後半で、トマトを主力とする複合経営農家で農業に従事している。Lさんの家の経営では、こだわりのトマトをつくっているために、一般よりもどうしても出荷量が少なくなり、収入も少なくなるという。その分は夫がアルバイトをして補っているそうだ。Lさんは、「主人の作り方に共感」しているので、納得しているという。Lさんの場合、顧客に喜んでもらえるため販売の仕事に嬉しさを感じているが、そもそもはトマトの評判が口コミで広がったため、顧客の要望に応じているうちに全てを直販することになり、Lさんが販売労働を引き受けざるを得なかったという経緯であった。Lさんの語りをみてみよう。

　「やっぱり、トマトだって全部形も揃ってる訳じゃないし大きさも全部違うじゃないですか、（略）でもやっぱりある程度そのほらお客さんによって好みってあるじゃないですか、そうすると大体わかるんですよね、毎年やってれば。このお客さんはこういうのが好みだっていうのが大体わかるんで、あと値段的にもやっぱり3種類ぐらいうちの場合はつくってるんです。けど、やっぱりほらよそにあげるときには良い、ある程度値段の良いもの、うちで食べるのは多少ほら形悪くても安くても良いですとかってあるじゃないですか、だからそういうものを聞いて、そのお客さんに応じてこう分配して、そういうのも全部私が。一応やってるんですよ、そういう方は販売の方は全部担当して。うちは主人はもう詰める方の仕事は主人やりますけど、そういう販売はちょっと苦手なんで。駄目なんですよ。そういう方は。だからそれは私が一手に引き受けちゃって。まあどっちみち2人しかいないですから、やっぱり私が全部引き受けちゃった方が、あの向こうとこっちとほらね、わかりやすいじゃないですか。だからそういうものは自分、私にみんなお客様言ってくれるし、今は現在はそういう風に自然になっちゃいました。」

以上の2つの事例では、販売労働を担当することが必ずしも女性の積極的な希望に基づくものではなく、いずれの事例とも夫が販売を苦手としているという理由があげられた。 また、Lさんの事例において窺えることは、直販は、顧客との直接のやりとりから得られる喜びもある一方で、非常に手間もかかるものであるということである。引き続きLさんの語りをみていこう。

　「だから、やっぱりバカなかもしれないですけどね。だから、やっぱりお客さん喜んでくれると嬉しいですしね。正直つくっててもやりがいがあるじゃないですか。どうしても欲しいんですって、結構遠くからも言ってくださって。(略) やっぱりそういうのって嬉しいじゃないですか、収入よりも何よりも、やっぱり皆さんが喜んでほら、必要として食べてくれるっていうのに、やっぱりね、今となってはそういうのが凄く、大変な面もありますよ、正直あの、ね、箱詰めしてそのまま農協さんへドンて頼んじゃった方が楽な面もあるじゃないですか、やっぱりお客さんが来るって事は大変ですから、一人一人ほらね、やっぱりその人の好みによって割り当てたり、やっぱりその出荷する日は全然私一日缶詰状態でお客さん待ってなきゃなんないですから、どこへも出られないですし(略)。わざわざ来てくれる方がいらっしゃるんで、そういうのって嬉しいじゃないですか、だから大変なんですけど、正直言って逆に大変なんですけども、まあ皆さんに喜んで貰えるからそれもいいかな、今は。そういう感じもありますよね。だってねえ、箱詰めしてそのまま全部出しちゃうんならその方が手間もくわないじゃないですか、やる仕事は一緒ですもんね、ただうちの場合はそこに注文受けたり、販売したり、やっぱりそういう余計な仕事が増えちゃうじゃないですか、だからそういう点は大変なんですけども、(略)固定客がかなりあるんで、やっぱりやめないでやって下さいねって言われると。そうか、みたいな感じ。なっちゃいましたね、今はね。でもだんだん年とってくると辛い面もありますけどね、体もついてかないから。」

　従来の、一括して農協に出荷するという方法でも、選果・箱詰めの手間は相当なものである。しかし、それでもなお、Lさんのようにきめ細やかな顧客への対応

研究ノート

にくらべれば、「手間もくわない」方法なのである。

(2) 出荷前の商品に対する配慮

前節では、実際の販売労働に対する語りをみてきたが、次に、これに関連して、出荷前の商品に対する語りをみてみる。

a町の2人の女性の事例では、女性が出荷前の商品にいろいろな配慮を行っていた。

まず、Nさんの事例をみてみる。Nさんは、50歳代の半ばで、花卉を主力とする複合経営農家で農業に従事している。Nさんは、アレンジ教室に通い、フラワーアレンジメントの高度なスキルを有している。Nさんは、非常に多忙な中、睡眠時間を削って自分の農作業・家事役割をこなした上で、何とか遠方の教室に通いつづけたという。それが「生きがい」であったと語っている。Nさんの農家の温室の作業場には、多くのラッピング素材が用意されており、直売の際にはNさんがラッピングを施しているという。そこでNさんに、ラッピングは付加価値になるのかと尋ねた。

「そうね、でも、お店みたいな訳には、自分では利益とかそういうのはあんまり計算には、ラッピングしたからラッピング代いただきますって、そういうのはしないですね。でもほら、小売りっていうのは、うちは生産者だから、小売りすれば市場出荷よりもかなりね、分がいいでしょ。だからその中でラッピングを、自分で満足するようにラッピングをして、そういうのが一つのこう、ま同じこういうのでも、自分でどうだろうどうだろうって組み合わせするでしょ、そういうのが何ていうか楽しみ、私は。(中略)」

(コサージュとかブーケとか付加価値とかお小遣いが入るとか (略) ありましたか)

「そういうのもありましたよ。でもそれが目的ではなかった。あの依頼されれば、じゃほら、じゃやりますよっていう。こちらからそれを売り込むっていうようなことはしなかった。でも結構ああいうほら、見舞いにくるからアレンジ作ってとか、花籠バスケットにとか、ね。同じやっぱりお花をもしこうさしたとしても、何でもそうだと思うんだけれど、応用がきくっていうのは、やっ

ぱりある程度の基礎ができてないと応用がきかないでしょ、それは人間が見る、人間が定めたそのかたちの見方かもしれないけど、でもやっぱりいろいろね、同じものをさすにもね、違うわね、花を一つを生かすにもね、そう思うなんてそれはうぬぼれかもしんないけども。」

　Nさんは、直売のラッピングばかりでなく、コサージュやブーケなどの商品についても、経営上の販路の拡大、付加価値づくりということを主眼に考えていたのではなかった。これに対して、Nさんの夫は、「そういう時間の余裕がなかったんだわね、それをやっぱりとられると、その時間とらわれてしまうと、今度は生産の方の時間がなくなっちゃうからね。だから」と語っている。つまり、ラッピングやアレンジメントは、生産活動の中の余裕の範囲でのみ行われるべきものとして考えていることが窺える。また、このような技術を得たことは、Nさんにとっても大きな副収入に結びつくものとはならなかった。そしてNさんは、アレンジメントを行うことについて、「自分の楽しみ」「花を生かす」という哲学を見いだしているのである。

　それでは次に、Kさんの事例もみてみよう。Kさんは、40歳代の後半で、花卉（他には自家用米のみ生産）農家で農業に専従している。Kさんに得意な仕事を尋ねると、出荷する際の最後の「仕上げ」であるという。それはいかなる理由に基づくものか。次の語りをみてみよう。

　「やっぱり、その人のセンスとかが問われるでしょう。（略）やっぱり生育状況が違うからさ、違うから、あの一緒に詰めちゃうと一緒くたんに十把ひとからげで（略）売られちゃうけど、やっぱりこう選抜して、良い物を。だから、市場の方ではA品とB品分けて下さいっていうんですよ。だから私が出荷するときには結構そういう風に気遣ってやってるんだけど、パートさんだとか何とかだと、やっぱり何でも良くなっちゃうんですよ、そうするとそれだけ単価が下がっちゃうかな。箱全体の単価が。」

　A品とB品をきちんと分ければA品は高い単価で売れるが、選抜が甘くA品にB品が混じってしまえば、A品の評価が下がってしまう。これはもっともな意見

研究ノート

のように思われるが、夫の賛同は得られていない。それは、以下の語りに窺える。

「でも、そうすると能率下がるんですよね、良い物だけを選抜して、この市場へだけは、良いもの送って、単価を上げようと思うと。だからプールにしてみんなならしてどの市場も同じようにしちゃった方がいいのか、その、利益率ちょっと考えてないんですけど、うーん、あのね、受けの良い市場と受けの悪い市場とかあるんですよ、この市場だけはうちの製品は良い物を送って、高く買ってもらうっていう。そういうの気遣って私はやる人なんですよ。で、主人は構わないって感じ。そんなことやったら能率もあがらないし、とにかく全部早く売っちゃわきゃしょうがないんだから、全体的なプールで計算すると、そんないちいち分けてなくってもいいんじゃないかっていうんですよ、ならして。最終的にはね、いくら売り上げが上がったかでだけど、私は名前をとりたいっていうか、良いもの出して、あ、Kさんちのものはいつも良い物送ってきてもらえるっていって、そこで単価がね、人より、やっぱりおんなじものが出てくるしょ、全国から、そうすると、私はしのぎを削って、自分ちのものをグレードアップしたいと思うんだけど、主人は中位でいいって言うんですよ、だから、うん。だけどほら、悪い物もあるから出さなきゃいけないでしょう。で、だから市場選んじゃ悪いんですけど、そういう物はそういうB品ならB品出す市場とか、あるんですよ。」

すなわち、Kさんは、単なる利益率の問題というだけでなく、商品に「Kさんの家の経営のブランド」という付加価値をつける経営戦略をとりたいと考えているのである。産地間のブランド競争の、個別経営版ともいえる。しかし夫は、そのような戦略は無用であると捉えており、利益率という点でも、手間には見合わない、と考えている。そして、実際にKさんがこのような手間を費やしていることについて、評価していないことが窺える。

以上の2つの事例から窺えることは、男性は、女性たちのこのような販売前の商品に対する配慮を重視していない、あるいは、価値を認めていないらしいということである。そして、女性たち自身も、どちらかというと純粋な利益追求とは別の次元の「価値」——それは精神的な満足であったり、顧客への思いやりであっ

たり——を見いだしているようにみえる。また、夫の側からは、出荷前の商品に対する配慮は、「余裕のあるときにのみ許されるもの」や、価値のないものとして捉えられている傾向があると言える。

なお、このような傾向は、渡辺［2004］におけるOさんの事例(40歳代後半、いちご栽培専業の農家)でもみられたので、再び引用する。

「まあ仕事の何ていうか丁寧さみたいのはね、やっぱり人によって色々だけど、やっぱ女の人は割と丁寧に仕事するっていうのはありますよね、だから遅い、遅いって言っちゃあれだけど、丁寧にやるっていう所はあるかも知んない。でも丁寧にやればいいってもんでもないかも知んないけどね。程々っていうのもあるから、仕事って。あと摘む時割とほらねえ、私なんか実を採るときに気を付けて取るんですけど、多少そういう所はね、あるかもしんない、主人の方が少し、早い、早いからね、やっぱりしょうがないかなと思うけど、多少手ずれみたいなのが出るっていうかね。」

（そういうのがあると値段が変わっちゃったり？）

「でも、うーん、あまり関係ないよね、うーん、だって値段はほら農協全体の値段で来るから、そこで等級落とされれば値段下がっちゃうけど、等級が下がらなければね、お客さんの方でよっぽど酷ければ、腐ってたりすると苦情くるけれど、そうでない限りはそんなにはね。やっぱりうーん、お客様選んであの買うだろうけど、そうは苦情ね、暑くなるとやっぱり手ずれ言われるけど、寒いうちはそんなにね、苦情もないから、だからまあ、程々でかなと思うけどやっぱりね、買ってくれる人の身になればやっぱり丁寧に摘んで綺麗ないちごをあげたいっていう気持ちはありますよね。商品価値の高いものをっていう風に考えながらいつも仕事してますよ。でもあがりになんないけどね、いくらで、これいくらで売るっていう風に考えたときに、自分はね、買う時にそれだけの価値があるかっていう風に考えて、仕事してますけどね。何でもいいっていったらお客さん可哀想だものね、買う人の身になって。」［渡辺 2004：132］

Oさんもやはり、出荷前のいちごに気を遣っているが、これは農協を通じた出荷システムのなかでは「あがり」にならないことを承知の上でのことである。しか

研究ノート

し、Oさんは、「買う人の身になって」配慮し、あえて手間をかけているのである。
　Nさん、Kさんの事例と同様、Oさんの配慮も、夫から評価されておらず、経済的な利益の向上とは別の次元での価値を重視しているといえる。前節のトマト栽培の事例のLさん、上記のOさんの場合は、純粋に消費者への奉仕の心と言えるかもしれない。現状では、これらの2つの事例とも、女性はそれに見合った経済的な報酬を得ているとは言えないのである。

(3) 農業経営を支える女性の販売労働

　最後に、b町のAさんの事例をみてみよう。Aさんは、50歳代初めの、比較的規模の大きい酪農家で酪農に従事している。Aさんは、結婚した当初、経営を立て直すために販売労働を担当してきた。Aさんの結婚時、リンゴが3反、その他様々な野菜を栽培していて、農繁期には「夜なべして」つくるほどであったという。しかし、次の語りから窺えるように、Aさんの婚家は、それらの作物をうまく換金することができなかった。

　「販売が苦手で、お金に換えられなかったんですよ、私、来たとき春になると、もう、牛の運動場がリンゴの絨毯になっちゃうんですよ、売らないもんだから、春になって、牛にくれちゃうんですよ、運動場で。勿体ないことしてたんですよ。で、それをだから、お金に換えようと思って、3反のリンゴでもね。」

　Aさんによれば、当時、リンゴはちゃんと売れば1箱3500円くらいであったが、当時、Aさんの婚家では、これを1箱300円で市場に出していたという。そこで、「一生懸命そのときはまだ牛も増やしたかったし、話し合って」、Aさんが販売に踏み切ったと言う。Aさんが計算してみると、1箱300円では農薬代もまかなえなかったそうである。しかし、当時、義親の世代は車の運転もできないので、売りに行けない。そこで、Aさんが直接電話でスーパーなどにも売り込んだりしたそうである。さらにAさんは、次のような方法でもリンゴを販売した。

　「市場だとね、やっぱり買い叩かれちゃうんですよ、どうしても。（b町の周辺地域）産のリンゴなんて、知名度がなくて、青森やっぱりそういうところの

リンゴに押されちゃっててだめで。それで一番とりはぐれのないところっていったら、例えば学校の先生のところ。試食のリンゴをね、そこで切って食べていただいて、それで学校の先生のところとか、給食ですよね、に、買ってもらうように、子どもに半分とか、4分の1とか出すじゃないですか、そういうところで試食していただいて、買ってもらったんでしょうね。それで5校ぐらい契約結んで、最終的には（関東地域の他県）の方の、昔は今、給食センターっていうんじゃなかったんですよ、学校のなかに給食の部門があって、そこの栄養士さんに交渉して、とにかく味見してもらって、交渉してリンゴ買ってもらうっていう。」

Aさんは、このようにリンゴを売り込むだけでなく、さらに、野菜の行商にも歩いた。

「夏はおばあちゃんおじいちゃんが作ってくれる野菜を袋詰めして、それこそ行商して歩きましたよ。でもね、それがね、高原野菜って美味しいから、売れるんですよ。固定客がつくともう必ず待っててくれて、飛ぶように売れましたね、高原野菜は。（略）毎日出られる訳じゃなかったんですけど、（略）月の半分は行商して歩ってたかな。朝晩の搾乳をすませると、あの、おばあちゃんたちが荷造りしてくれるんですよ、（略）インゲン入れた袋とかを一杯こう箱の中に入れてくれたの。トラックに積んで、（県内の中心地）方面からずっとこっち（近隣の市街地）方面、売りに来てっていう、そういう仕事。」

上記の語りから明らかであるように、Aさんの販売のスキル、そして努力は素晴らしいものである。そこで、一体このような販売のスキルや原動力はどこから来るのか尋ねてみた。

「私の出た（略）高等学校は、販売させたんですよ、昔だから、それも、ためになってるかなって。お客様の所へ行って頭を下げて、買ってください、っていうことは、そのときに高校の時に教えてもらったことだから、ありますよね。農作物をね、男子の人たちが作ったのを、卵売ってこいだの、もう街の中売ら

研究ノート

されましたよ、最初は嫌で嫌で、もう高校生の時は『やだー』とか思いながら。でも、花とか、そういうのを売った経験が、多分、その、頭を下げてお客様に買ってくださいってお願いすれば、味が良ければ、売れるっていうのがあって。それで売りに行きましたね。」

Aさんが販売に積極的に取り組んだ背景には、農業高校の生活科での販売経験があった。しかしそれは、ジェンダーによって押しつけられたもので、「嫌だ」と思った経験でもある。Aさん自身は、あまり自分は販売向きでないと感じており、また、このような販売に踏み切ったのも、ひとえにAさんの責任感によるものだった。このことを示す次の語りをみてみる。

「3年目ですごい赤字があるって分かって、結婚して。ああこりゃ大変だと思って、それからですよね。うん。私がこんなんじゃほんと回んなくなると思って、子どもも生まれたんだしって、思い出してからですよね、そしたらもう祖父、父が、母はね、お金っていじくったことなかったんですって。一切。だから、祖父から、（Aさん）にならもう任してもいいからってもう、すぐ財布渡す、3年目で渡されちゃったんですよ。だけど、それの方がね、プレッシャーですね。逆に。頑張らなくちゃいけないし、で。もう赤字っていうんが分かっちゃったから、それ早くなんとかしなくっちゃ、って思ったから。(略)」
（へええ、販売は結構好きですか？）
「うん、商売が向いてるっておばあちゃんとかみんなに言われるけど、そうかな？と思うけど、でも自分的には嫌なんですよね。」
（ああそうなんですか？）
「できれば、牛好きだし、そういうのは向いてないと思うけど、周りの人は向いてるって言う。よく分かんないけど。うん。ただ生きるために私は一生懸命やってきたんで、自分が商売に向いてるとは思えないんだけど、うん。そういうふうに言われますよね。はい。」

Aさんが、販売に非常にすぐれた能力を発揮していることは疑いない。しかし、このことは、Aさんは、強い責任感から、経営を支えるために非常な努力を行っ

てきた結果なのであり、販売が好きだからやってきたのではない。Ａさん自身が「牛好きだし」と語っているように、現在は、規模拡大した酪農業で牛の管理の作業を行い、睡眠時間を削るほどの情熱を注ぎ、高いスキルを発揮しているのである。また、高校時代の販売経験という経緯を考えても、販売に関する能力を身につけるプロセスは並大抵のことではない。リンゴを、市場を通さずに飛び込みの営業で売り込むという方法も、たとえ思いついたとしても、誰でもできるというものではない。当然ながら、「頭を下げて」売り歩くより、市場に出荷した方が楽であろう。

　Ａさんを、「いきいき元気な農村女性」として賞賛することは非常にたやすい。しかし、重いプレッシャーを与える農業経営環境の中で、強い責任感によって、「自分的には嫌な」販売に挑戦し、やり遂げたＡさんに対し、そのような単純な賞賛のみを行うだけでよいのだろうか。そして、農家女性に、販売労働で「いきいきと元気に活躍することを期待」するだけでよいのだろうか、という疑問が生じるのである。

(4) 研修の可能性と販売労働

　上記に述べたように、Ａさんは現在、牛の管理作業に高いスキルを発揮しているのだが、それには、積極的に「勉強会」等に出席してきたこととも関連していると考えられる。Ａさんは、「薬屋さんが主催する勉強会がありますよとかっていうのを新聞で見たり、いろんな雑誌で見たり、まあ獣医さんから言われたり、いろんなところ、そういう機会があって、自分で行ける範囲の時間で距離だったらどこでも行ってましたね」と語る。しかし、「その頃は女の人がね、農家の女の人が勉強に行くっていうのはなくて、周り見回すと、男の人ばっかりで、ちょっと異様な目で見られましたね」と振り返る。Ａさんは、夫に、「勉強会」に出席することについての考えを聞いたという。なお、（　）内は筆者が補った。

　「主人がメンツがあって、意外と封建的な、農家、農業っていうのはあるじゃないですか。で、『女なんか連れてきて』『奥さんなんか連れてきて』なんつって言われんじゃ、そういうの（主人が）気にしたら困るなって（思って、主人に）聞くと、主人は、『これからの女は出なくちゃだめだ』って言ってくれたんで。も

研究ノート

う本当に主人に聞いて。行ってもいいとか。主人も一緒に、行ったりしてましたね。頭数が少なかったから、早く朝起きて作業して、出かければ午後からの講演が間に合うとか、そういう時は、二人でよく出かけましたよね。」［渡辺 2005］

　Aさんの実家は酪農家であるが、高校卒業後、農業専門の学校に進学するまでは、酪農の経験はほとんどなかったそうだ。しかし、父親の意向で、父親の卒業校である農業専門の学校に進学し、そこで牛に触れ、牛が余計に好きになったと言う。だが、実際に酪農家に入ってすぐは、「全然なんにも知らなかった」。ゆえに、Aさんが現在、好きな牛の管理作業に力を発揮しているのは、「勉強会」に参加したいと思い、そして、参加できる環境であったことが影響していると言えるだろう。Aさんの事例は、女性が、販売業務にこだわらず能力を開発するために、研修等で農作業のスキルを学ぶ機会が重要であることを示していると言えよう。
　次に、花卉栽培農家で、出荷前の商品を選抜することが得意だと述べていたKさんの事例をみてみよう。Kさんは別の種類の施設園芸農家の出身で、結婚前は農協の職員であった。結婚した当初、Kさんの婚家は野菜農家であったが、夫の意向で花卉栽培に変更した。花卉栽培を始めて、夫は、Kさんとともに視察に行きたいと考えているそうである。

　「何で主人が私を連れてくかっていうと、自分が聞き逃したことも私が聞いてるかもしれないって。だから2人の耳で聞きに行くっていうか、いろんな先進地を歩いたり（略）そういうの主人が1人で行けばいいじゃないですか。こっちの仕事ほっといて2人で行くことないと思うでしょ。でもやっぱり2人の目で見た方がいいからって。」

　このような研修の成果の影響があってか、Kさんは花卉栽培についてかなりのスキルを有している。Kさんは、作柄、生育状況、肥料などについて夫に意見を述べると言う（これをKさんは「口出し」とも表現した）。次にKさんの語りをみてみよう。

「新しい品種決めるときとか、色合いとか、いつごろ時期的につくるとかあるんですよ、やっぱり、最近は不景気なんで、このイベントがありますよね、母の日とか、お中元お歳暮とか成人式、(略)あと敬老の日とか、そういう(略)イベントの時しか注文とか値段も上がらないし、動かないし、値段はすごい転移してるんですよ。だから、いつつくって、いつ蒔いて、いつ出荷するかとか、そういうのとか全部。黙っては従わない。黙って従っちゃ失敗するときある。言うことだけ聞いてやってると、結構失敗するから。絶対私、相談してやれとか言うんですよ。」

(それでどういう点が成功しました)

「(略)やっぱりいいものがつくれたり時期にあって出して思うような収益を得たり、あと労働力の軽減、あのいろいろ(略)いかに労働力を少なく減らして能率を上げるかっていうことも、年中年中あるんですよ。パートさんをいかに効率よく使うかとか。その結果良いときもあったし、やっぱり駄目なときもありました。」

以上の語りからは、Kさんは、夫の経営方針について積極的に意見を述べていることが窺える。しかし夫もまたKさんの意見に従うとは限らない。そしてKさんの意見を聞かず、失敗したこともある。次の語りをみてみよう。

「私の意見を通す時もあるし主人の言う通りに従う時もあるし、でも私が言っても言うこと聞かないで逆に失敗した時。失敗したんですよ、今年の春も。で、そのする時に、『もしお父さんの言う通りにしてね、失敗したらね、責めるよ』とかって言ったんだけど、やっぱり責められない。(略)例えば細かいことなんですけど、花を山に持っていって、ちょっといつもより早めに下ろして来ちゃったんですよ。私としては『まだ寒さにあてる期間が短いから、表に置いておきましょう』って言ったのね、『表に置いて十分に霜とか寒さとかにあててから、鉢上げしましょう』って言うのに、『いや、もう、山で十分当たっただからもう花芽がついてる、だから』って言って、もう入れちゃったんですよ、室内に。見事花芽がついてませんでした。出せません。『だから言ったでしょ』って言えなかったんですけど。ねえ、そうするとすごいね、何百万っていう金額が

147

研究ノート

これでぱあですよね。」

　Kさんによれば、その年は、早く寒さが来たために、花芽が付いたかどうかの判断が分かれたのだそうだ。Kさんは、「もうちょっとね、あの喧嘩を、意見を戦わせて私が頑張れば良かったんだけど、主人に負けて」と語った。Kさん夫婦は、花卉栽培の技術的な点についての意思決定おいて、Kさんが「口出し」と表現したことからも、完全なる平等が達成されたわけではないと言えるであろうが、少なくとも、Kさんのスキルは夫を凌ぐ面があり、経営に貢献していることが窺えるだろう。ゆえに、AさんとKさんの事例からは、視察等も含む研修に積極的に参加してスキルを獲得することが、女性の技術面での経営参画を促進すると言える。

　しかし一方4(2)における、フラワーアレンジメントの技術を獲得したNさんの事例では、販売分野における技術面のスキル獲得は、「やりがい」「楽しみ」という精神的な面での効用はもたらしたが、経営全体への意思決定という観点からみると、あまりインパクトはもたらさなかったと言えるだろう。これは、販売労働という領域におけるスキル獲得が、インパクトをもたらしにくいということを意味しているのではないか。同じく4(2)でみたように、Kさんの商品出荷前の配慮もまた、夫からは評価されていなかった。これは、販売領域が、家族農業経営の中で、従来(夫から)重要視されない領域であることに由来しているのではないか。

5.　考　察

　4(1)にみるように、男性は、直売の仕事を好まない場合があった(Hさん、Lさんの事例)。この背後には、従来の出荷システムにおいて、販売に際する配慮は、経営においてあまり重視されてこなかったということが背景にあると推察できる。さらに言えば、従来の出荷システムは、「頭を下げ」て売り歩くことや、消費者と向き合うことからくる労力は省くことができた(Aさんの事例)。

　2(2)で述べたように、渡辺[2004]によれば、家族農業経営において、男性の行っている農作業役割は、経営において商品の価値、とりわけ価格に影響を与える重要な作業と考えられるものを中心とするという傾向があった。また、渡辺[2002]によれば、家族農業経営の中で、女性たちは、婚家の農業資産を減らすリスクを負いながらも、経営を動かす達成感を得るということに消極的であり、経営的な

達成感を得る機会に乏しいということが指摘されている。それゆえに、女性たちは、裁量権を行使できる農作業領域を求めるあまり、ある農作業を「女性向き」の仕事として意味づけ、囲い込むという戦略を行使していた［渡辺 2002］。

　これらの知見をふまえると、男性が重要視していない、いわば「隙間的」とされてきたような農作業領域である販売の領域に対し、「やりがい」を求める女性が参入しやすいと考えることができるのではないか。4(2)の販売への配慮に対する分析結果からみられるように、実際には、商品の「価値」に影響を与えるような作業でも、Oさん、Nさん、Kさんの事例のように、従来の出荷システムからすれば、あまり価格に影響を与えない作業となる。したがって、ここでいう「隙間的」というのは、その作業の本質的な性格ではない。

　現在、農業従事者の女性は、単に男性からの「さしず」を受けるだけの「手伝い」労働力からの脱却を試みており、特定の農業労働——本稿の事例では、販売に関する労働——において達成感を得られるように努力しており、一見するとそれは成功しているようにみえる（Lさん、Nさん、Kさんの事例）。しかし、そのような女性たちの努力やスキルに対して、夫たちは必ずしも価値を見いだしていない傾向がある（Nさん、Lさん、Kさん、Oさんの事例）。

　上記に述べた先行研究の知見と本調査の結果をから、次のような解釈が可能ではないか。

　家族農業経営には、「やりがい」のジェンダー格差が存在する。その中で、「やりがい」を求める女性たちが、男性からは重視されていない隙間的な領域である販売労働に参入し、何とか「やりがい」を見いだそうとする場合もある。このような方法ならば、家族農業経営における、「あくまでも男性が重要な役割を担っている」という性別役割分業のパターンも改変することはない。また、女性が農作業のスキルを獲得しにくい構造や、農業資産の継承からの排除といった家族農業経営の制度面での問題と衝突することもない。ゆえに、ジェンダー格差に適応した上での、「やりがい」探しとういことになる。

　したがって一見、女性たちが「販売労働にやりがいを見つけて素晴らしい活躍をしている」としても、それだけではまだ、手放しで祝福するわけにはいかないのではないだろうか。例えば、Aさんの事例をみてみると、すぐれた販売能力を持っていても、それは、農業経営環境からの要請と、自身の責任感との結果であ

研究ノート

るという場合もあることが窺える。事実、4(4)にみたように、Aさんは積極的に「勉強会」でスキルを獲得し、現在、自分の好きな、牛の管理作業にもすぐれた能力を発揮しているのである。夫とともに視察に参加したKさんも、技術面での判断をはじめとする経営参画を果たしている。しかし、Nさんの事例及び、Kさんの販売に対する配慮にみるように、販売に関する分野でのスキル獲得は、男性からは評価されにくい。ゆえに、Nさんのように、フラワーアレンジメントのスキルのみを獲得しても、それがどんなにすぐれていても、経営参画の促進というベクトルには進みにくい。すなわち、販売に関する労働の領域は、従来の家族農業経営の労働全体からみると「隙間的」な領域であり、それゆえに女性が参入しやすいが、一面では、経営全体への参画を促進するベクトルを想定したときに、袋小路に入りやすい領域であるとも言えるのではないか。

　販売に関する労働の領域で活躍する女性の姿に対して、「いきいきと元気に農作業に取り組んでいる」と賞賛することは非常にたやすい。しかし、そのような女性たちの姿が、女性をとりまく農業経営のあり方の問題点を反映しているものであるとするならば、安易にそのようなイメージを付与することには問題もあるといえる。ただ、表面的な賞賛のみに終始するならば、女性たちの努力も、家族経営農業のジェンダー格差も、隠蔽されてしまうのではないか。

　現在、農産物の流通システムは大きな過渡期を迎えつつあるとも言える。従来のような流通システムでは軽視されてきた販売に関する労働の領域は、産直、直販などの広がりによって、経営において重視される領域と変化する可能性を秘めているのかもしれない。しかし同時に、デルフィ［1984＝1996、1992］が指摘し、渡辺［2004］の実証研究から示唆されるように、労働の価値がジェンダーによって決定されるというポリティクスが働くとすれば、「販売＝女性向きの労働」と意味づけられることによって、当事者の販売労働に対する価値が上昇しない可能性もある。その点からも、販売という特定の領域における女性の活躍を称揚することの負の機能については注意が払われなければならないのではないか。

　とすればやはり、女性一人一人の個性に応じた、研修・視察などによる（販売関連に限らない）技術的な向上の機会を確保し、「女性向き」といったジェンダー適性論にこだわらない、「適材適所」の実現が求められると言えるだろう。しかし、Aさん、Kさんの事例にみるように、従来、女性の研修参加に対する夫の意識と

いうものが少なからず影響を与えていると言える。また、そもそも、女性が農業資産の継承から排除され、実質的に土地の管理・処分権を持ち得ず、そのために全体的な経営参画へと至りにくいという根本的な課題があることも忘れてはならない。ゆえに本稿では、この2つの課題の克服の重要性を指摘し、むすびとしたい。

〔注〕
(1) 例えば、「自然や動物を愛する優しい心、きめ細かく丁寧な仕事ぶり。そんな『女性らしさ』が酪農には欠かせない。酪農女性は『女性らしさ』を活かし、いきいきと酪農に取り組んでいる」[社団法人北海道酪農畜産協会 1999：76] といったような言説である。
(2) 渡辺 [2002、2003、2004] は、家族農業経営における女性の農業資産の非所有と、経営への意思決定、裁量権の不均等が連関する構造を描き出す試みである。
(3) 本調査は、お茶の水女子大学21世紀COEプログラム「ジェンダー研究のフロンティア―〈女〉〈家族〉〈地域〉〈国家〉のグローバルな再構築―」の研究助成を受けて実施した。
(4) Nさんは夫婦で作業中にインタビューに応じて下さったため、夫の語りも含まれている。
(5) Aさんの研修についての語りは、渡辺 [2005] においても別の文脈で分析したが、本稿でも改めて引用する。

〔引用文献〕
天野寛子、2001、『戦後日本の女性農業者の地位』ドメス出版。
千葉悦子、2000、「農家女性労働の再検討」、木本喜美子・深澤和子『現代日本の女性労働とジェンダー』ミネルヴァ書房。
Delphy, C., 1984, *Close to Home*, Leonard, D. (trans. and ed.), Hutchinson Education. (井上たか子・加藤康子・杉藤雅子訳、1996、『なにが女性の主要な敵なのか』勁草書房。)
Delphy, C., Leonard D., 1992, *Familiar Exploitation: A New Analysis of Marriage in Contemporary Western Societies*, Cambridge: Polity Press.
橋本玲子、[1985] 1996、『日本農政の戦後史』(三訂)、青木書店。
古田睦美・諸藤享子、2001、「農村にみる女性のアンペイド・ワーク」『女性労働研究』39、14-22頁。
熊谷苑子、1998、『現代日本農村家族の生活時間：経済成長と家族農業経営の危機』学文社。
丸岡秀子、[1937] 1980、『日本農村婦人問題』ドメス出版。
諸藤享子、2002、「個人研究助成受領者報告 自営農業世帯のアンペイド・ワーク 栃木県の家族経営協定締結農家を事例に」『ジェンダー研究』5、32-48頁。
社団法人北海道酪農畜産協会、1999、『聞いてほしい！酪農女性のホンネ』。
渡辺めぐみ、2002、「家族農業経営における女性の語りにみる労働とジェンダー」『家族社会学研究』第14巻1号、21-32頁。

研究ノート

渡辺めぐみ、2003、「家族農業経営におけるジェンダー―専業農家における労働の視点から―」お茶の水女子大学人間文化研究科 (未公刊の博士論文)。
渡辺めぐみ、2004、「家族農業経営における性別役割分業―いちご栽培農家の農業従事者へのインタビューから―」『人間文化論叢』第6巻、129-138頁。
渡辺めぐみ、2005、「酪農経営の規模拡大と性別役割分業―開拓地の酪農家女性へのインタビューから」『F-GENSジャーナル』第4号、127-134頁。

⟨Abstract⟩

Sales-related Work and Gender in Family Farms

Megumi WATANABE

(Part-time Lecturer, Ochanomizu University)

The purpose of this paper is to analyze the labor related to the sale of agricultural products in family farms from the viewpoint of gender.

In recent years, adjectives like "vivid" and "powerful" have been used to describe farmhouse women. Praising farmhouse women in such a way also has the strategic aspect of helping wipe away negative images of agricultural life. However, is there not a gap between the image of "vivid farmhouse women" and the actual condition of farmhouse women?

Moreover, has not such an image served the function of concealing the structure of the gender problem in family farms?

In this paper, semi-structured interviews with farm women were conducted, and five of these narratives of their sales-related work were analyzed from the viewpoint of gender. As a result, the following points became clear.

First, sales-related work has conventionally been viewed as less important than the work of farmhouse men. Since women have not participated in management decision-making, they are deficient in "fulfillment." Therefore, women tend to enter into sales tasks in search of "fulfillment." However, since farmhouse men do not think of sales-related work as important, the women have only acquired mental satisfaction.

Second, there are women with excellent sales ability who in fact did not wish to engage in sales-related work. Their entry into sales activities was motivated by the needs of management. Therefore, it is easy to praise that "they are working vividly and powerfully" about women that demonstrate their abilities through sales-

研究ノート

related work. However, we must not overlook the fact that gender problems in farm management exist as the background to the fact that the women demonstrate their abilities in the sales domain.

―――― 日本労働社会学会年報第16号〔2006年〕――

若年者の雇用問題と職業能力の形成の日台比較
――「学校から職業への移行」を中心として――

董　荘敬
(常磐大学大学院生)

1. はじめに

　バブル経済の崩壊を契機とした平成不況や、産業構造の転換による急激で大きな企業環境の変化、厳しい雇用環境の中で、若年者は従来と異なる社会状況に置かれている。とりわけ、定職に就かないフリーターと進学も就職もしないニートに関する雇用問題が多くの注目を浴びてきた。『平成16年版労働経済白書』(2004)の推計結果によると、フリーターの数は2003年に217万人にも達している。さらに、筆者の推計では2010年におよそ271万人、2020年に349万人へと上昇する見込みである。

　若年者の失業における問題は、若年者にとっては職業能力の形成の機会を奪い、その質を低下させることであり、マクロ経済的には、技術性や生産性にマイナスの影響を与えるという点にある(UFJ総合研究所 2004；仁田 2003；『産経新聞』2005年5月30日付)。産業構造の転換により雇用が二極化し(山田 2004：50-97)、学校から職業への移行構造そのものが変化する中で(小杉 2003、2004；乾 2002；木下 2002)、この問題が生じる主な要因は、日本の雇用慣行がこの急激な変化に対応していないという点にみることができる。日本では典型的雇用されることをもって移行が完了したという認識が一般化しているため、学校から職業への移行に関する研究が注目されている背景には、移行に失敗する若年者の顕著な増加があるということである(平沢 2005：29)。

　近年、台湾においても日本と同じように15歳〜29歳の若年者の失業率が高い水準となっているが、日本では顕著に現れているフリーターの現象は、台湾ではまだ注目をされず、社会に潜んでいる可能性がある。また、台湾では2005年7月に

155

研究ノート

「労工退休金条例 (労働者退職金条例)[4]」が実施されてから、雇用主は経営上のコスト増大を回避するため、典型的労働者の雇用を削減し、その代わりに非典型的労働者の雇用を拡大させる可能性が高いと予想される。近年になって賃金や勤務条件が悪化して、若年者の「青貧果」化 (青年貧困化)[5]の現象が浮上していることや、非典型的労働者が増加するなど構造的問題が明るみに出てきた[6]。

　本稿の目的は、日本と台湾の若年者の雇用問題、とりわけ若年層の職業能力の形成を考察する。職業能力の形成を論じる際には、その主体がどのような手立てを通じて職業能力を向上させるのか、その形成ルートを明らかにする必要がある。この点については職業能力の形成ルートを学校と労働市場のリンケージ、すなわち、学校から職業への移行に焦点を当てて考察する。日本と台湾ではそれぞれ構造化された労働市場があり、学校から職業への移行のルートは異なっている。本稿においては移行の連続性 (間断のない移行) と非連続性の概念を用い、国際比較を通じて日本と台湾の学校から職業への移行構造の特徴を検討する。

2. 調査研究の方法

　日本における学校から職業への移行については、基礎の統計資料や文献に基づいて分析し、移行構造の特徴を明らかにした。台湾のものについては、このような調査が少ないため、筆者が独自に調査したものを利用した。

　台湾での調査は台湾の青年輔導委員会、派遣会社パソナ台湾、台湾南区就業輔導中心、日系企業台湾双葉に対してインタビュー調査を行った。さらに、台湾南部の7校の大学生4年生を対象にアンケート調査を行った。以下では学生調査と称することにする。

　今回行った学生調査は、台湾南部の昼間部の大学生4年生を対象にした自己記入式調査である。本調査は国立と私立、一般の大学と技術職業系大学、理科系と文科系の別に、協力を得られた教員の授業時間で調査したものである。調査実施時期は2005年3月1日から3月15日までであった。調査票600枚を配布して580枚を回収した。回収した有効調査票は7大学に所属する学生合計567件であり、無効調査票は13件であった。有効回収率は94.5%であった。

3. 日本と台湾の労働市場の相違

若年者の雇用問題と職業能力の形成の日台比較

(1) 若年者の高い失業率の背景

　台湾では失業率が1991年から2000年まで大体1%～3%で推移していたが、2001年に4.6%へと急上昇し、近年にない高い失業率となっている。図1でみると明らかなように、台湾は2001年頃から日本と同じ高い失業率となっている。性別・年齢階級別失業率でみると次の特徴がみられる。第一に、全体的に言えば女性より男性の失業率が高い。1995年から男女間の失業率の開きが大きくなり、しかもその開きが日本より大きい。第二に、15～19歳の失業率は全年齢階級で最も高く、20～24歳と25～29歳の失業率は15～19歳に次いで高い失業率となっている。台湾においても日本と同じように15～29歳の若年者で高い失業率を示している。第三に、台湾では2001年から15～24歳の失業率は日本より高くなっている。(**表1、図2、図3**)。

　学歴別完全失業率でみると、低学歴者の失業率がほぼ1%～2%前後で推移していたが、2000年に高くなり、2001年に高等教育卒者を超えた(**図4**)。高卒者の失業率は中卒者、高等教育卒者より高い数値となっている。留意すべきは高等教育卒者の失業率が必ずしも低いとは限らないことである。それは台湾の「高学歴＝高失業」という現象にみられる。近年台湾では大学の増設及び規模拡大が短期間で極度に進展しており、各大学は運営を維持するため、できる限り多くの学生を

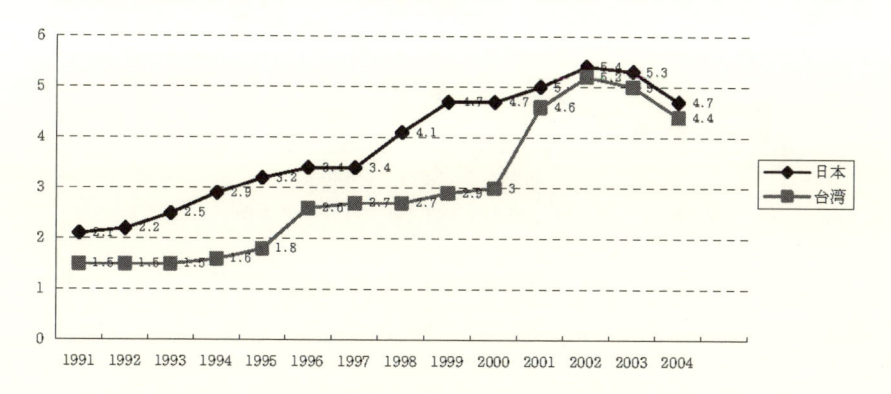

図1　完全失業率（日本と台湾）

注）失業者の定義：ILOの基準の従い、「仕事をもたず」「現在就業可能であり」「仕事を探していた」の三要件を満たす者とする。
資料）日本総務省「労働力調査」、台湾行政院主計処「台湾地区人力運用調査」より作成。

157

研究ノート

表1　年齢階級別失業率（台湾）

単位：％

年	15〜19歳	20〜24歳	25〜29歳	30〜34歳	35〜39歳	40〜44歳	45〜49歳	50〜54歳	55〜59歳	60〜64歳	65歳以上
1991	4.93	4.41	1.91	0.91	0.76	0.62	0.49	0.55	0.41	0.23	0.11
1992	4.98	4.70	2.00	1.00	0.64	0.53	0.52	0.48	0.35	0.31	0.08
1993	4.78	4.60	1.94	0.96	0.68	0.53	0.48	0.45	0.40	0.25	0.10
1994	4.96	4.67	2.19	1.19	0.74	0.65	0.60	0.45	0.43	0.29	0.13
1995	5.59	5.16	2.55	1.36	1.00	0.82	0.78	0.70	0.42	0.31	0.12
1996	7.47	6.72	3.65	2.08	1.65	1.49	1.37	1.20	1.05	0.65	0.15
1997	7.35	6.76	3.68	2.15	1.84	1.63	1.61	1.76	1.31	0.80	0.28
1998	8.26	7.01	3.61	2.06	1.76	1.60	1.64	1.60	1.20	0.68	0.19
1999	9.03	6.83	3.82	2.42	2.08	1.87	1.89	1.79	1.35	0.87	0.29
2000	9.04	6.89	3.77	2.59	2.24	1.98	1.93	1.85	1.61	0.92	0.24
2001	13.64	9.65	5.46	4.19	3.72	3.36	3.34	3.08	2.41	1.33	0.06
2002	14.59	11.31	6.46	4.65	3.87	4.00	3.84	3.60	2.78	1.45	0.13
2003	13.84	10.95	6.26	4.16	3.61	3.85	3.97	3.77	3.77	2.69	0.14

資料）台湾行政院主計処「台湾地区人力運用調査」より作成。

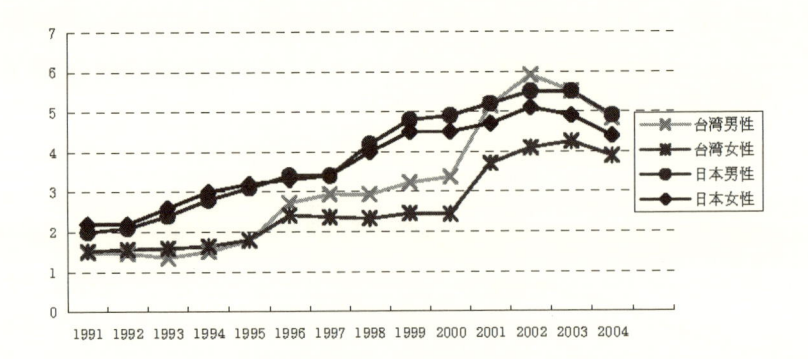

図2　性別完全失業率（日本と台湾）

資料）日本総務省「労働力調査」、台湾行政院主計処「台湾地区人力運用調査」より作成。

獲得しようとする。それに加えて、急速な少子化で大学への進学は従来より容易になった。それ故に、大学生の質が低下し、労働市場で高学歴の不完全雇用や代替雇用（substitution）が着実に進行しつつあるとともに、学歴そのものの価値が落ち、学歴インフレの現象が起こってきたのである。高等教育卒者の失業率が中学

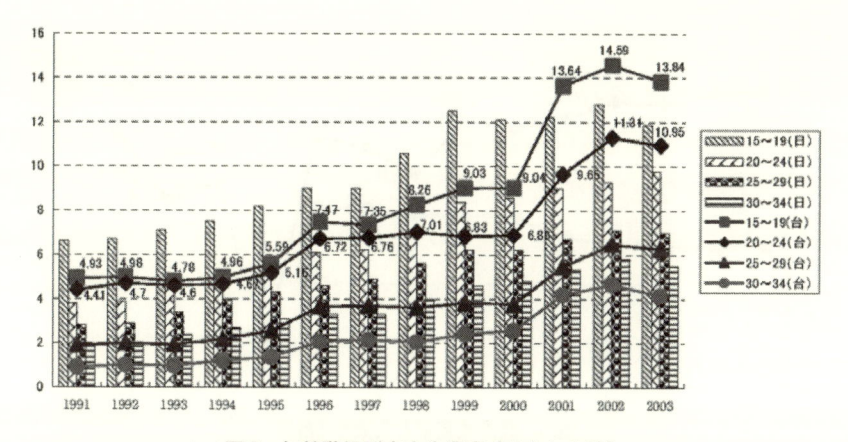

若年者の雇用問題と職業能力の形成の日台比較

図3 年齢階級別完全失業率（日本と台湾）

資料）日本総務省「労働力調査」、台湾行政院主計処「台湾地区人力運用調査」より作成。

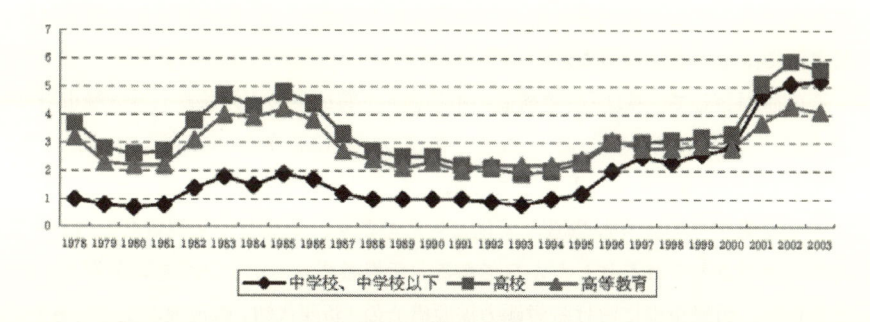

図4 学歴別完全失業率（台湾）

注）高校は職業高校も含まれている。高等教育は高等専門学校、短期大学、大学、大学院である。
資料）台湾行政院主計処「台湾地区人力運用調査」。

校以下卒者より高いということは台湾の失業者の独特の現象とも言えよう。

　近年になって台湾ではアメリカと同じ「雇用なき景気回復」（jobless recovery）となっており、経済が回復しても失業率の減少は緩やかである（臧 2004：76）。経済成長率からみると、2004年に5.5％を超え、2003年に比べ2％ポイントが増加したものの、失業率が0.7％ポイントしか減少してこなかった（**図5**）。また、失業率は1994年の後半期から少ないながら緩やかに増加してきたが、成長率の後退がさほ

159

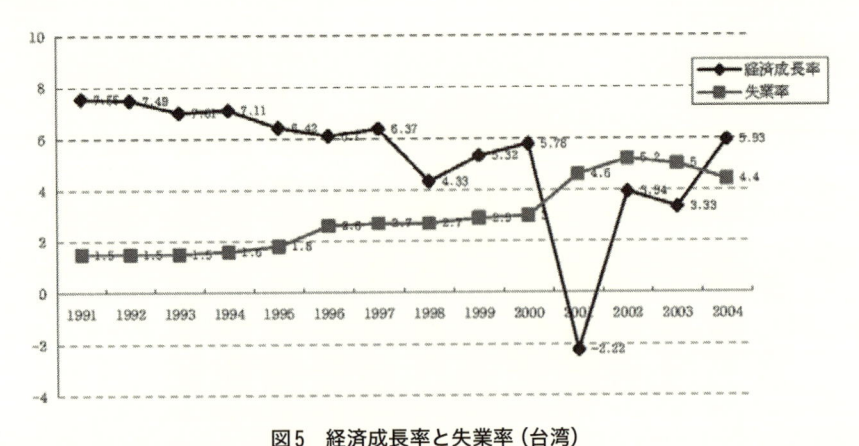

研究ノート

図5　経済成長率と失業率（台湾）

資料)台湾行政院主計処「台湾地区人力運用調査」より作成。

ど目立っていなかったために、その増加の事実が隠されてきた。2001年になって失業率が急上昇し、成長率が急激に後退したことから、失業の深刻さが徐々に注目されてくることになった。[10]

その原因として、臧は「産業構造の不均衡」、「製造業の海外移転」、「労働市場の硬直化」、「高等教育の質の低下」などをあげている（臧 2004：76-79）。この期間、失業率が1.5％から3％へと上昇したのは工業部門での構造変化が速やかで一部の工場や企業がそのような急激な変化に対応できず、余儀なく閉鎖させられたり、海外に移転させられたりしたからである。新規産業やハイテク産業の分野への進出に伴い、労働市場における労働力需要構造の「新陳代謝」の現象が生じてきた。[11]また、外国人労働者[12]を大量雇い入れたが故に、台湾の労働者が労働市場から排出された「置換効果」も起こってきた。グローバリゼーションの潮流で産業社会において従来の勤務システムが変化し、職業労働が脱標準化し、多様で柔軟な部分就業へと転換していく。このような転換に対応できない者は否応なく失業にさらされるようになる。

一方、江豊富・董安琪・劉克智は、1991年から2000年まで工業部門の労働力の需要は減少したどころか、拡大しつつあったと指摘した（江・董・劉 2003：15-20）。というのは、産業構造の不均衡発展により、IT産業では雇用が増加したが、労働集約型の伝統的な製造業やサービス業では雇用が停滞しており、産業構造の「一極

160

化」(特化)となっている。台湾の失業問題は、「仕事がない」わけではなく、「企業にとっては人材が見つからない(理科系)」及び「人材にとっては仕事が見つからない(文科系)」という「構造的失業」の現象である。

　この「構造的失業」の状況は**表2**の職種別欠員状況でみるとわかる。企業の欠員率（労働力の不足率）は2001年の3.21％から2002年の2.89％へと減少し、そして2003年に2.57％へと0.32ポイント減少してきた。この欠員率の減少は前述の「雇用なき景気回復」の現象と相呼応している。欠員状況が最も深刻な職種は「技術工、機械操作工、組立工（30.37％）」、「技術者、助理専業人員（28.98％）」「専門職（21.01％）」となっている。言い換えれば、台湾の労働市場では、半分以上の企業の「専門職」、「技術者、助理（アシスタント）専業人員」（中・高度技術者）は欠員の状況にある。欠員状況を学歴別にみると、高卒、商業・工業高校卒(26.57％)や高等専門学校卒(25.82％)の低度労働力(肉体労働)が最も不足であり、大卒・大学院卒(22.12％)の中・高度専門技術の労働力も不足の状況にある（**表3**）。

　この二つの表を併せてみると明らかなように、労働市場の欠員状況は、「大卒・大学院卒」の「専門職、技術者、助理専業人員」である「中・高度専門技術の労働力(ホワイトカラー)」の不足と「高卒、工業・商業高校卒、専門学校卒」の「技術工、機械操作工、組立工」である「低度労働力(肉体労働、ブルーカラー)」の不足に集中し

表2　職種別欠員状況（台湾）

単位　％

項　目	欠員率	計	管理職	事務職	専門職	技術者助理専業人員	サービス従事者販売者	技術工機械操作工組立工	非技術者非体力工
2002年5月	2.89	100.00	2.89	5.83	16.09	31.38	7.46	31.62	4.72
2003年5月	2.57	100.00	1.30	7.41	21.01	28.98	7.27	30.37	3.66

資料）台湾行政院主計処「台湾地区人力運用調査」より作成。

表3　学歴別欠員状況（台湾）

単位　％

項　目	計	小学校卒	中学校卒	高卒商業／工業高卒	高等専門学校卒	大卒	大学院卒	特に要求しない
2001年5月	100.00	1.10	7.81	29.95	20.77	21.23		19.13
2002年5月	100.00	3.83	13.38	27.83	21.90	22.62		10.44
2003年5月	100.00	0.82	11.14	26.57	25.82	22.12		13.52

資料）台湾行政院主計処「台湾地区人力運用調査」より作成。

研究ノート

ている。台湾の労働市場の労働力の需要は「中・高度専門技術の労働力（ホワイトカラー）」と「低度労働力（ブルーカラー）」へと二極分化してきた。それにもかかわらず、「中・高度専門技術の労働力（ホワイトカラー）」と「低度労働力（肉体労働、ブルーカラー）」は労働力不足の状況にあるが、失業率が依然として高いのは一体どういうことであろう。それは、「構造的失業」という要因のほか、学歴に見合った仕事や賃金を希求し、「高位低就」[13]を憚るということと考えられる。

台湾では学歴に見合った仕事に就くという傾向があるから、大卒者は高卒、高等専門学校卒の学歴に見合った仕事にある程度の抵抗感をもっている。だが、こうした大卒者は専門的職業能力あるいは技術をもたないと、就職するのが難しくなる。江、董・劉によれば、高等教育を受けた人口が全国の人口に占める割合が高くなると、15～24歳の若年者の就業機会が狭められ、失業率も相対的に高くなる（江・董・劉 2003:48-49）。

製造業の海外移転による国内の産業空洞化に関しては、1990年に「西進政策」[14]により中国などへの海外進出が法的に開放されてから、伝統的な製造業（労働集約型産業）セクターの多くはその生産操業を中国やベトナムへと海外移転することになった。それ故に、社会に大量の失業者が出現してきた。とりわけ、低技能の労働者すなわち主婦、中高年齢者、原住民といった「弱勢族群」の労働者が余儀なくリストラされつつあり、近年大きな社会問題となっている。この失業の現象は産業構造の転換に伴う「構造的失業」であり、未熟練労働者はこの産業構造の大きな転換の波に呑まれ苦境に立たされた。

一方、サービス業は失業人口を吸収する役割を果たすはずであるが、国家の発展政策がIT産業に重点を置いたが故、その役割が制限され、十分発揮できなくなった。それに加えて、1998年にアジア金融危機、2003年のSARS危機後、サービス業は大きなショックを受けて弱体化した。

労働市場の硬直化の解決策としては、王は労働力の移動性とフレキシビリティーが労働市場を調整するのに有効であると指摘した（王 2004:37-40）。台湾の構造的失業は企業側が求める資格能力と労働者が有する職業能力のミスマッチ、学歴と職務とのミスマッチ、労働力の移動コスト[15]、中・高度労働力及び低度労働力の二極分化に起因している。また、高等教育卒者の労働市場の進出により、低学歴者や資格をもたない者の就職機会は狭められる傾向もみられる。

(2) 日台の労働市場の相違

　労働市場における雇用慣行について日台の労働市場には相違点が多い。ここで台湾の雇用慣行を既存の文献、独自に行った調査（学生調査）及びインタビュー調査の結果に基づいて分析する。

　(1) 経験者優先志向、欠員補充の不定期採用

　従業員の採用については、台湾では男性が兵役を義務付けられているから、新卒一括採用はほとんど行われてこなかった。5月の卒業後、学生の就職活動が始まるのであるが、新卒一括採用が行われないので、欠員補充や業務の需要に応じて通年にわたり不定期採用が行われている。日系企業の台湾双葉の北村取締役は「新卒者を優先に採用したいと考えるが、実際上困難だ」としている。採用に当たって職業経験者優先が重視されることから、職務経験の浅い若年者や新卒者は職務経験者より就職が難しい。

　(2) 責任、権限、資格の明確化

　求人の職務内容や職務に応じる資格が明確にされ、求人広告には必ず求人の資格条件や備えるべき職務能力などが明確に掲載され、就社より就職の色彩が強い。入社後、企業内で配置転換により職業能力を向上させるのは稀である。

　(3) 職業能力の個人化

　企業では必要とされる最低限のOJTが行われているが、従業員の能力開発や職業能力の向上に関してはOff-JTの自己啓発や社会人向けの夜間大学に通学して技能や資格を向上させるなどの個人責任に任せてきた。経験者優先を志向している台湾企業では、職務や仕事に必要な能力や知識は既に一定程度身につけており、入社後すぐ使える即戦力が求められることが前提とされてきた。技能は個人の所有物とみなされており、会社のものではない。職業能力の個人化について、日系企業の台湾双葉取締役は「仕事を自分の財産として守り、部下の育成には非積極的だ」、劉(2000)は企業とのかかわりよりも「より待遇のよい職の追求や独立創業などの個人動機が極めて強い」(劉 2000:138)と指摘している。

　(4) 横断的労働市場と職業能力の向上

　台湾では公務員を除いて長期雇用がみられないため、男女を問わず個人的動機でよい雇用条件を求めるための他社への転職がよくみられている。他社への転職により職業経歴を積み重ねて職務能力を高めることが個人の市場価値を高めて良

研究ノート

い雇用条件への転職に役立つのである。「台湾双葉の場合、若い人達は簡単に転職してしまう。日系企業での業務経験は他の企業に移るときに有利に働く様子だ」と、台湾双葉の北村取締役は指摘した。それにもかかわらず、「転職によって職務の広さが拡大したが、専門の深さが足りない。何でもできそうだとみえて実は複雑で難しい仕事を担当できない」という問題がある(パソナ台湾)。

学生調査でもこのような傾向が読み取れる。図6は転職と職業能力の向上の関係を示したものである。「転職することによって自分の職業能力を向上させる」という質問項目では、転職の肯定派は53.3%と最も高く、転職の否定派は16.8%にとどまっている。「より労働条件が見つかれば転職してもかまわない」としている転職派は89.7%と群を抜いており、定着志向者の割合より高い。54.4%の学生は「若いうちにさまざまな仕事を体験してみたい」としている。一方で若年者は一つの企業に長期勤続や定着性という帰属志向が弱く、企業への忠誠心よりも仕事への忠誠心、企業への利益よりも自己利益といった側面がうかがえる。このような自己利益を重視する所属意識には裏打ちされた若年層の職業観は「仕事を媒介とした個人と組織の間接統合を希求しており、個人の仕事に対する最大限のコミットメントが必要不可欠である」と、谷内は指摘している(谷内 2005:34)。この個人と組織の間接統合の概念について、太田は「個人は専門の仕事のうえで能力を発

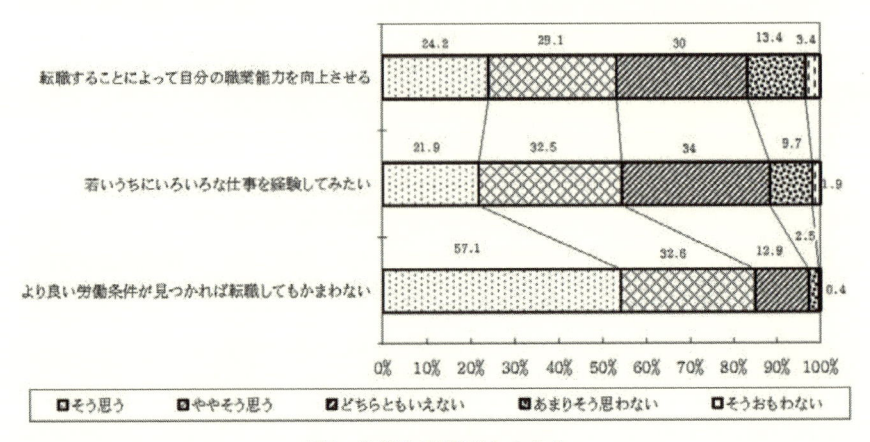

図6 転職と職業能力の向上

資料)学生調査。

揮することが求められるが、組織への一体化は要求されない」と述べている（太田1996：147-148）。つまり、個人と企業の関係は必要な範囲で限定され、個人が一定の範囲で自由になれるが、企業との一体化が求められていない。それは台湾の若年者の転職行動の一般化している現象と解釈できると思われる。

　他方で、台湾の労働市場は欧米のような横断的労働市場であり、労働者が有する職業能力は職業に応じて評価され、ほかの企業に移動しても、労働者としての格付けは変化しないという状況がある。なお労働者の企業間移動は既に一般化され、社会的に認められているものである。

　進学者、海外留学者、軍隊の入隊者を除けば、基本的に大卒者は卒業後直ちに労働市場に入る。行政院主計処の調査（2005）及びインタビュー調査（青輔会、パソナ台湾）によれば、5、6月の卒業シーズンが終わると大卒者の求職状況は直ちに次の7、8、9月の失業率に反映しているが、10月にはいると失業率がまた下がってくる。というのは、学卒者は徐々に就職するようになり、軍隊の入隊の待機者は入隊したためである。さらに、台湾の旧正月（1月、2月）の前後は転職のブームとなっている。それは、従業員は年末のボーナスをもらった後、他の企業へと転職することが多いからである（図7）。

　だが、転職の成否を分けるのは、事前の準備及び在職であるかどうかである。成功した者は前職を辞める前に情報収集を開始しており、いろいろな会社に接触したりする。スムーズにいかない者は会社を辞めてから就職活動を開始したので

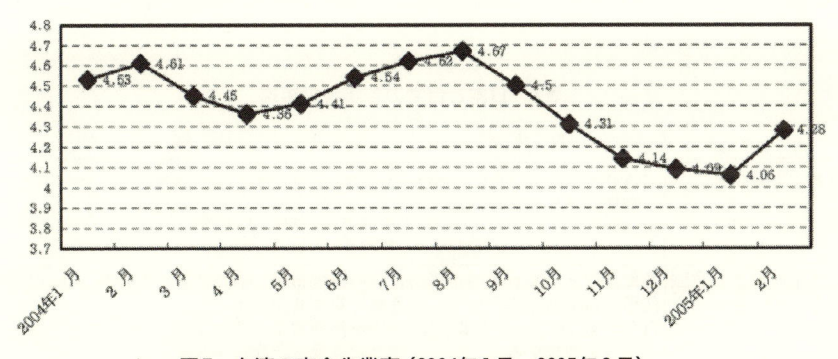

図7　台湾の完全失業率（2004年1月～2005年2月）

資料）台湾行政院主計処「台湾地区人力運用調査」より作成。

研究ノート

ある。仕事をしながら職を探す者は転職がスムーズにいくのに対し、会社を辞めてから就職活動を開始した者は転職しにくい（パソナ台湾）。中国の諺には「騎驢找馬」というものがある。それは我慢して驢馬（自分に向いていない仕事、よくない仕事の比喩）に乗り、千里の駒（いい仕事の比喩）を探していることの比喩である。

(5) 成果主義に基づく競争原理

昇進と昇給では、多くの台湾企業は有能者の早期育成・抜擢、学歴・経歴によるスピードの早い昇進、業績に応じて利益を分配するボーナス制度を採用している。一部の企業では年度の売上げや従業員の企業への貢献度を総合的に評価し、年末のボーナスとして現金のほか株式を分配する従業員持ち株制度もある。言い換えれば、有能な人ほど早いスピードで昇進し、株式での利益分配のボーナスも多く獲得できるようになる。高い離職率、即戦力重視、経験者優先志向、早いスピードの昇進と昇給、能力・実績重視というのは台湾の労働市場と労務管理の特徴であるとも言える。

女性従業員は、事務職、総合職にとどまらず、その能力がよく活用され専門職、管理職への昇進ルートが開かれており、働く女性に手厚い保護や配慮がなされてきた。[16]それにもかかわらず、インタビュー調査によると、昇進面では女性より男性を容易に昇進させる傾向が存在しているという。それは「ガラスの天井」と呼ばれている。原則的に上位への昇進の道が開かれている「空が見える」昇進制であるが、実は見えない「ガラスの天井」に阻害されているのである（青輔会）。

表4　日本と台湾の若年者の相違

	日　本	台　湾
若年者の呼称	パラサイト・シングル 一卵性親子（一卵性母娘） 友達親子	「月光族」[17]（1990年代後半から） 「草苺族」[18]（1990年代から） 「青貧果」化（2005年）
仕事に対する意識	労働意欲と労働意識の希薄 仕事に対する認識不足 自分に向いている仕事、仕事内容を要求する	自分の労働市場における価値がわからない 仕事に対する認識不足 労働条件や賃金を要求する 学歴に見合った職務を要求する

注)[19]

表5　日本と台湾の労働市場の相違

	日　本	台　湾
新規採用	新規一括採用	中途採用、欠員補充の不定期採用 経験者優先志向 目的をもって求人する
配置転換	ローテーション、配置転換	なし
熟練の形成	OJT、Off-JT	最低限のOJTを実施する Off-JT、自己啓発などの個人責任に任せる 必要な基本的知識の習得が要求される 職業能力の個人化
賃金	能力主義だが、年功的色彩がまだ強い	職務給 業績、成果に応じる待遇
長期雇用	典型的労働者には長期雇用が保障される 転職が頻繁に行われない	長期雇用が保障されない 転職の一般化
昇進と昇給	職能資格制度 年功制度	成果主義に基づく競争原理 学歴・経歴による早いスピードの昇進と昇給 有能者の早期育成・抜擢 日系企業の場合、基本的に能力で昇進を決める。試験を行い次のステップへと昇進する

注)[20]

(3) 台湾にもフリーターが存在しているのか？——フリーターの現状と実態

　台湾においても日本と同じように15歳～29歳の若年者の失業率が高い水準となっている。日本で顕著に現れているフリーターの現象は台湾の社会にも既に存在している可能性がある。ただし、台湾ではフリーターに対して関心が集まっていないため、フリーターに関する研究や文献が非常に少ない。少ないというよりむしろ、ほとんど研究をなされていないといったほうが適当である。それ故に、本稿では台湾で既に公表された調査資料を利用しつつ、筆者が独自に行ったインタビュー調査及び学生調査の結果に基づいてフリーターの現象の有無を考察してみる。

　フリーターという言葉は2004年台湾の求人誌『CAREER』ではじめて提起されたものである（2004年3月1日、No.335）。この言葉の中国語訳は日本語の発音から直訳したものであり[21]、概念や定義はそのまま日本の定義を援用したものである。よって、本稿においては便宜上日本での定義を援用して台湾のフリーターの現象[22]を考察することにする。

　インタビュー調査によれば、台湾ではフリーターという現象は存在していない

研究ノート

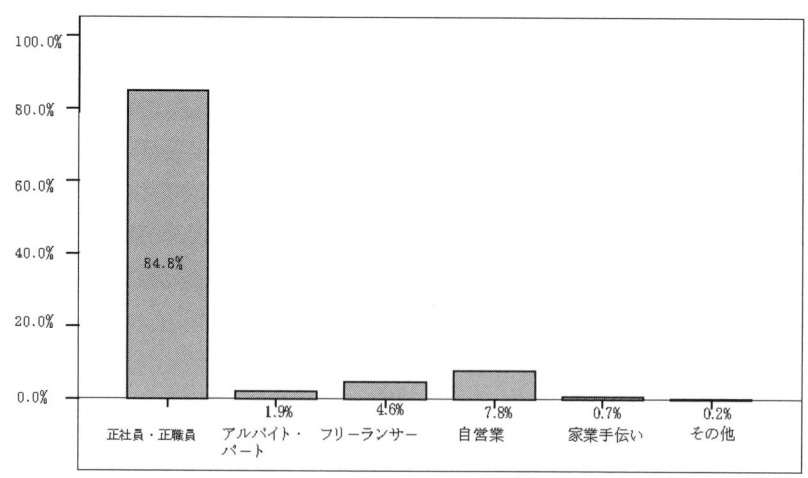

図8 希望する雇用形態

雇用形態	割合
正社員・正職員	84.8%
アルバイト・パート	1.9%
フリーランサー	4.6%
自営業	7.8%
家業手伝い	0.7%
その他	0.2%

資料)学生調査。

わけではないが、フリーターの数がまだ少ないという。行政院労工委員会(2004a)の『青少年労工統計(15歳〜24歳の労働者)』によると、アルバイト・パートという名称で雇用された者(非典型的労働者)は1.28%にすぎず、典型的労働者(フルタイム労働者)は98.78%に達している。学生調査では、「卒業後、希望する雇用形態」という項目に対して「典型的労働者(正社員、フルタイム社員)を希望する」と回答した大学4年生は84.83%と高く、アルバイト・パート(非典型的労働者)の希望者は1.94%、フリーランサーの希望者は4.59%、自営業は7.76%となっている(図8)。希望する雇用形態を学校別、性別にみると、アルバイト・パート(非典型的労働者)という雇用形態を希望する者は私立大学の女性に多い傾向がみられる(表6)。留意すべきは、フリーランサーへの希望者は必ずしも少ないとは言えない。自由度が高い雇用形態やフレキシブルな労働時間を望んでいる若年者は一定数存在している。また、私立・国立大学の男女間で希望する雇用形態に差があるか否かをカイ2乗検定した結果、p値(私立は.039、国立は.029)が有意水準0.05より小さく、統計的に有意差があるという結論が得られた。

表7は台湾の高校、商業・工業高校、総合高校卒業者数、進学率、就職率を一覧にしたものである。2003年に高卒者の進学率は71.08%、就職率は12.24%、進学

表6 希望する雇用形態－学校別、性別（学生調査）

私立国立大学 (N=567)		雇用形態(%)						合計 (%)	カイ 2乗
		正社員 正職員	アルバイト パート	フリー ランサー	自営業	家業 手伝い	その他		
私立大学 (N=300)	男性 女性 合計	80.6 85.3 83.7	1.9 3.6 3.0	2.9 6.6 5.3	12.6 4.1 7.0	1.0 0.5 0.7	1.0 0.0 0.3	100.0 100.0 100.0	0.039
国立大学 (N=267)	男性 女性 合計	79.8 91.6 86.1	1.6 0.0 0.7	6.5 1.4 3.7	10.5 7.0 8.6	1.6 0.0 0.7	0.0 0.0 0.0	100.0 100.0 100.0	0.029

資料）学生調査。

表7 台湾の高校、商業・工業高校、総合高校卒業者数、進学率、就職率（2003）

	卒業者数 (人)	進学率 (%)	就職率 (%)	進学も就職もしない(%)			その他 (%)	計 (%)
				進学への 準備	仕事が見つ からない	その他		
高　校	96,417	85.18	1.18	13.28	95.13	1.32	3.55	0.36	100.0
商業・工業高校	113,869	56.02	24.96	16.46	59.72	24.50	15.78	2.56	100.0
総合高校	27,911	71.86	10.59	15.52	81.54	11.52	7.94	2.03	100.0
合計	238,197	71.08	12.24	15.08	78.79	12.44	9.09	1.60	100.0

資料）教育部、「臺閩地區公私立高職九十一學年（2003）畢業生升學就業調査報告摘要」、「臺閩地區公私立綜合高中九十一學年（003）畢業生升學就業調査報告摘要」、「臺閩地區公私立高級中學九十一學年（2003）畢業生升學就業調査報告摘要」より筆者が算出。

も就職もしない者の割合は15.08％となっている。高卒後、進学も就職もしない者のうち、「進学への準備」とした割合は78.79％となっており、「仕事に就きたいが、なかなか仕事が見つからない」とした割合は12.44％となっている。つまり、進学も就職もしない者のうち、8割近くの者は進学志向を示している。残りの2割の者はフリーターへの道を辿る可能性が高く、とりわけ、商業・工業高校の卒業者がフリーターになる可能性が高い。

　マクロ的にみると、台湾では就業者に占めるパート・アルバイトの割合は2002年に6.4％となっており、日本では、25.1％に達している（次頁図9）。日本では、パート・アルバイトの従事者が台湾より高まっていることが明らかである。台湾の『青少年労工統計（15歳～24歳の労働者）』では、パート・アルバイトの従事者は1.28％にすぎず、98.72％の若年者は典型的労働者として働いている。学生調査では、パート・アルバイトという雇用形態を希望する者の割合は1.9％にとどまっている。これからすると、台湾の若年者は典型的雇用の就業形態を選好する傾向が

研究ノート

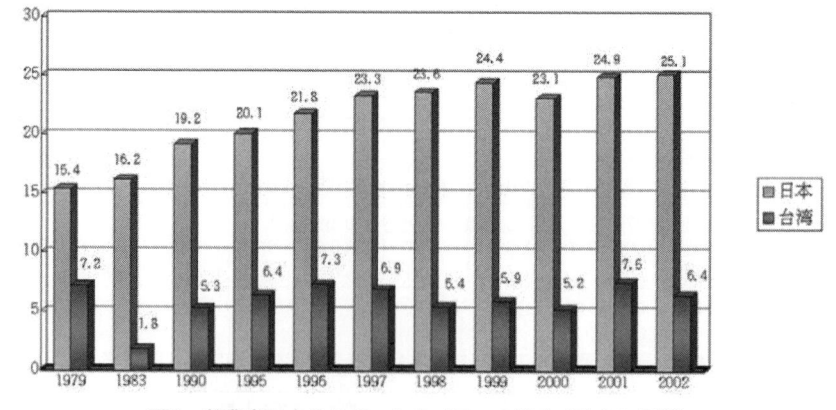

図9 就業者に占めるパートタイマーの割合（日本と台湾）

注）パートタイマーは、主たる仕事について通常の労働時間が典型的労働者（フルタイム社員）より少ない者である。日本は週35時間未満の者、台湾は週40時間未満の者。
資料）労働政策研究・研究機構『国際労働比較2004』、台湾行政院主計処「台湾地区人力運用調査」より作成。

みられる。それにもかかわらず、進学も就職もしない高卒者のうち、2割近くの者はフリーターの道を辿る可能性がある。上述の結果からすると、台湾ではパート・アルバイトという雇用形態の従事者が少ないため、フリーターの問題が日本ほど深刻でないという認識をもっているのであろう。パート・アルバイトの従事者は日本より少ないとはいえ、若年者の失業率をみると、15歳〜29歳の失業率が全年齢階級で最も高く、フリーターはこういう失業者の集団に隠れている可能性が高いと思われる。それに加えて、台湾ではフリーターに関する公的調査が行われていない状況から、本稿において既存の調査資料及び独自の調査を利用してフリーターの現状を分析してきたが、フリーターの数が見過ごされる可能性があることに留意したい。また、台湾の「労工退休金条例（労働者退職金条例）」が実施されてから、フリーター（非典型的労働者）の問題に今後どのような影響を及ぼすかを、台湾の学界では現在注目している。

4. 学校から職業への移行の特徴

(1) 日本の学校から職業への移行の特徴

日本の高校職業教育は技能・職業養成訓練という点で学校から職業への移行に

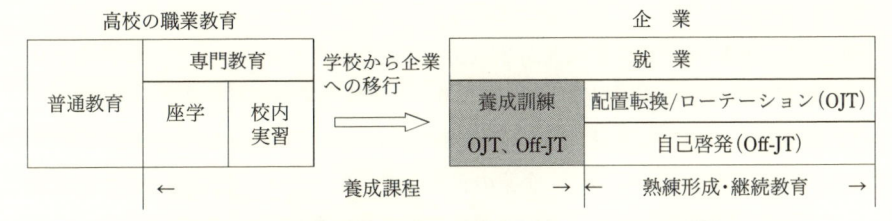

高校の職業教育			学校から企業 への移行	企　業	
普通教育	専門教育			就　業	
	座学	校内実習		養成訓練 OJT、Off-JT	配置転換/ローテーション（OJT）
					自己啓発（Off-JT）
←	養成課程		→	← 熟練形成・継続教育 →	

図10　日本の高校職業教育と企業内訓練のシリアルな関係

出所）寺田（2004b）「高校職業教育と職業・就業の関連構造―目標・課程における緩やかな関連と就職関係における密接な関係」『キャリア形成・就職メカニズムの国際比較』晃洋書房。

より企業内の教育訓練のシステムを通じて職業教育が完成される（図10）。その後、典型的労働者として企業内におけるローテーションや配置転換といったOJT及びOff-JTを通じて熟練形成や職業能力を向上させる（寺田 2004b：38-44）。日本の若年者の職業的社会化は「内部昇進・長期雇用市場」に接続しており、空席のポストの充填はその下のポストからの昇進によってなされるため、企業への入職口（port of entry）[25]は組織の最下位のポストになる（岩木 2001：13；今井・伊丹・小池 1982：87-88）。それを前提として、日本の職業訓練は長期的視点に立脚して構築されてきたのである。「職業訓練の形態が、学校教育訓練のみならず卒業後につぎつぎと行われるであろう施設訓練（IT）や各職務レベルに沿ったOJTなどの形態にかなりの部分依存しているということは、個人の立場からも、企業の立場からも、さらには国民経済的視点からも職業訓練が長期的視野に立たなければならないことを意味している」、と隅谷・古賀ほかは述べている（隅谷・古賀ほか 1978：330）。日本の職業訓練は学校の教育訓練にとどまらず、卒業後も継続的に行われてきたのである。学校における技能教育訓練がそれぞれの技能のレベルでの一般的性格をもつ技能教育訓練で、大企業における企業内訓練はそれぞれの技能レベルでの特殊訓練である。学校の技能教育訓練（座学、実習）と企業内訓練を通じて職業訓練のシステムが完成される（隅谷・古賀ほか 1978：321-348）。企業の養成訓練（網掛けの部分）が欠けると、これまで円滑に行われてきた学校教育と企業の職業初期教育との補完関係が崩れる可能性が高まる。

　高卒者は学校の就職斡旋を通じ、4月の新規一括採用で入社し、長期にわたり企業のOJTやOff-JTにより、自らの職業能力を向上させ、会社人として成長していく。ただし、危惧されるのは高卒のフリーターの職業能力の形成が遅れることで

研究ノート

ある。この点について、多くの研究者により、既に指摘されている（小杉 2003：100-102, 2004：105-108；乾 2002：26-29）。高校職業科卒のフリーターは学校における職業教育(座学、校内実習)にとどまり、上述の企業の養成教育訓練（OJT・Off-JT）を受けられないこととなる。高校普通科卒のフリーターは学校教育のカリキュラムに職業教育がないし、企業の養成訓練もないため、職業能力の獲得が遅れる可能性がある。つまり、高校普通科卒のフリーターは学校の職業教育、企業の養成訓練において高校職業科卒のフリーターより労働市場で不利な位置におかれると言えよう。

　大卒ホワイトカラーのキャリア形成は大卒後典型的労働者として企業に入ってから始まるのである。キャリア形成の主な手段は企業による「幅広いOJT」と仕事経験を体系化し補足手段として実施されるOff-JTである（小池 1997：16-18）。支社や工場などの下積みの仕事を経験させ企業内で関係が深い仕事群（job cluster）を「一職能型」（小池 1997：11-12, 1999：57-69；今井・伊丹・小池 1982：88-91）の人材養成を目標として移動させることとなっている。日本的雇用慣行において職業技能形成のほとんどは企業内教育・訓練を通じて行われているので（乾 2002：27）、学校における専門的知識や技能はあまり期待してない（木下 2002：36）。

　学校から職業への移行構造、すわわち、「学校と企業のリンケージ」あるいは「接合関係の連続性」は新規学卒者の一括採用という日本的雇用慣行にかかわっている（伊藤 2004：58-63）。それは、高度経済成長期を中心に急速に進んだ進学率上昇＝青年期前半の「学校化」と、青年期後半の「企業社会化」、そして両者を「新規学卒就職慣行」が結びつけるという「戦後型青年期」が広く定着してきた（乾 2002：25）。日本の長期雇用を前提とする学校から職業への移行構造においては学校と企業との特殊のリンケージがあり、その接合関係には間断なく、時間的ズレがない（乾 2002：25-29；木下 2002：36-38；伊藤 2004：61；岩木 2001：11-13）。この移行構造は日本社会に成立してきた標準的勤労者モデルとして標準化されたものである。日本企業、とりわけ大企業の場合、新規学卒者を採用することを選好する傾向があるため、学生はこの就職活動の期間を超えて職探しをする場合には相対的に新規学卒者が特別に有する優遇条件を放棄することを意味しており、かなりコストを負担することとなっている（重里 1982：162）。

　新規学卒者一括採用は日本的雇用慣行の入り口として位置付けられ、長期雇用

慣行と表裏をなすものである。採用時に新規学卒者の職業能力が求められておらず、その代わりに、訓練可能性や適応性の高い労働力が重要視されている。日本では、就職というよりもむしろ就社といったほうが適切な状況にある。奥村が指摘しているように、会社と従業員の関係は会社本位主義になっており、日本型就職システムも会社本位主義がその原理として貫いているのである（奥村 1994：31-34）。この原理のもとで、学生は就職にあたり、特定の「職務」を選択することがほとんどできない。多くの学生はいかなる部門に配属され、どのような仕事をすることになるのか、就職活動の段階で自ら選択することはできない。横断的労働市場が形成されておらず、労働市場の閉鎖性や、就職への移行構造の連続性の側面がうかがえる。

　日本での「個人のキャリア展開の多様性に対して抑制的に働く年齢主義規範の強さや、職業別に編成されることのない、特に若年層に専門職的な仕事へ就く機会が極めて限定的にしか開かれていない労働市場の特性も見て取れる」（伊藤 2004：69）。小池によれば、大卒ホワイトカラーで係長に遅く昇進した者は次の課長昇進まではリターンマッチが少ない。さらに、課長に遅れて昇進した者は次の部次長や部長への昇進はまったくみられないという（小池 1999：70-75）。言い換えれば、早期昇進選抜で落ちた者は勝ち抜きモデルでリターンマッチが少なく、また昇進選抜後のOJTによる技能形成で勝ち抜いた者との格差が大きくなる可能性があると指摘している。

(2) 台湾の学校から職業への移行の特徴

　台湾の学校から職業への移行の特徴として、職務内容や職務に応じる仕事の資格が明確にされ、就社より就職の色彩が強い。企業が目的をもって求人するから、新規学卒はこのような資格を優先する雇用慣行のもとで、免許や資格をもって応募するのが多い。学生調査の結果によれば、職業選択の阻害要因については「自分の能力不足」が50.2％と最も高く、「就職機会が少ない (20.8％)」、「両親の反対 (10.6％)」が続く。私立大学の学生が「自分の能力不足 (57.5％)」と回答した割合は国立大学(41.9％)より高い。それは国立大学の「学校名」の「ブランド効果」であり、学校のスクーリング機能よりスクリーニング機能が重要視されていると言えよう。カイ2乗検定をした結果、p値 (0.001) が有意水準0.05より小さく、私立・

研究ノート

表8　職業選択の阻害要因

単位：％

(N=566)	両親の反対	就職機会が少ない	自分の能力不足	社会に認められない職業	兵役問題	その他	合計	カイ2乗
私立大学	11.4	15.7	57.5	2.7	4.3	8.4	100.0	0.001
国立大学	9.7	26.6	41.9	2.6	9.4	9.7	100.0	
合計	10.6	20.8	50.2	2.7	6.7	9.0	100.0	
男性	6.2	20.3	46.3	2.6	16.7	7.9	100.0	0.000
女性	13.6	21.2	52.8	2.7	0.0	9.7	100.0	
合計	10.6	20.8	50.2	2.6	6.7	9.0	100.0	

資料）学生調査。

　国立大学の学生間で職業選択の阻害要因に統計的な有意差がある（**表8**）。

　もう一つ留意したいのは両親の反対という項目である。初職選択の阻害要因としては「両親の反対」の割合が10.6％となっている。その割合は決して高いとは言えないが、インタビュー調査ではこの問題も提起された。というのは、親のもつ職業情報は子供の初職選択に大きな影響を及ぼしているが、産業構造の転換が激しく、職業の選択肢が新たに作られ、親自身の経験との関連がない場合においては、親は適切な情報や労働市場の現状を把握できず、有効でない情報を子供に伝える可能性があるからである（Jones and Wallace 1992＝2002；青輔会）。なお、職業選択の阻害要因を性別にみると、両親の反対という項目では女性の割合（13.6％）は男性（6.2％）の2倍に達している。それは、女性は性別役割分業という観念に支配され、家庭により束縛、制約されるからと考えられる。さらに、職業選択に当たり、重視する項目では「自宅からの通勤距離」を重視する女性の割合は64.7％であり、男性は57.7％となっている。「自宅からの通勤距離」を重視していない女性の割合は7.1％にすぎず、男性（14.6％）は女性の2倍に達している。男女間の差はさほど大きくないが、それでも女性は地元志向や家庭から制約される側面がうかがえる。

　次に、台湾の横断的労働市場は学校から職業への移行構造にどのような影響を及ぼすかを考察する。就職活動を始める時期について、台湾ではその時期は不規則であり、構造化されたパターンもみられない。**図11**は女性が就職活動を始める時期を示したものである。[26]大学3年次に就職活動を始める割合は14.4％、大学4年次の冬休み（1月～2月）は24.7％、卒業の直前（5、6月卒業シーズン）は24.7％、卒

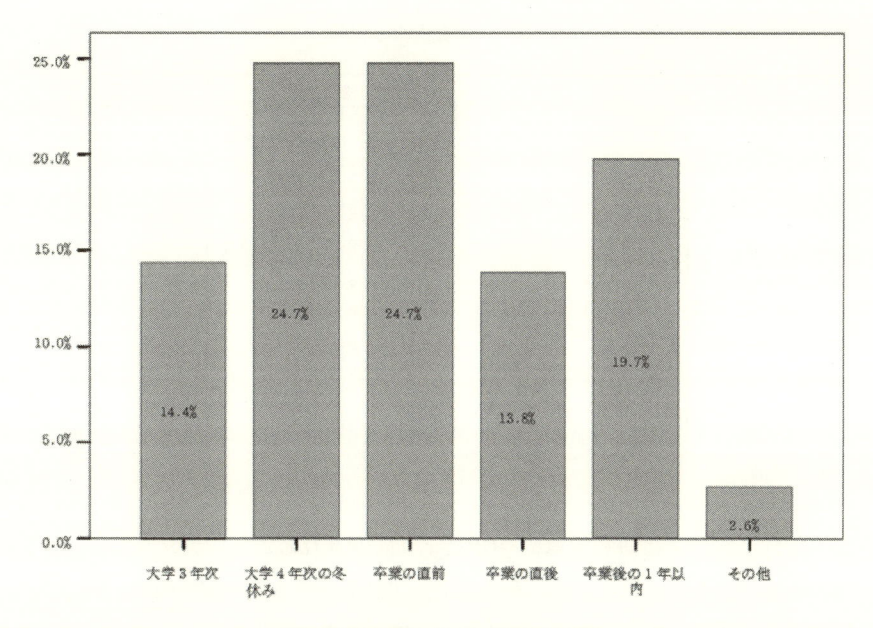

若年者の雇用問題と職業能力の形成の日台比較

図11 就職活動を始める時期（女性）

資料）学生調査。

業直後は13.8％、卒業後の1年以内は19.7％となっている。日本の構造化された就職活動の形態や期間と大きく異なり、台湾では新規一括採用という慣行がないから、就職活動を始める時期は個人によってばらつきが大きい。日本の学生はほぼ全員が卒業前のかなり早い時期から就職活動を開始するが（伊藤 2004：62；安田 1999：16-18）、台湾では約3割が卒業後開始する。就職活動の期間は日本で長い、台湾で短い。

　表9（次頁）は学生が就職情報の利用状況を示したものである。就職情報の利用状況について、学校の就職部を利用する割合は6.7％、指導教員の紹介は9.4％、親の紹介は13.5％となっている。台湾では、学生の就職情報の利用の主要なルートはインターンネット（23.9％）及び民間の職業紹介機構（35.5％）に集中している。性別でみると、男子学生は女子学生よりインターネット、先生の紹介を利用する場合が多い。専攻別では、理科系は文科系よりインターネット、先生の紹介を利用することが多い。その理由としては、よく指摘されていることであるが、理科

175

研究ノート

表9 就職情報の利用

単位 %

	合計	性別 男性	性別 女性	カイ2乗	技術一般大学別 技術大学	技術一般大学別 一般大学	カイ2乗	専攻別 理科系	専攻別 文科系	カイ2乗
学校の就職部	6.7	5.8	7.4		4.8	9.4		5.7	7.3	
インターネット	23.9	30.1	19.8		23.3	24.8		29.4	21.1	
新聞の求人広告	4.8	4.4	5.0	0.006	3.9	6.0	0.003	6.2	4.1	0.000
親友や両親の紹介	13.5	11.9	14.5		10.3	17.9		11.3	14.6	
先生の紹介	9.4	11.9	7.7		8.8	10.3		15.5	6.2	
公的職業紹介機構	3.5	2.7	4.1		3.9	3.0		3.6	3.5	
民間職業紹介機構	35.5	28.8	39.9		41.8	26.5		25.3	40.8	
その他	2.7	4.4	1.5		3.0	2.1		3.1	2.4	
合　計	100.0	100.0	100.0		100.0	100.0		100.0	100.0	

資料）学生調査。

系の就職活動は主に研究室単位やOBにより展開されることが大きな要因となっているものと考えられる。逆に女子学生、文科系の学生は親友や両親の紹介、民間職業紹介機構の利用が多い。いずれにしても、男女とともにインターネットを使ったe-リクルーティングが増加しつつあることは明らかである。

　留意したいのは、学生が公的職業紹介機構を利用する割合はわずか3.5％であり、新聞の求人広告は4.8％となっているということである。公的職業紹介機構はそもそも職業紹介の機能や信頼性が民間の職業紹介機構より高いが、職業紹介そのものの機能の発揮が不十分で、職種の多様性に欠けているため、徐々に機能が低下し、信頼性もなくなり衰退してきた。新聞の求人広告について、台湾の新聞の求人広告欄では一般の求人広告があるが、風俗業の求人が大多数を占めている。それは、台湾では風俗業が禁じられているので、風俗業は新聞の求人広告欄を利用して内容あいまいな求人広告を掲載することにより店の宣伝や消費者への告知をすることとなっている。しかも、新聞の求人広告はインターネットという新興のメディアと比べ、その価値や便利さが相対的に低下している。求職の白紙状態の学生にとっては、そのリスクを回避するため、インターネットの利用は手近な情報源としてますます利用されつつある。インターネットの情報利用の拡大といえば、聞こえこそ良いものの、職業選択の選択肢の拡大とともに、職業機会をめぐる不平等の一端を縁故採用、学歴による採用が形成している。総じて言えば、

日本では、就職部や指導教員などの形で学校を介した就職活動が主流であるが、台湾では主としてインターネットや民間の就職紹介機構を通じて就職活動を行う。

就職時、役に立つ個人の属性については学生にとって最も重要視されているものは「専門的知識」（平均値4.653)、「資格・免許」「熱意・意欲」（平均値4.549)、「所属の学科」（平均値4.245)、「個人の縁故」（平均値4.131)、「所属の大学名」（平均値4.106）の順となっている（**図12**）。この結果からすると二つのことを指摘することができる。第一に、学生が有する「専門的知識」や「資格・免許」は就職時に大きな役割を果たしている。既に論じたように、企業が目的をもって求人するから、新卒者は資格や免許をもって応募するのが多い。第二に、「所属の学科」及び「所属の大学名」では、所属の学科は目に見える職業能力の象徴であり、所属の大学名は職業社会で能力の評価の基準となり、この二つの要素の相乗効果が大きい。

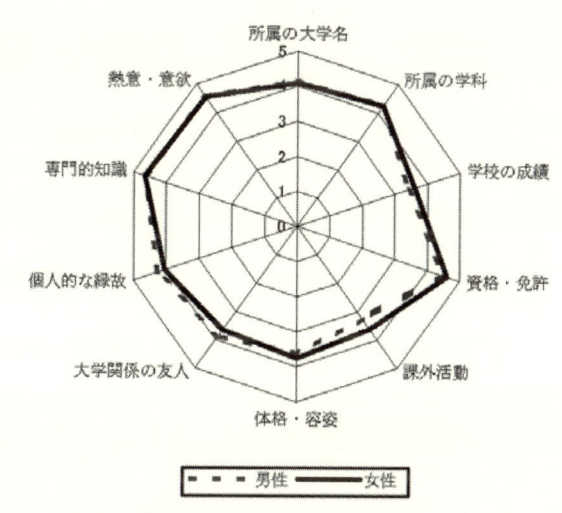

図12　就職時に役立つ個人の属性（男女別）

資料）学生調査。

性別でみると、専門的知識、資格・免許、所属の学科、所属の大学名では男子学生と女子学生の間でその差がさほど大きくない。個人的な縁故及び大学関係の友人では、男子学生は女子学生より平均値が高い。つまり、就職時に男性学生は女子学生よりコネ、個人のネットワークを重要視するのである。

国立大学の学生と私立大学の学生の両集団間で統計的に有意差を検定するため、上述の項目を用い、t検定を行った。検定の結果によると、「所属大学名」、「大学関係の友人」、「個人的な縁故」、「熱意・情熱」の四つの項目では、両集団間で統計的に有意差がみられ、とりわけ国立大学の学生は私立大学の学生より平均値が高い。

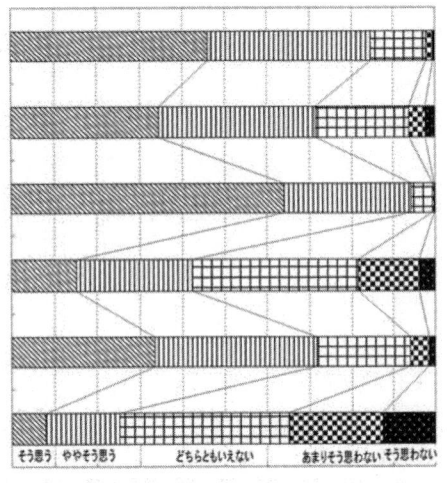

研究ノート

図13 学歴と職業能力

資料)学生調査。

その他いずれも統計的に有意差を示さない。「所属の大学名」(t＝(4.145)，p<.01)では、統計的に有意差がみられ、言い換えると国立大学の学生は私立大学の学生より「自己意識(self-consciousness)」が高いという側面がうかがえる。

　国立大学の学生の「自己意識」が果たして高いかという点について、次の学歴と職業能力の対応関係を考察することにより、それを明らかにする。「銘柄大学の出身者はいい仕事に就きやすい」という質問項目に対し、「そう思う」、「ややそう思う」と回答した学生の割合は71.7％となっているが、「銘柄大学の出身者は専門知識が高い」に対し、「そう思う」、「ややそう思う」と回答した肯定派の割合はわずか25％にすぎない(**図13**)。銘柄大学の出身者は「名門、名校」という「ブランド名」で大企業やいい仕事に就きやすいものの、必ずしも高度専門知識をもっているとは限らないと言えよう。新規学卒者が職業社会に入る際に、銘柄大学の学歴そのものはスクリーニングの機能(選別機能)を果たせるのであるが、入職後学歴効果に取って代わり、実績や能力は重要視されるようになった。

　もう一つ留意したいのは台湾の大学生が「実力・能力主義」を強く支持するとい

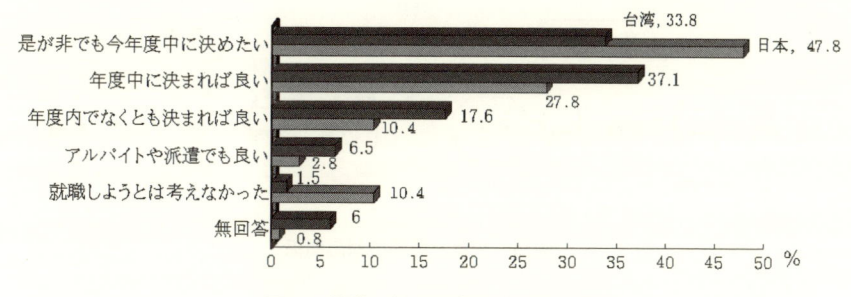

若年者の雇用問題と職業能力の形成の日台比較

```
是が非でも今年度中に決めたい   台湾,33.8      日本,47.8
年度中に決まれば良い           37.1  27.8
年度内でなくとも決まれば良い   17.6  10.4
アルバイトや派遣でも良い       6.5  2.8
就職しようとは考えなかった     1.5  10.4
無回答                         6  0.8
```

図14　就職に対する意識（台湾と日本）

注）(1) 永野(2004)と本稿の学生調査の結果に基づいて筆者が作成。
　　(2) 日本の数字は2001年の大学生調査の結果である。永野仁 2004,「新規大卒者採用とその成功条件」永野仁編著『大学生の就職と採用―学生1143名、企業658社、若手社員211名、244大学の実証分析』中央経済社、23-48頁。
　　(3) 台湾の数字は2005年に筆者が行った学生調査の結果である。
　　(4) 日本の場合、2001年卒の男女の割合である。台湾の場合、男性を除いた大学4年生の割合である。

うことである。「就職のために自分の職業能力を磨くことが重要だ」という項目では肯定派の割合は94.2％の高水準に達している。「大学で習得した専門知識を生かせる仕事がしたい」としている肯定派の割合は71.6％であり、「年齢や勤続年数にかかわらず実力次第で昇進が決まる職場が望ましい」としている肯定派の割合は84.6％となっている。図13からすると、若年者は「実力・能力」で勝負する気持ちが強いと読みとれる。「実力・能力」で勝負するためには、自らの職業能力や専門的知識をどのようにして向上させるのかは、若年者にとって最も重要な課題であろう。

　就職に対する意識については、永野仁らが行った『大学生の就職と採用』の調査結果を利用して台湾で行った学生調査の結果と比較してみよう(27)(図14)。「是が非でも今年度中に決めたい」では台湾が33.8％に対し、日本が47.8％となっている。就職への積極的な動機付けや職業に対する意識では日本の学生は台湾より強い。それは、日本では学校から職業への移行構造の連続性の強い側面がうかがえる。「年度中に決まれば良い」としている割合は台湾が37.1％、日本が27.8％であり、「年度内でなくとも決まれば良い」としている台湾の割合が17.6％、日本が10.4％となっている。「就職しようと考えなかった」という就職に対する消極的な意識をもっている者は台湾より日本のほうが多いようである。

　次に、異なった社会構造で構造化された労働市場はどのように学校から職業へ

179

研究ノート

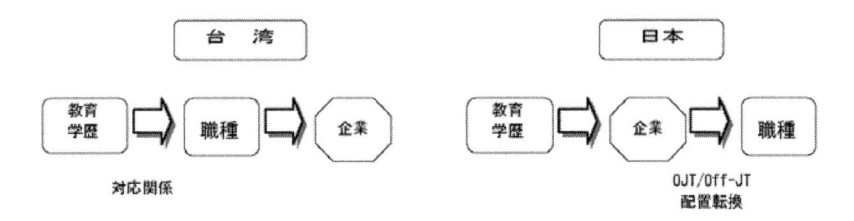

```
    台 湾                           日 本
┌────┐    ┌────┐   ┌────┐      ┌────┐    ┌────┐   ┌────┐
│教育 │ ⇒ │職種│ ⇒ │企業│      │教育 │ ⇒ │企業│ ⇒ │職種│
│学歴 │    │    │   │    │      │学歴 │    │    │   │    │
└────┘    └────┘   └────┘      └────┘    └────┘   └────┘
   対応関係                          OJT/Off-JT
                                    配置転換
```

図15　教育と職務の対応関係

の移行構造に影響を及ぼすのか、また異なった制度や慣習のもとでその移行構造はどのような特徴を有しているのかを検討する。以下は国際比較の視点で日本と台湾の学校から職業への移行構造の特徴をまとめておく。

　(1)台湾の学校から職業への移行は日本ほど明確にされたパターンがないため、個人によって移行期のばらつきが大きく、なおそのパターンも不規則である。日本では、学校から職業への移行構造は日本的雇用慣行に支配され、就職というよりもむしろ就社というほうが適切な状況にあるが、台湾では、就職時に明確な職務条件や職務能力が要求されるため、求職者は資格や免許をもって応募するのが多い。日本では、明確な職務能力が要求されておらず、求職者は就職時に特定の「職務」を選択することがほとんどできない。

　(2) 日本では学校教育と職種との対応関係が弱いのに対して、台湾では学校教育と労働市場の職種との対応関係が強い(**図15**)。それは、台湾の企業は求職者の基本的な職業能力を要求しているのみならず、求職者は希望する職を選択できるということに関与していると思われる。だが、近年台湾ではその対応関係が崩れつつある。「卒業＝失業」という言い方は近年頻繁に使われるようになったのである。労働市場に入りたくない者、将来に対して不安をもっている者、職業適性がわからない者にとっては、修士課程への進学は就職を先延ばしする居場所であり、受け皿である。また、高学歴化の台湾社会では修士の学歴をもっていないと、外資系企業や大企業に就職することがますます難しくなると思う者が多数存在している。学歴は万能ではないが、学歴という資格がないと大企業に入れないのは残酷な現実である。

　(3) 台湾では親のもつ職業情報は子供の初職選択に大きな影響を及ぼしているが、親世帯の情報が子供の初職選択において有効でない例が多い。日本でもこう

表10 学歴別・性別25-64歳及び30-44歳労働者の賃金（台湾）
（高等学校卒業者を100%とする）

年	性別	25-64歳(%)				30-44歳(%)			
		中学校 中学校以下	専門学校	大学以上	高等教育	中学校 中学校以下	専門学校	大学以上	高等教育
2001年	男	93	118	160	138	94	118	158	136
	女	91	126	168	146	91	132	175	153
2002年	男	94	117	158	137	95	122	161	140
	女	91	125	166	144	92	134	176	153
2003年	男	94	118	161	140	95	121	161	141
	女	91	125	162	143	92	131	176	151

資料）(1) *Education at a Glance*, OECD Indicators 2003, Tab. A14.1.
(2) 行政院主計処「台湾地区人力運用調査」。

した傾向がみられる（労働政策研究・研修機構 2005）。

(4)台湾では、労働者は自分の学歴に見合った職務や就職先を要求し、学歴に見合った仕事が見つかるまで何度も転職する傾向がみられる。「台湾の若年者の愛社精神や忠誠心が不足だ」、と台湾双葉の北村取締役は嘆く。高学歴者や留学者は高賃金やいい労働条件を要求し、学歴に相応しくない仕事やホワイトカラー以外の仕事に背を向ける傾向がある。**表10**でみると明らかなように、親の世代が子供の教育熱心になったのは学歴間の賃金格差が大きいのに起因していると言えよう。

台湾の『Career』就業情報雑誌、新浪網、数位学堂は20歳〜29歳の若年者を対象に若年者の意識調査を行った。調査期間は2004年2月20日から2月26日までであった。有効サンプル数は1,906名であった。若年者がより高い学歴を追求する理由としては、「自分の能力を向上させるため（42.6％）」、「いい職を探すため（26.7％）」、「職場での昇進に役立つため（19.0％）」、「より高い学問を追及するため（5.7％）」の順となっている（**図16**）。この調査結果からすると、高学歴は高度専門能力の象徴、職場での昇進及びいい職を探すための手立てであり、「より高い学問を追求する」ものではない。危惧されるのは高学歴者の増加に伴い、「学歴インフレ」の現象が起こり、学校のスクリーニング機能が一層強化される可能性があることである。[28]

既に論じてきた日本と台湾の労働市場の違いにより、雇用の慣行や制度は双方の社会では異なっている。学校の職業教育、職業への移行構造、「就職」・「就社」の選択、学歴の優位主義などの諸要素は異なった労働市場の原理により支配・制限

研究ノート

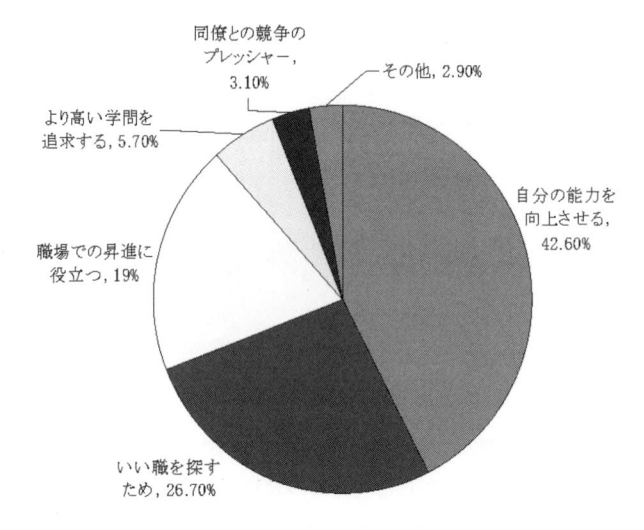

図16 より高い学歴を追求する理由（台湾）

- 自分の能力を向上させる, 42.60%
- いい職を探すため, 26.70%
- 職場での昇進に役立つ, 19%
- より高い学問を追求する, 5.70%
- 同僚との競争のプレッシャー, 3.10%
- その他, 2.90%

資料：Career就業情報（2004）「20歳世代心情故事大調査」『Career』3月。

され構造化された。ここで明らかになることは、台湾では職業能力の形成のルートは学校の職業教育のほか、塾や夜間大学に通うという形式の自己啓発により行う場合が多いが、日本では学校の職業教育が職業能力の形成に部分的な機能を果たしてはいるが、企業もまたその機能を担っている。日本の長期雇用の慣行は高度成長期に良好な労使間の信頼関係の土台に基づいて築かれてきたものであるが、現在では企業は時間をかけて従業員の能力形成するのではなく、即戦力を求めている。従業員へのOJTの提供が「必然」であった従来のような関係が揺らぎ、それに取って代わって従業員自身による自己啓発が要請されている。

「個人主義」の強い台湾社会では、就職は個人の責任としてみなされている。大学を出た学生は経済的自立を目指して社会人としての個人の責任を背負って就職する。それに関して、学生調査では「一人前の社会人として経済的に自立すべき年齢」について質問した。その結果によると、「一人前の社会人として経済的に自立すべき年齢」は24.5歳となっている。この年齢は大卒の年齢に近い。つまり、大卒後一人前の社会人として経済的に自立すべきだということは、若年者の間で一般

表11　従事したい仕事内容の理解を決定する要因（ロジスティック回帰分析）

説明変数		モデル1 B	モデル1 Exp(B)	モデル2 B	モデル2 Exp(B)	モデル3 B	モデル3 Exp(B)
個人の背景	性別（女性＝1）			-.345	.708	-.390*	.677
	私立国立大学別（私立＝1）			-.605***	.546	-.670***	.512
	技術一般大学別（技術＝1）			-.400*	.671	-.507**	.603
	専攻別（理科系＝1）			.095	1.100	-.059	.942
就職活動	大学3年次	.940*	2.560	1.026*	2.790	1.193**	3.297
	大学4年次の冬休み	.468	1.596	.575	1.777	.716	2.046
	卒業の直前	-.151	.860	.023	1.023	.232	1.261
	卒業の直後	.391	1.479	.380	1.463	.532	1.703
	卒業1年以内	.326	1.386	.304	1.356	.430	1.531
相談の相手	自分の意見で決める	3.149***	23.304	3.317***	27.578	3.455***	31.671
	親に相談する	2.699**	14.862	2.853**	17.331	2.865**	17.547
	学校の先生に相談する	2.795**	16.362	2.952**	19.137	2.838**	17.077
	友達や先輩に相談する	2.224**	9.243	2.411**	11.144	2.518**	12.403
入学後の体験	海外生活					.674*	1.926
	企業訪問					.021	1.021
	インターンシップ					-.275	.760
	サークル・部活					.205	1.228
	ボランティア活動。社会奉仕					.461**	1.585
	アルバイト・パート					-.163	.850
定数		-2.262*	.104	-1.776	.169	-1.479	.228
カイ2乗		34.657***		47.167***		62.685***	
-2対数尤度		689.581		677.070		661.553	
Cox & Snell R 2乗		.082		.080		.105	
N		567		567		567	

注）(1)「自分が従事したい職業（職種）の仕事内容をよく知っていますか」という質問に対して、「知っている」と「やや知っている」＝1とする。
　　(2) ***は1％、**は5％、*は10％の水準で有意なことを示す。
資料）学生調査。

的な認識であることを意味している。

　それと関連して、台湾の若者の職業に対する認識、すなわち、将来自分が従事したい職業（職種）や仕事内容の理解を規定する要因は何であろうか。表11は従事したい仕事内容の理解に関するロジスティック回帰分析の結果である。「自分が従事したい職業（職種）の仕事内容をよく知っていますか」（4段階）という質問に対して、「知っている」と「やや知っている」＝1とする。それを従属変数とし、「個人

研究ノート

の属性」、「入学後の体験」、「相談に乗る人」、「就職活動の時期」を説明変数（独立変数）とし、三つのモデルに投入してロジスティック回帰分析を行った。

　モデル１をみると、明らかなように、「自分の意見で決める」、「親に相談する」、「先生に相談する」、「友達や先輩に相談する」のいずれも正で統計的に有意な影響力をもっている。とりわけ、「自分の意見で決める」では、オッズ比は23.304に達している。それは明確な目的意識をもっていることにより、将来自分が従事したい職種、仕事内容についての理解の深化を促すことができるということである。将来従事したい仕事内容の理解は「自分の意見で決める」という要因に強く規定されていると言えよう。

　また、親、先生、友達、先輩との相談はある程度学生の職業意識の形成に影響を及ぼすのである。これは日本における労働政策研究・研修機構が調査した結果と一致している。これによると、「親や教師などの大人による職業的な方向付けが進路選択に対して大きな影響を及ぼしている」。とりわけ、「具体的な提案や現実的情報を提供するとき、周囲の大人は大きな役割を果たしている」と、労働政策研究・研修機構(2005)は指摘している。なお、就職活動を始める時期について、大学３年次から進路決定した上就職活動を行うと、将来従事したい仕事内容の理解がいっそう深化することが統計的に確かめられている。

　モデル２は「個人の属性」をモデルに導入してロジスティック回帰分析を行った結果である。「モデル１」で統計的に有意差がみられる項目は「モデル２」でも依然として統計的に有意差が見られる。また、「私立国立大学別」、「技術一般大学別」では負で統計的に有意差がみられる。つまり、国立大学の学生は私立大学の学生より、一般の大学の学生は技術職業系大学の学生より将来従事したい仕事内容をはっきりと理解しているのである。

　モデル３では、モデル１及びモデル２で統計的に有意差がみられる項目は依然として統計的に有意差がみられる。しかも、「大学３年次」、「自分の意見で決める」、「親に相談する」、「友達や先輩に相談する」項目では、オッズ比は徐々に増加してきた。留意したいのは、モデル３では「自分の意見で決める」という項目のオッズ比の増加は目立っていることである。

　大学に入った後の経験では、「ボランティア活動・社会奉仕」と「海外生活」の体験の有無が将来従事したい職種や仕事内容の理解の深化を促す上で、統計的に有

意な差みられる。「企業訪問」、「インターンシップ」、「サークル・部活」、「アルバイト・パート」の経験はいずれも統計的に有意差を示さない。ボランティア活動・社会奉仕では、自分の明確な目的意識をもって参加することから、さまざまな体験や交流を通じて将来従事したい仕事をさらに明確化したと言えよう。それは、好きな仕事で精を出して自信がつくようになったのである。海外生活の体験は学生に視野をいっそう拡大させて新しいものを受け入れる容認度が高くなり、ストレス耐性も強くなると考えられる。

　意外なことに企業訪問、インターンシップ、サークル・部活、アルバイトの体験の有無では統計的に有意差がみられないということである。一般の認識では、上述の項目は従事したい仕事内容の理解の深化に影響を及ぼすはずであるが、ここでは統計的に有意差がみられない。それについて次のことを指摘することができる。第一に、企業訪問はむしろ企業参観や旅行といったほうが適当であると言えよう。明確な目的意識をもっていないと、ただの旅行になってしまう。計画的なインターンシップは2004年に初めて長栄大学により行われたのである。これまでのインターンシップは夏休みと冬休みに給料を支給される臨時的、パート的なインターンシップである。厳密に言えば、これはインターンシップではないが、台湾の大学はそれを学校経由のインターンシップとみなしているのである。第二に、サークル・部活は愛好者の集まりで人間関係の促進に有効性があるものの、遊びの色彩がまだ強い。アルバイト・パートは、学生にとっては、いろいろな社会経験を体験するというよりむしろ稼得した給料を小遣いとして消費するものとみるほうが適当であると言えよう。

5. おわりに

　近年になって、台湾でも若年者の失業者が急増しており、日本と同様に高い失業率となっている。とりわけ、15～24歳の失業率は日本より高く、男女間の失業率の開きも日本より大きい。なお、高学歴者の失業率は中学校以下より高い。これらは台湾の労働市場の独特の現象と言えよう。このような独特の現象の裏に台湾の労働市場の特殊な側面もみられる。

　学校から職業への移行構造の連続性・非連続性の視点で日本と台湾の労働市場の特殊性をみると、台湾では、徴兵制の影響や、日本のような新規一括採用、長期

研究ノート

雇用の慣行がないが故、職業への移行には非連続性の特徴がみられる。学校と企業とのリンケージ（接合関係）が弱く、就職に対する学校の関与が少ないため、学卒者は独力で労働市場で戦わなくてはならない。就職情報の利用状況をみると明らかなように、学校の就職部を利用する割合が低く、学校を介して就職活動を行うことは少ない。日本では就職活動の際、学校の関与が高く、とりわけ高校では学校を介して就職活動を行うことが一般的である。それに、職業への移行について台湾では、日本ほど明確にされたパターンがないため、個人により移行の時期のばらつきが大きい。なお、日本では学生の就職活動を始める時期は台湾より早い。

　それぞれの異なった労働市場の慣習や制度により、学校から職業への移行の構造的要因の相違が生じているのである。日本では、新規学卒者は一括採用で入社し、入社後のOJTやOff-JTを通じて、職業能力を向上させるのである。その「就職ということは大部分、所属集団を決定する入社を意味しているというきわめて特殊な慣行が支配的であり、学校卒業後どのような生活を送るかについてはもっぱら企業が決定する」（重里 1982：160）。言い換えれば、労働市場の構造的要因の制約のもとで、日本では、学校から職業への移行が円滑に行われるか否かにより、新規学卒者の職業人生を規定される部分は多いであろう。

　台湾では、若年層は仕事の志向性が強く、企業に対する帰属性が低く、自分自身の専門性に対する市場価値の評価に強い関心を示している。学卒者はいったん横断的労働市場に入り、若年のうち適職探しや、転職を繰り返しながら、自分自身の職業能力を向上させ、やがてある企業に定着するという職業生活を送る。入職時には、企業の選別主義や大学のスクリーニング機能が働いているため、社会人としてのスタート点の不平等が生じる可能性があるが、入社後には、学歴優位主義が徐々に衰退し、それに取って代わるのは、個人の実績や能力による勝負である。その学校から職業への移行のプロセスは、職業人生を規定する部分がさほど多くないのである。台湾では、転職を通じて自らの職業能力を向上させ、職業経歴を重ねる場合がよくみられるし、転職そのものは社会に認められる一般的な行動である。社会化や職業的アイデンティティの発達の視点からすると、台湾では自立としての個人の確立が重要視されるのに対して、日本では「集団への意思決定依存を受け入れる能力の発達」（重里 1982：161）を意味している。この点は、

台湾と日本の若年者の高い失業率の背後に存在する、それぞれ異なる要因である。
　職業能力の形成主体は、台湾では学校教育のほかさまざまな手立てを通じて自らの職業能力を向上させる。従来は学校教育と職種の対応関係が円滑に機能していたが、近年はその対応関係が崩れつつあり、それに加えて産業構造の転換により、若年者が有する能力と企業が求める職業能力の間にミスマッチが生じてきた。市場主義志向の労働市場のもとで実力や資格をもっていないと他人との競争や就職が難しい。
　一方、台湾の若年者は仕事上では自らの能力や実力で勝負する気が強いが、他方、就職時に最も懸念しているのは自分の「能力不足」である。それに、高学歴者は自分の学歴や能力に見合った仕事が見つからない場合、しばらく就職を見送るとか、頻繁に転職を行っている。これらは「高学歴者＝高失業率」をもたらした主な原因であると解釈できるであろう。ここから、台湾の若年者の就職に対するジレンマの側面がうかがえる。
　日本では、学校から職業への移行の連続性（接合関係）が強いため、職業能力の形成は学校教育がその部分的な機能を果たしており、企業もまたその機能を担っている。日本の雇用慣行においては、長期雇用の入り口と新規学卒の一括採用を結びつけており、OJT、Off-JTや、ローテーションを通じて長期にわたり技能形成がなされている。典型的労働者に対する企業のOJTが現在でも主流である。日本型就職システムの入り口が変わると、学校から職業への連続性の隙間が大きくなり、移行期間が長くなる可能性がある。さらに、現在は採用時に新規学卒者に中途採用者と同じく「即戦力」に近い能力を求められる可能性が高いと思われる。そうすると、企業のOJTによる職業能力の形成のメカニズムが崩れ、個人単位としての職業能力の形成が求められるようになる。
　それぞれ異なった労働市場や、学校から職業への移行構造や、若年者の失業の要因の中で、日本のフリーターと台湾のフリーターはそれぞれの特殊性がある。筆者は四つの指標を用い、台湾のフリーターの現象を分析した。各指標のデータによると、フリーターの現象が決してそれほど深刻ではないと示されているが、若年者の高い失業率からみると、失業者に隠されている台湾のフリーターの特殊性が浮上してきている。
　安達は受身なキャリア意識は職業未決定を直接規定するものとなっていると指

研究ノート

摘している(安達 2004：27)。現実的な目標を決定できなかったり、消極的なキャリア意識をもっていたり、結局のところ、なかなか就職先が決まらず就職未決定の状態となっている。それについて、本稿においては学校から職業への移行のプロセスに関して、台湾の若年者の職業に対する意識の規定要因を分析した。分析の結果によると、国立大学、一般の大学の学生は私立大学、技術職業系大学の学生より、仕事に対する心構えができているという側面がうかがえる。大学3年次に就職活動を始める者は仕事に対する自覚や、勤労観・職業観の形成が早いと言えよう。また、自分の意見で進路や仕事を決める者は「自己認知」が高く、自らの主体性が強い。相談に乗る人も本人の進路や仕事内容の理解の深化に影響力を及ぼしている。若年者の勤労観・職業観の形成をできるだけ早めにさせることがこのことに対して有効であると思われる。それと関連して、勤労観・職業観を形成した上、早期に就職活動を始めることは、学校から職業への移行にプラスの効果をもたらすということを示唆している。ただし、学校から職業への移行のプロセスにおいて、最も危惧されるのは明確な職業意識をもたず、相談もしない者である。というのは、彼らは卒業後「進路未決定」になる可能性が高いからである。

今後、雇用形態の多様化と労働市場の流動化に伴って職業に求められる能力の変化により、卒業後の職業・働き方の選択に当たって自己決定の重要性が増大しつつある。若年者が職業へ円滑に移行するためには、将来従事したい仕事内容の理解や労働意識を自覚し、自らを自己内省的に律するよう努めなければならないのである。

謝　辞

　本研究を行うに当たり、貴重なお時間を割いて、聞き取りにご協力をいただいた茨城県地域労使就職支援機構コーディネーター澤村啓之氏、パソナ台湾呉玉真氏、青年輔導委員会林裕山氏、アンケート調査にご協力をいただいた学生たち、先生方に、深く感謝の意を表します。

〔注〕

(1)　平成15年版(2003)『国民生活白書』では働く意志はあっても典型的労働者としての職を得ていない若年層を広く分析の対象をしている。つまり、厚生労働省が平成12年版(2000)『労働白書(労働経済の分析)』で定義したフリーター(パート・アルバイトとして就労している人、またはパート・アルバイトを希望している無職の人)のみならず、その予備軍も含めた広い範囲の人を対象としている。派遣労働者、嘱託、典型的労

若年者の雇用問題と職業能力の形成の日台比較

　働者への就業を希望する失業者なども含まれる（平成15年版『国民生活白書』77頁）。留意すべきは、フリーターの定義の違いにより推計した数も異なっていることである。平成15年版（2003）『労働経済白書』の推計によると、2002年フリーターの数は209万人とされている。平成15年版（2003）『国民生活白書』によれば、2001年フリーターの数は417万人とされている。

(2)　筆者のフリーターの定義は「15歳〜34歳で主婦でも学生でもない人のうち、パートやアルバイトという名称で雇用されている者及びそうした形態で就業したい無職の者」としている。筆者は上述の定義に基づき、既に公表されているデータを用いて時系列の回帰分析を行い、フリーターの数を推計した。詳しくは董（2005）を参照されたい。

(3)　UFJ総合研究所（2004）『フリーター人口の長期予測とその経済的影響の試算』によると、フリーターが典型的労働者になれないことによって生じる社会全体の経済損失は、税収では1.2兆円減少、消費額では8.8兆円減少、貯蓄では3.5兆円減少となっている。内閣府経済社会総合研究所の大田清・総括政策研究官は、「若者を中心としたフリーターの増加や企業や業種間格差の広がりも所得格差の拡大を後押ししたとみられる。所得格差が大きくなる日本の将来の社会を示唆している可能性がある」と指摘している。調査分析によると、所得格差の拡大が最も大きかったのは20〜24歳の若年層であるという（『産経新聞』2005年5月30日付）。

(4)　労工退休金条例（労働者退職金条例）について簡略に言えば、雇用主は毎月労働者の賃金の6％の「退職準備金」を用意することである。だが、この部分は雇用者に転嫁され、雇用者が自分でこのコストを負担せざるをえないようになる。このような状況になると、新制度の趣旨と逆方向に進んでいくことになり、雇用者が二重の負担となる。（略称は「労退新制」である）

(5)　若年者の「青貧果」化（青年貧困化）とは、若年者が従事している仕事は低賃金、長時間労働、プッレシャーが高いことである。「青貧果」という言葉は「青蘋果（青林檎）」の発音を借用して作られたものである（『中国時報（台湾）』2005年9月13日付）。

(6)　「典型的典型労働者」の概念について、仁田（1999、2003）は雇用・就業者の類型を「典型的非典型的雇用」「必ずしも典型的でない非典型的雇用」「それほど典型的とはいえない典型的雇用」「典型的典型的雇用」の4類型に分けた。仁田道夫（1999）「典型的雇用と非典型的雇用―日本の経験」『日欧シンポジウム―雇用形態の多様化と労働市場の変容』社会経済生産性本部、19-31頁。仁田道夫（2003）『変化の中の雇用システム』東京大学出版会。台湾ではこの概念も使われている（『中国時報（台湾）』2005年7月7日付）。

(7)　1999年の大学校数は137校であるが、2005年になると159校へと22校増加した。大学生の人数は1999年の409,705人から2005年の894,528人へと急増した。

(8)　2003年の合計特殊出生率は1.24であり、2004年の合計特殊出生率は1.18となっている。0歳〜11歳の人口は2004年に3,413,894人であり、2003年より104,033人が減少した。

(9)　2005年の大学の合格率は89.09％にも達している。

(10)　この失業問題に歯止めをかけるため、台湾では2001年からさまざまな雇用策を実施

研究ノート

した。たとえば、200億元（600億円）の「公共服務拡大就業計画（公共サービス拡大就職計画）」、「職業能力再提升方案（職業能力の再向上計画）」、「多元就業開発方案（雇用創出計画）」、「労工退休金条例（労働者退職金条例）」などがある。

(11) 「新陳代謝」の現象とは、ハイテク産業への転換により、ハイテク産業関係の理科系の大卒者や大学院卒者が多く雇われ、労働市場の労働力の構成も一変した。古いタイプの労働者（未熟練労働者）は伝統的な労働集約産業から追い出され、その代わりに、ハイテク産業や、IT産業に関わる新しいタイプの労働者（技術者）は登場している。労働集約産業から排出された古いタイプの労働者（未熟練労働者）がハイテク産業や、IT産業への就職はいっそう難しくなる。

(12) 2004年に台湾での失業人口は45万4千人となっているが、外国人労働者数は2005年2月に35万人に達している。

(13) 「高位低就」とは、高学歴者（高い社会地位）が肉体労働、ブルーカラーなどの仕事に就くことである。

(14) 「西進政策」とは企業が中国やベトナムへの進出、工場設置などが法的に開放されたことである。

(15) IT産業は「工業園区」（サイエンスパーク）に集中しており、金融・サービス業はほとんど大都会に集中している。労働者は転職する際に、職業能力の要因のほか、大都会や「工業園区」への移動のコストを考慮しなければならない（辛 2000：24-25）。

(16) 行政院労工委員会（2005）『女性雇用管理調査』によると、管理職への昇進に関する性別の制限の有無について、「女子しか昇進できない」としている割合は4.11％、「男性しか昇進できない」の割合は11.51％、「性別を問わず昇進できる」の割合は67.41％、「管理職という職位がない」の割合は16.97％となっている。昇進の条件に関しては、「専門能力」45.24％、「年齢」1.31％、「学歴・経歴」11.99％、「勤続年数」17.93％、「性別」0.58％、「仕事の態度」39.20％、「仕事の業績」0.74％、「個人の品格」10.03％、「昇進制度がない」34.31％となっている（複数選択）。上述の諸指標からみると明らかなように、男女間の格差はそれほど大きくないということがうかがえる。性差別に関しては行政院労工委員会（2003）『労工生活及就業状況調査報告』によると、性差別された女性の割合は昇進面では1.6％、賃上げでは4.4％、仕事の配置では3.4％、評価では3.3％となっている。

(17) 「草苺族」とは苺のようにちょっとした傷で腐れたり、傷ついたりすることをさす。この比喩は若年者達がちょっとした挫折で仕事を辞め、ストレス耐性が弱いことをあらわしている。

(18) 「月光族」とは毎月の月末になるとお金がなくなり、貯金どころか食費や生活費さえもなくなる若年者の生活様式の比喩である。

(19) パラサイト・シングルの概念は山田昌弘（1999）『パラサイト・シングルの時代』を参照されたい。一卵性親子（一卵性母娘）、友達親子の概念は宮本みち子（2002）『若者が社会的弱者に転落する』、内閣府（2003）『国民生活白書－デフレと生活若年フリーターの現在』を参照されたい。若年者の「青貧果」化という言葉は、青年労働95連盟が提出したものである（『中国時報（台湾）』2005年9月13日付）。

190

⑳　劉仁傑(2000)「台湾の人事労務管理―柔軟性を求めて―」奥林康司・今井　斉・風間信隆編著『現代労務管理の国際比較』ミネルヴァ書房、131-148頁。今井賢一・伊丹敬之・小池和男(1982)『内部組織の経済学』東洋経済新報社。小池和男(1997)『日本企業の人材形成』中公新書。小池和男(1999)『仕事の経済学(第2版)』東洋経済新報社。木下武男(2002)「日本型雇用の転換と若者大失業」『揺らぐ〈学校から仕事へ〉労働市場の変容と10代』青木書店、35-56頁。乾彰夫(2002)「若者たちの労働市場のいま」『揺らぐ〈学校から仕事へ〉労働市場の変容と10代』青木書店、12-34頁。

㉑　台湾ではフリーターという言葉は中国語で「飛特族」に訳されている。日本語の発音から直訳したものである。

㉒　筆者のフリーターの定義は「15歳～34歳で主婦でも学生でもない人のうち、パートやアルバイトという名称で雇用されている者及びそうした形態で就業したい無職の者」としている。

㉓　すべての失業者はフリーターではないが、そのうちフリーターとなる可能性が高い。

㉔　近年になって台湾では非典型的労働者化、低賃金化が進んで、若年者の「貧困化」の問題が徐々に社会に浮上してきた。台湾の若年者は未来がみえない、希望をもたない世代である(劉梅君「正職沒 打工有 青貧化 在惡化」『聯合新聞網(台湾)』2005年7月5日付；林佳和「非典型中的非典型：打工族的勞動問題」『中國時報(台湾)』論壇2005年7月7日付；「低薪資長工時台灣成『青貧果』世界」『中國時報(台湾)』2005年9月13日付)。

㉕　今井賢一・伊丹敬之・小池和男は「入職口(port of entry)」を「入口の港」と呼ぶ。入口の港の概念は入職口の概念と同様に、企業内で経験を積み、賃金が高く権限のある仕事へと企業内で移っていくことである。今井賢一・伊丹敬之・小池和男(1982)『内部組織の経済学』東洋経済新報社。

㉖　男性は兵役義務があるため、ここで女性の例を取り上げることにした。

㉗　筆者は永野仁らの質問項目の2項目を援用して台湾で調査を行った。詳しくは永野仁(2004)を参照されたい。

㉘　「スクリーニング理論」とは、学校教育の過程における選抜機能的な作用を用い人材を評価する考え方を示すものである。この理論においては、銘柄大学へ進学した学生が良質であり高い能力をもつとみなされる。

〔引用・参考文献〕
中国語

Career就業情報 2004、「20歳世代心情故事大調査」『Career』、Career就業情報。
王碧昭 2004、「公共職業訓練中心的時代角色」『就業安全』12：37-40頁。
行政院主計処「台湾地区人力運用調査」(各年番)。
行政院労工委員会 2003、『勞工生活及就業狀況調査報告』行政院労工委員会。
────── 2004a、『青少年勞工統計(15～24歳受雇者)』行政院労工委員会。
────── 2004b、『勞工生活及就業狀況調査報告』行政院労工委員会。
────── 2005、『九十四年女性雇用管理調査』行政院労工委員会。

研究ノート

江豐富・董安琪・劉克智 2003、「台灣失業率上升因素之探討―從人口組別和地區勞動市場剖析」『台灣經濟論衡』1 (8)：15-71頁。
成之約 2000、「部分時間工作對發展對勞資關係的影響及其政策涵義」『勞工行政』151：13-22頁。
李忠涼 2004、「我國公共職業訓練機構現況與未來之發展」『就業安全』12：41-49頁。
辛炳隆 2000、「失業保險與職業訓練設計的相成搭配」『勞工行政』143：24-29頁。
林桂碧 2004、「提供優質就業服務塑造美好職業生涯」『就業安全』7：91-97頁。
林仁昭 2003、「整合技職教育與職業訓練」『就業安全』7：66-70頁。
曾敏傑・賴人豪 2003、「高等教育勞動力低度運用的變遷：惡化或改善」『教育研究集刊』49 (2)：213-254頁。
曾敏傑 2003、「公立就業服務機構人力配置及績效指標」『就業安全』12：66-75頁。
彭百崇 2000a、「台灣勞動市場分割與工業關係（上）」『勞工行政』151：34-44頁。
――― 2000b、「台灣勞動市場分割與工業關係（下）」『勞工行政』152：33-40頁。
游勝璋 2004、「推動大專校院辦理就業學程現況介紹」『就業安全』7：41-45頁。
臧聲遠 2004、「從失業型經濟復甦看台灣失業問題癥結」『就業安全』12：76-79頁。

日本語

Beck, Ulrich, 1986, *Risikogesellschaft-Auf dem Weg in eine andere Moderne,* Suhrkamp Verlag. (=1998, 東廉・伊藤美登里訳『危険社会』法政大学出版局。)
Giddens, Anthony, 1990, *The Consequences of Modernity,* Polity Press. (=1993, 松尾清文・小幡正敏訳『近代とはいかなる時代か？―モダニティの帰結』而立書房。)
Jones, Gill and Wallace, Claire, 1992, *Youth, Family and Citizenship,* Open University Press. (=2002, 鈴木弘訳, 宮本みち子監訳『若者はなぜ大人になれないのか―家族・国家・シティズンシップ（第2版）』新評論。)
UFJ総合研究所 2004、『フリーター人口の長期予測とその経済的影響の試算』UFJ総合研究所調査レポート。
安達智子 2004、「大学生のキャリア選択―その心理的背景と支援―」『日本労働研究雑誌』No. 533：27-37頁。
伊藤彰浩 2004、「大卒者の就職・採用のメカニズム―日本的移行過程の形成と変容」『キャリア形成・就職メカニズムの国際比較』晃洋書房、58-82頁。
乾彰夫 2002、「若者たちの労働市場のいま」『揺らぐ〈学校から仕事へ〉労働市場の変容と10代』青木書店、12-34頁。
今井賢一・伊丹敬之・小池和男 1982、『内部組織の経済学』東洋経済新報社。
今野浩一郎 2004、「わが国職業訓練政策の特質と課題」『ビジネス・レーバー・トレンド (Business Labor Trend)』労働政策研究・研修機構、8：2-6頁。
岩木秀夫 2001、「学校から職業への移行―その日本の構造と展望」矢島正見・耳塚寛明編著『変わる若者と職業世界』学文社。
大木栄一 2004、「企業の教育訓練投資戦略―Off-JTとOJT」『ビジネス・レーバー・トレンド (Business Labor Trend)』労働政策研究・研修機構、8：10-12頁。

太田肇 1996、『個人尊重の組織論』中公新書。
奥津真里 2004、「職業訓練で失業者はどう変わるか」『ビジネス・レーバー・トレンド（Business Labor Trend）』労働政策研究・研修機構、8：13-14頁。
奥田栄二 2004、「教育訓練とキャリア相談―第三回ビジネスレーバーモニター」『ビジネス・レーバー・トレンド（Business Labor Trend）』労働政策研究・研修機構、8：15-17頁。
奥村宏 1994、「揺らぐ日本型就職システム」『就職・就社の構造』岩波書店。
金井篤子・三後美紀 2004、「高校生の進路選択過程の心理的メカニズム―自己決定経験とキャリア・モデルの役割」『キャリア形成・就職メカニズムの国際比較』晃洋書房、25-37頁。
木下武男 2002、「日本型雇用の転換と若者大失業」『揺らぐ〈学校から仕事へ〉労働市場の変容と10代』青木書店、35-56頁。
小池和男 1997、『日本企業の人材形成』中公新書。
―――― 1999、『仕事の経済学（第2版）』東洋経済新報社。
厚生労働省 2004、『平成16年版労働経済白書』ぎょうせい。
小杉礼子 2003、『フリーターという生き方』勁草書房。
―――― 2004、「フリーターの登場と学校から職業への移行の変化」『キャリア形成・就職メカニズムの国際比較』晃洋書房、100-111頁。
重里俊行 1982、「日本的雇用下における新規学卒者と就職」井関利明・石田英夫・佐野陽子編著『労働市場と情報』慶應通信、153-179頁。
斎藤敬子 2004、『日本型インターンシップの現状と未来像』（第二回いばらきインターンシップ推進会議、特別講演会・体験事例発表会）主催：いばらきインターンシップ推進協議会、2004年11月2日。
下村英雄 2004、「学校と企業の連携によるキャリア形成支援とキャリア教育」『ビジネス・レーバー・トレンド（Business Labor Trend）』労働研究・研修機構、8：6-7頁。
隅谷三喜男・古賀比呂志・吉永芳史・桐木逸郎 1978、『日本職業訓練発展史《戦後編》―労働力陶冶の課題と展開―』日本労働協会。
高橋徹 2003、『日本人の価値観・世界ランキング』中公新書。
橘木俊詔・苅谷剛彦・斉藤貴男・佐藤俊樹 2004、『封印される不平等』東洋経済新報社。
寺田盛紀 2004a、「普通科高校生の大学への移行・進学過程―職業選択・職業観形成との関連で」『キャリア形成・就職メカニズムの国際比較』晃洋書房、7-24頁。
―――― 2004b、「高校職業教育と職業・就業の関連構造―目標・課程における緩やかな関連と就職関係における密接な関係」『キャリア形成・就職メカニズムの国際比較』晃洋書房、38-57頁。
董荘敬 2005a、「雇用多様化における日本の若年層の雇用問題―フリーターの労働と意識の実態―」『常磐大学人間科学論究』13：79-102頁。
―――― 2005b、「若者の就労行動と社会階層格差―フリーターの就労行動に及ぼす潜在的な要因―」『(台湾) 興國管理學院應用日語系論文集』1：209-232頁。
永田萬享 2004、「転換期における企業内教育の展開と特徴―中・高卒者労働者の企内移行

―」『キャリア形成・就職メカニズムの国際比較』晃洋書房、83-99頁。
内閣府 2003、『平成15年版国民生活白書』ぎょうせい。
永野仁 2004、「新規大卒者採用とその成功条件」『大学生の就職と採用―学生1143名、企業658社、若手社員211名、244大学の実証分析』永野仁編著、中央経済社、23-48頁。
仁田道夫 1999、「典型的雇用と非典型的雇用―日本の経験」『日欧シンポジウム―雇用形態の多様化と労働市場の変容』社会経済生産性本部、19-31頁。
―――― 2003、『変化の中の雇用システム』東京大学出版会。
日本労働研究機構 2003、『能力開発基本調査報告書（平成15年1月調査）』日本労働研究機構。
平沢和志 2005、「大学から職業への移行に関する社会学的研究の今日的課題」『日本労働研究雑誌』労働政策研究・研修機構、No.542：29-37頁。
安田雪 1999、『大学生の就職活動―学生と企業の出会い』中公新書。
谷内篤弘 2005、『大学生の職業意識とキャリア教育』勁草書房。
山田昌弘 2004、『希望格差社会』筑摩書房。
劉仁傑 2000、「台湾の人事労務管理―柔軟性を求めて―」奥林康司・今井斉・風間信隆編著『現代労務管理の国際比較』ミネルヴァ書房、131-148頁。
労働政策研究・研修機構 2005、『個人のキャリアと職業能力形成―「進路追跡調査」35年間の軌跡―』（労働政策研究報告書No.27）。

⟨Abstract⟩

Youth Employment and Development of their Job Ability in Japan and Taiwan
——Focus on the Transition from School to Work——

Tung Chuang Gene
(Graduate Student, Tokiwa University)

The unemployment of youth deprives them of opportunities in learning job skill and put away them low status in labor market. In the view of macro-economy, it may have a negative impact on economic growth and productivity. As results of diversified employment the access from school to labor market has greatly changed in Japan. In recent years in Taiwan, the unemployment rate of youth reached high alike in Japan, but the problems of "freeter" have not been yet noticed and lurked in society. This study aims to discuss comparatively the job access pattern of high school and college students in Taiwan and Japan.

日本労働社会学会会則

(1988年10月10日　制定)
(1989年10月23日　改訂)
(1991年11月5日　改正)
(1997年10月26日　改正)
(1998年11月2日　改正)

[名　　称]

第1条　本会は、日本労働社会学会と称する。

　2　本会の英語名は、The Japanese Association of Labor Sociology とする。

[目　　的]

第2条　本会は、産業・労働問題の社会学的研究を行なうとともに、これらの分野の研究に携わる研究者による研究成果の発表と相互交流を行なうことを通じて、産業・労働問題に関する社会学的研究の発達・普及を図ることを目的とする。

[事　　業]

第3条　本会は次の事業を行う。

　(1)　毎年1回、大会を開催し、研究の発表および討議を行なう。
　(2)　研究会および見学会の開催。
　(3)　会員の研究成果の報告および刊行 (年報、その他の刊行物の発行)。
　(4)　内外の学会、研究会への参加。
　(5)　その他、本会の目的を達成するために適当と認められる事業。

[会　　員]

第4条　本会は、産業・労働問題の調査・研究を行なう研究者であって、本会の趣旨に賛同するものをもって組織する。

第5条　本会に入会しようとするものは、会員1名の紹介を付して幹事会に申し出て、その承認を受けなければならない。

第6条　会員は毎年 (新入会員は入会の時) 所定の会費を納めなければならない。

　2　会費の金額は総会に諮り、別途定める。

　3　継続して3年以上会費を滞納した会員は、原則として会員の資格を失うものとする。

第7条　会員は、本会が実施する事業に参加し、機関誌、その他の刊行物の実費配布を受けることができる。

第8条　本会を退会しようとする会員は書面をもって、その旨を幹事会に申し出なければならない。

[役　　員]

第9条　本会に、つぎの役員をおく。
  (1)　代表幹事　1名
  (2)　幹　　事　若干名
  (3)　監　　事　2名
  　　役員の任期は2年とする。ただし連続して2期4年を超えることはできない。

第10条　代表幹事は、幹事会において幹事の中から選任され、本会を代表し会務を処理する。

第11条　幹事は、会員の中から選任され、幹事会を構成して会務を処理する。

第12条　監事は、会員の中ら選任され、本会の会計を監査し、総会に報告する。

第13条　役員の選任手続きは別に定める。

[総　　会]

第14条　本会は、毎年1回、会員総会を開くものとする。
  2　幹事会が必要と認めるとき、又は会員の3分の1以上の請求があるときは臨時総会を開くことができる。

第15条　総会は本会の最高意思決定機関として、役員の選出、事業および会務についての意見の提出、予算および決算の審議にあたる。
  2　総会における議長は、その都度、会員の中から選任する。
  3　総会の議決は、第20条に定める場合を除き、出席会員の過半数による。

第16条　幹事会は、総会の議事、会場および日時を定めて、予めこれを会員に通知する。
  2　幹事会は、総会において会務について報告する。

[会　　計]

第17条　本会の運営費用は、会員からの会費、寄付金およびその他の収入による。

第18条　本会の会計期間は、毎年10月1日より翌年9月30日までとする。

［地方部会ならびに分科会］
第19条 本会の活動の一環として、地方部会ならびに分科会を設けることができる。

［会則の変更］
第20条 この会則の変更には、幹事の2分の1以上、または会員の3分の1以上の提案により、総会の出席会員の3分の2以上の賛成を得なければならない。

［付　　則］
第21条 本会の事務執行に必要な細則は幹事会がこれを定める。
　　2　本会の事務局は、当分の間、代表幹事の所属する機関に置く。
第22条 この会則は1988年10月10日から施行する。

編集委員会規定

(1988年10月10日　制定)
(1992年11月3日　改訂)

1. 日本労働社会学会は、機関誌『日本労働社会学会年報』を発行するために、編集委員会を置く。
2. 編集委員会は、編集委員長1名および編集委員若干名で構成する。
3. 編集委員長は、幹事会において互選する。編集委員は、幹事会の推薦にもとづき、代表幹事が委嘱する。
4. 編集委員長および編集委員の任期は、幹事の任期と同じく2年とし、重任を妨げない。
5. 編集委員長は、編集委員会を主宰し、機関誌編集を統括する。編集委員は、機関誌編集を担当する。
6. 編集委員会は、会員の投稿原稿の審査のため、専門委員若干名を置く。
7. 専門委員は、編集委員会の推薦にもとづき、代表幹事が委嘱する。
8. 専門委員の任期は、2年とし、重任を妨げない。なお、代表幹事は、編集委員会の推薦にもとづき、特定の原稿のみを審査する専門委員を臨時に委嘱することができる。
9. 専門委員は、編集委員会の依頼により、投稿原稿を審査し、その結果を編集委員会に文書で報告する。
10. 編集委員会は、専門委員の審査報告にもとづいて、投稿原稿の採否、修正指示等の措置を決定する。

付則1. この規定は、1992年11月3日より施行する。
　　2. この規定の改廃は、編集委員会および幹事会の議を経て、日本労働社会学会総会の承認を得るものとする。
　　3. この規定の施行細則(編集規定)および投稿規定は、編集委員会が別に定め、幹事会の承認を得るものとする。

編集規定

(1988年10月10日　制定)
(1992年10月17日　改訂)
(幹事会承認)

1. 『日本労働社会学会年報』(以下本誌) は、日本労働社会学会の機関誌であって、年1回発行する。
2. 本誌は、原則として、本会会員の労働社会学関係の研究成果の発表に充てる。
3. 本誌は、論文、研究ノート、書評、海外動向等で構成し、会員の文献集録欄を随時設ける。
4. 本誌の掲載原稿は、会員の投稿原稿と編集委員会の依頼原稿とから成る。

年報投稿規定

(1988年10月10日　制定)
(1992年10月17日　改訂)
(2002年 9月28日　改訂)
(幹事会承認)

1. 本誌に発表する論文等は、他に未発表のものに限る。他誌への重複投稿は認めない。既発表の有無、重複投稿の判断等は、編集委員会に帰属する。
2. 投稿された論文等の採否は編集委員会で審査の上、決定する。なお、掲載を決定した論文等について、より一層の内容の充実を図るため、補正、修正を求めることがある。
3. 原稿枚数は、原則として400字詰原稿用紙60枚以内とする。
4. 書評、その他の原稿枚数は、原則として400字詰原稿用紙20枚以内とする。
5. 投稿する会員は、編集委員会事務局に、審査用原稿コピーを2部送付する。
6. 原稿は所定の執筆要項に従うこととする。

日本労働社会学会幹事名簿

幹　　事

京谷　栄二	（長野大学）		代表幹事
秋元　　樹	（日本女子大学）		
赤堀　正成	（労働科学研究所）		
大梶　俊夫	（創価大学）		
大野　　威	（岡山大学）		
小川　慎一	（横浜国立大学）		
大重光太郎	（独協大学）		
大槻　奈巳	（聖心女子大学）		
河西　宏祐	（早稲田大学）		
木下　武男	（昭和女子大学）		
笹原　　恵	（静岡大学）		
柴田　弘捷	（専修大学）		
白井　邦彦	（青山学院大学）		
高橋　伸一	（佛教大学）		
田中　夏子	（都留文科大学）		
中川　　功	（拓殖大学）		
村尾祐美子	（東洋大学）		
山下　　充	（明治大学）		

（所属は 2006 年 3 月現在）

年報編集委員会

白井　邦彦	編集長	
赤堀　正成	編集委員	
木下　武男	編集委員	
柴田　弘捷	編集委員	

編集後記

◆今年もなんとか『年報』発行にこぎつけることができました。年報編集委員および執筆者の皆様、東信堂の二宮義隆様には大変感謝しております。

◆今回の年報は「仕事と生きがい」の特集原稿3本、研究ノート2本という分量的には大変さびしいものとなっております。しかし内容的にはいずれも充実したものであり、読みごたえのあるものと自負しております。ぜひ熟読のほどお願いいたします。

◆ただ投稿論文が少なくなっているのが気がかりです。学会報告希望は年々増加しているにもかかわらず、投稿論文希望の本数は年々少なくなっています。編集部では質の高い投稿論文を確保するため、例えば学会報告で一定の水準に達したものには報告者に投稿を促す等行っております。その成果はまだ目に見える形では出ていませんが、編集部としても今後なんらかの工夫を凝らしていく必要があると思っております。

◆なお今回、東信堂の意見もあり、10号以来の表紙デザインを一新いたしました。

◆今回の年報も前回と同様大幅に遅れての発行となりました。学会年報は学会開催時に発行が原則です。投稿論文が少ないのも年報の発行の遅れという事情が一因をなしていることは否めないものと思われます。発行の遅れはさまざまな点で関係者にご迷惑をおかけします。それゆえ今年度の編集部は年報の発行時期を元にもどすことを最大の目標にし、編集委員一同そのために最大限の努力をしております。会員の皆様にこのような遅れが生じている現状について深くお詫び申しあげます。

(白井　邦彦)

ISSN 0919-7990

日本労働社会学会年報 第16号
仕事と生きがい――持続可能な雇用社会に向けて

2006年4月28日　発行

□編　集　日本労働社会学会編集委員会
□発行者　日本労働社会学会
□発売元　株式会社 東信堂

日本労働社会学会　事務局
〒402-8555　山梨県都留市田原3-8-1
都留文科大学社会学科　田中夏子研究室
TEL　(0554)43-4341
FAX　(0554)43-4347
学会ホームページ　http://www.jals.jp

株式会社 東信堂
〒113-0023　文京区向丘1-20-6
TEL　03-3818-5521
FAX　03-3818-5514
E-mail　tk203444@fsinet.or.jp
東信堂 http://www.toshindo-pub.com

ISBN4-88713-674-9　C3036

「日本労働社会学会年報」バックナンバー（10号以降）

国境を越える労働社会
──日本労働社会学会年報10──
日本労働社会学会編

〔執筆者〕秋元樹・山田信行・T.グローニング・A.イシ・塩沢美代子・田中直樹・河西宏祐・鎌田とし子・佐藤守弘・柴田弘捷・遠藤公嗣・橋本健二・京谷栄二・鎌田哲宏・鈴木玲ほか

A5／306頁／3300円　　4-88713-345-6　C3036〔1999〕

フィールド調査"職人芸"の伝承
──日本労働社会学会年報11──
日本労働社会学会編

〔執筆者〕秋元樹・鎌田とし子・柴田弘捷・北島滋・田中直樹・河西宏祐・矢野晋吾・青木章之介・大槻奈巳・村尾祐美子・藤井治枝・渥美玲子ほか

A5／282頁／3300円　　4-88713-378-2　C3036〔2000〕

ゆらぎのなかの日本型経営・労使関係
──日本労働社会学会年報12──
日本労働社会学会編

〔執筆者〕藤田栄史・林大樹・仲野（菊地）組子・木下武男・辻勝次・八木正・嵯峨一郎・木田融男・野原光・中村広伸・小谷幸・筒井美紀・大久保武ほか

A5／276頁／3300円　　4-88713-416-9　C3036〔2001〕

新しい階級社会と労働者像
──日本労働社会学会年報13──
日本労働社会学会編集委員会編

〔執筆者〕渡辺雅男・白井邦彦・林千冬・木村保茂・大山信義・藤井史朗・飯田祐史・高木朋代・浅川和幸ほか

A5／220頁／3000円　　4-88713-467-3　C3036〔2002〕

階層構造の変動と「周辺労働」の動向
──日本労働社会学会年報14──
日本労働社会学会編集委員会編

〔執筆者〕丹野清人・龍井葉二・久場嬉子・西野史子・伊賀光屋・浅野慎一・今井博・勝俣達也ほか

A5／256頁／2900円　　4-88713-524-6　C3036〔2003〕

若年労働者──変貌する雇用と職場
──日本労働社会学会年報15──
日本労働社会学会編集委員会編

〔執筆者〕筒井美紀・林大樹・藤田栄史・山根清宏・小村由香・土井徹平・佟岩・浅野慎一・青木章之介ほか

A5／216頁／2700円　　4-88713-524-6　C3036〔2005〕

※ ご購入ご希望の方は、学会事務局または発売元・東信堂へご照会下さい。
※ 本体（税別）価格にて表示しております。